Un lion sur le canapé

Abigail Tucker

Un lion sur le canapé

Comment les chats ont pris le pouvoir

Traduit de l'anglais
par Marguerite Capelle

Albin Michel

Édition originale américaine parue sous le titre :
THE LION IN THE LIVING ROOM
Publiée par Simon & Schuster à New York en 2016

Pour Maman

« Impossible de faire autrement ; nous sommes tous fous ici », dit le Chat.

Alice au pays des merveilles, 1865 [1]

---

1. Lewis Carroll, *Alice au pays des merveilles*, trad. Jacques Papy, Jean-Jacques Pauvert, 1961, repris en « Folio Junior ». (*Les notes en bas de page sont de la traductrice.*)

Introduction

Durant l'été 2012[1], Denise Martin et son mari Bob campaient dans la campagne de l'Essex à environ quatre-vingts kilomètres à l'est de Londres, non loin de la pittoresque station balnéaire de Clacton-on-Sea. Le soir tombait sur le terrain de camping quand Denise eut une vision insolite à travers la fumée de leur feu de camp. L'ouvrière d'usine de cinquante-deux ans attrapa ses jumelles.

« Qu'est-ce que tu dis de ça ? » demanda-t-elle à son mari. À son tour, il découvrit la créature fauve qui paressait dans un champ, à quelques centaines de mètres de distance.

« C'est un lion », répondit Bob.

Ils observèrent l'animal pendant un moment, et il leur sembla que celui-ci les regardait aussi. Ses oreilles tressaillirent et il se mit à faire sa toilette. Puis il entreprit de longer une haie, à pas lents. Le couple réagit avec calme, et même avec philosophie. (« Ce n'est pas souvent qu'on voit un truc pareil à l'état sauvage », déclarerait plus tard Denise au *Daily Mail.*)

---

1. Les références de tous les auteurs et ouvrages cités sont en fin de volume p. 335, par page.

Au camping, tout le monde n'était pas aussi serein.

« Bon Dieu, c'est un lion », lâcha un voisin en regardant dans les jumelles de Denise.

« Oh merde, un lion ! » hurla, selon les témoins, un autre homme, avant de s'enfuir en courant vers son camping-car.

Le félin – qui selon la rumeur était « aussi gros que deux moutons » – disparut bientôt dans la nuit, et un vent de panique se répandit. Des tireurs d'élite de la police convergèrent vers le champ. Des gardiens de zoo arrivèrent avec des fusils hypodermiques. Des hélicoptères équipés d'appareils de détection thermique survolèrent la région. Le camping fut évacué, et la presse débarqua pour couvrir la chasse au gros gibier. Sur Twitter, les Britanniques ne parlaient plus que du « lion de l'Essex ».

Mais nul ne put trouver la moindre trace de ce dernier.

Le lion de l'Essex est ce qu'on appelle un félin fantôme ou, pour les experts en cryptozoologie, un « Alien Big Cat » (ABC), c'est-à-dire un gros chat non identifié. Comme la plupart de ses insaisissables congénères – la bête de Trowbridge, la panthère d'Hallingbury –, c'est une sorte d'ovni félin, une étrange apparition particulièrement répandue dans les régions de l'ex-Empire britannique (Angleterre, Australie, Nouvelle-Zélande…) où les grands fauves ont disparu à l'état sauvage, ou n'ont tout simplement jamais existé.

Quelques-uns de ces félins fantômes se sont révélés être des canulars montés de toutes pièces, ou bien d'authentiques fugitifs évadés de ménageries exotiques. Mais la plupart du temps, ces panthères en goguette et autres léopards en cavale ne sont rien d'autre que des animaux appartenant à une espèce bien plus familière : le chat domestique commun, pris par erreur pour l'un de ses redoutables cousins, auxquels il ressemble en tous points... à part la taille.

Et c'était le cas du lion de l'Essex qui, selon toute probabilité, n'était qu'un simple chat de compagnie particulièrement costaud, au pelage orangé, répondant au nom de Teddy Bear. C'est ce que soupçonnèrent les propriétaires de Teddy (en vacances au moment de la chasse au lion) dès l'instant où ils tombèrent sur le journal télé du soir.

« C'est la seule grosse bestiole rousse qu'il y ait dans le coin », déclarèrent-ils aux médias.

Ainsi s'acheva le safari d'opérette.

Et pourtant, ces campeurs n'étaient peut-être pas de simples naïfs, mais des visionnaires. Les vrais lions, après tout, ne font plus vraiment peur, et ces pauvres bêtes n'inspirent plus guère que de la pitié. (Souvenez-vous du tollé international provoqué par l'histoire de Cecil, le lion zimbabwéen abattu par un dentiste du Minnesota amateur de safaris.) Jadis seigneurs de la jungle, les lions ne sont plus aujourd'hui que des vestiges du passé, et ils ne règnent plus sur grand-chose : 20 000 irréductibles survivent à grand-peine dans quelques réserves africaines et une unique forêt en Inde, entièrement à la merci des humains puisqu'ils dépendent des fonds que nous investissons pour leur sauvegarde. Leur habitat rétrécit un peu plus chaque année, et les biologistes craignent de les voir disparaître d'ici la fin du siècle.

Pendant ce temps-là, le cousin du lion – ce petit freluquet – est passé du statut de simple détail de l'évolution à celui de véritable force de la nature. La population mondiale de chats domestiques a dépassé les 600 millions d'individus, et il en naît plus en une journée aux États-Unis qu'il ne subsiste de lions à l'état sauvage. Chaque printemps, la production de chatons de la ville de New York rivalise avec le nombre total de tigres sauvages dans le monde. Partout sur la planète, les chats domestiques sont déjà trois fois plus nombreux que les chiens, leurs grands rivaux dans nos cœurs, et ils n'ont pas fini de gagner du terrain. Le nombre de chats de compagnie en Amérique a augmenté de cinquante pour cent entre 1986 et 2006, et frôle aujourd'hui les 100 millions.

On constate une explosion similaire des populations de chats un peu partout dans le monde : le Brésil à lui seul enregistre un million de chats domestiques supplémentaires par an. Mais dans de nombreux pays, le nombre de chats de compagnie est sans commune mesure avec l'expansion rapide des colonies de chats errants : les 18 millions de chats férals présents en Australie représentent six fois le nombre de félins domestiques.

Sauvages ou apprivoisés, confinés entre quatre murs ou libres comme l'air, ces chats prennent chaque jour davantage le pouvoir dans la nature et dans notre culture, régnant sur les jungles de béton comme sur les véritables forêts. Ils ont pris le contrôle des villes, des continents, et même du cyberespace. À bien des égards, ils sont devenus nos maîtres.

À travers les volutes de fumée de son feu de camp, Denise Martin avait peut-être entraperçu la vérité : le chat domestique est le nouveau roi des animaux.

*

Difficile d'échapper au véritable phénomène de mode que représentent les chats dans notre culture (sur Internet comme dans la vie réelle). Des chats domestiques célèbres signent des contrats de cinéma, font des donations à des œuvres de charité, et comptent des starlettes de Hollywood parmi leurs abonnés Twitter. En peluche, ils remplissent les rayonnages des grands magasins Nordstrom. Ils font de la publicité pour leurs propres collections de mode et leurs cafés glacés. Le Web est saturé d'images de chats. Des chats domestiques se retrouvent même à la tête d'établissements d'un drôle de genre, qui se multiplient actuellement à New York, Los Angeles et dans les villes du monde entier : les bars à chats, où des gens sont prêts à payer pour siroter un thé au milieu de matous qu'ils ne connaissent ni d'Ève ni d'Adam.

Toutes ces histoires parfaitement ridicules détournent cependant notre attention d'une question bien plus passionnante. Malgré notre obsession assumée pour les chats, nous ne savons finalement pas grand-chose d'eux : qui sont-ils ? comment ont-ils atterri dans nos vies ? et comment se fait-il qu'ils exercent une telle emprise sur nous (au cœur de nos foyers, et partout ailleurs) ?

Le mystère s'épaissit quand on considère le peu d'avantages que nous semblons retirer de cette relation pour le moins compliquée. En règle générale, les gens ne font pas de cadeau à leurs animaux domestiques. Nous exigeons des bêtes que nous entretenons qu'elles viennent au pied, trimballent nos affaires, voire se rendent docilement à l'abattoir. Mais les chats ne rapportent pas le journal, ne pondent pas d'œufs et ne nous laissent pas monter sur leur dos. Il est rare que les êtres humains en soient ainsi réduits à une telle perplexité : pourquoi diable entretenir une telle créature, qui plus est par millions ? La réponse évidente, c'est que nous aimons les chats : nous les adorons, même. Mais pourquoi ? Quel est leur secret ?

La confusion est d'autant plus grande que cette même bestiole bien-aimée figure sur la liste des cent pires espèces invasives de la planète, et qu'on l'accuse de ravager toutes sortes d'écosystèmes, et même de pousser des espèces menacées vers l'extinction. Des scientifiques australiens ont récemment affirmé que les chats errants constituaient une menace plus grave pour les mammifères du continent que le réchauffement climatique ou la disparition des habitats : dans un environnement grouillant de grands requins blancs, où les vipères mortelles sont monnaie courante, c'est le chat domestique qui a attiré l'attention du ministre de l'Environnement australien, lequel le désigne comme « bête sauvage ». Les pauvres défenseurs des animaux en sont parfois réduits à se demander s'il vaut mieux nourrir les chats à la cuillère de saumon *à la crème fraîche,* ou les chasser de nos cœurs à jamais.

Le droit américain reflète cette ambiguïté : dans certains États, des *pets trusts* (fonds fiduciaires pour animaux de compagnie) permettent aux chats domestiques d'hériter légalement de millions de dollars. Tandis qu'ailleurs les chats en liberté sont considérés comme des nuisibles. New York a récemment fermé tout un secteur de son puissant réseau de métro pour tenter de secourir deux chatons errants, alors même que chaque année notre pays euthanasie de façon systématique des millions de chatons et de chats en bonne santé. Quand on parle de chats domestiques, la contradiction règne.

Ce lien trouble qui unit les humains et les félins domestiques explique en partie pourquoi on continue à associer les chats domestiques à la magie noire. De fait, l'idée d'un animal « familier » des sorcières (ce qui évoque à la fois l'intimité et le mystère) en est une excellente définition. La sorcellerie est peut-être une explication aussi valable qu'une autre du pouvoir mystérieux et parfois agaçant qu'exercent les chats sur nous. De façon révélatrice, le débat autour d'une maladie commune transmise par les chats fait régulièrement ressurgir une version remise au goût du jour de cette paranoïa médiévale : on prétend que cette maladie – qui contamine le tissu cérébral humain – compromettrait notre capacité à penser, et influencerait notre comportement.

En d'autres termes, nous craignons d'être ensorcelés.

*

Je dois d'ailleurs avouer que j'ai moi-même toujours fait partie des gens fascinés. Non contente de posséder des chats, je suis aussi depuis toujours le genre de personne à qui on peut offrir une mini-cocotte ornée de moustaches avec des maniques assorties. On connaît mon goût en matière de décoration pour les couvertures chats et coussins assortis, et j'ai la réputation d'avoir déjà rempli des albums entiers de photos de vacances avec des clichés de chats méditerranéens qui me restent totalement étrangers. J'ai fait l'acquisition de chats à pedigree chez Fabulous Felines (considéré à l'époque comme le plus grand magasin de chats de luxe au monde), et adopté des chatons errants trouvés dans des refuges ou dans la rue. Et tout cela à mes risques et périls, sur le plan personnel comme professionnel : j'ai appris récemment que la mère d'un ami, extrêmement allergique, change de trottoir dès qu'elle m'aperçoit. Un jour, alors que j'étais en mission pour un magazine et visitais un célèbre centre de recherche abritant une colonie de campagnols des prairies, un scientifique a entrepris sans mot dire de retirer un par un des poils de chats de mon pull, de crainte que l'odeur ne terrifie les rongeurs qu'il étudiait, ce qui aurait pu menacer l'intégrité de toute une série d'expériences. Dans l'intimité de mon domicile, je persiste à choisir mes moquettes dans une gamme de tons limitée : ceux sur lesquels les traces de vomi de chat se remarquent le moins.

Rares sont les gens qui peuvent prétendre devoir leur existence même à un félin, mais c'est mon cas : mes parents avaient juré de ne pas avoir d'enfants, jusqu'à ce qu'ils « éduquent » leur première chatte. (Elle finit par apprendre à courir derrière un bouchon de liège, ce qui fut considéré comme amplement suffisant.) Dans ma famille, on n'a toujours eu que des chats. Ma sœur a parcouru un jour sept cents kilomètres pour sauver un bleu russe en panique, coincé dans la salle de bains d'un amateur de chiens. Lorsqu'elle fait de longs trajets en voiture, ma mère a pris l'habitude de porter son chat tigré enroulé autour de ses épaules comme une étole de fourrure, laissant totalement médusés les agents de péage qui la voient passer en trombe.

Parce que les chats ont toujours fait partie de mon environnement, j'ai rarement eu l'occasion de réaliser à quel point il était incongru d'entretenir ainsi ces petits animaux ultracarnivores… en fait, jusqu'au jour où j'ai eu des enfants. Confrontée aux exigences impitoyables de mes propres rejetons, l'attention dévouée que je consacrais à satisfaire l'appétit et les besoins de propreté d'une autre espèce m'a soudain semblé un peu stupide, voire assez insensée. J'ai observé mes chats avec une suspicion toute neuve : comment au juste ces petites bestioles rusées avaient-elles réussi à planter leurs griffes en moi ? Pourquoi les avais-je traitées comme si c'était mes propres bébés, pendant toutes ces années ?

Mais alors même que ces doutes me traversaient l'esprit, j'ai vécu une nouvelle expérience : redécouvrir les chats domestiques à travers le regard de jeunes enfants. « Chat » a été le tout premier mot prononcé par chacune de mes deux filles. Elles me réclamaient des tenues à motifs chats, des jouets, des livres et des fêtes d'anniversaire sur ce thème. Pour des toutes-petites, ces banals animaux de compagnie à la taille modeste paraissaient sûrement aussi gros que des lions, et vivre à leurs côtés semblait éveiller leur curiosité pour un monde plus sauvage : « Je voudrais être comme Lucy avec Aslan », soupira l'une de mes filles, peu de temps après une première incursion dans le monde de Narnia, alors qu'elle observait par la fenêtre le chat d'un voisin. « Est-ce que Dieu aime les chats ? » demandaient-elles quand il était l'heure d'aller se coucher dans leurs petits lits, serrant dans leurs bras des matous en peluche.

Je me suis donc promis d'essayer de mieux connaître ces créatures, de comprendre ces liens troublants qui nous unissent à eux. Il se trouve que j'ai passé l'essentiel de ma vie professionnelle à écrire sur les animaux pour des journaux et des magazines, et que je suis allée pratiquement jusqu'au bout du monde pour enquêter sur tout un tas de créatures, des loups roux aux méduses, afin d'essayer de mieux comprendre comment vivent ces organismes autonomes dans un monde dominé par les humains. Et pourtant, parfois, la meilleure des histoires est celle qui se trouve juste sous votre nez.

C'est d'ailleurs précisément à cet endroit que vous découvrirez la plupart du temps Cheetoh, la muse au pelage orange vif qui a inspiré ce livre.

Cheetoh est mon animal de compagnie actuel. Je l'ai adopté dans un parc à mobile homes du nord de l'État de New York, où son père se bagarrait sûrement avec les ratons laveurs, et il pèse bien 9 kilos avant même son petit déjeuner. À peine entré, le plombier est tombé en arrêt devant ces mensurations hors du commun et le type des télécoms a pris des photos avec son portable pour les montrer à ses amis. Certaines personnes que nous avions embauchées pour le garder ont refusé de revenir, parce que Cheetoh – déchaîné par la faim – s'était mis à les pourchasser, son gros ventre ballotant dans tous les sens. Ses proportions inhabituelles prêtent à notre vie domestique une atmosphère à la *Alice au pays des merveilles* : on passe notre temps à se demander si on a rétréci ou si c'est lui qui a grossi.

Difficile de croire que ce croissant XXL qui se prélasse au bout de mon lit appartient à une espèce capable de ravager tout un écosystème. Pourtant, du point de vue de la biologie, un chat d'intérieur dorloté par son maître n'est pas différent d'un de ces misérables chats errants australiens, ou d'un chat de gouttière des villes. Avec ou sans maître, bâtard ou de pure race, qu'ils vivent dans une grange ou profitent d'un luxueux arbre à chats à plusieurs étages, les chats domestiques sont tous des animaux semblables. Le processus de domestication a définitivement altéré leurs gènes et leur comportement, même chez les individus qui n'ont jamais vu d'êtres humains. Les populations errantes et domestiques se reproduisent régulièrement entre elles, chacune favorisant l'essor et le développement de l'autre, et un chat peut naître dans une catégorie et finir sa vie dans l'autre. Il n'y a que les circonstances qui changent, et aussi la sémantique.

Et même si l'on verrait mal Cheetoh survivre loin de sa gamelle, la persévérance dont il fait preuve en réclamant obstinément sa pitance témoigne d'une vérité cruciale : les chats domestiques sont des animaux assez autoritaires. Et ce n'est pas parce qu'ils sont les plus intelligents (ni les plus forts, surtout comparés à leurs cousins proches comme les jaguars et les tigres). Outre leur petite taille, ils ont hérité du même plan d'organisation anatomique et se coltinent les exigences en matière de régime ultra-protéiné qui sont justement en train de mener d'autres membres de la famille des félins à l'extinction.

Mais les chats domestiques ont une capacité d'adaptation prodigieuse. Ils peuvent vivre n'importe où et, s'il leur faut beaucoup de protéines, ils mangent pratiquement tout ce qui bouge, des pélicans aux criquets, et aussi un tas de choses qui ne bougent pas, comme les hot-dogs. (*A contrario*, certains de leurs cousins félins menacés ne sont adaptés qu'à la chasse d'une espèce rare de chinchilla.) Les chats domestiques sont capables d'ajuster leurs habitudes de sommeil et leur vie sociale. Ils sont capables de se multiplier en un temps record.

En me plongeant dans l'histoire naturelle de ces animaux, je n'ai pas pu m'empêcher de les admirer encore davantage, découvrant au fur et à mesure de nouvelles raisons de le faire, plus dingues les unes que les autres. Et après avoir interviewé des dizaines de biologistes, d'écologues et autres chercheurs, j'ai acquis le sentiment que la plupart d'entre eux – et certains malgré eux – admirent également les chats. C'était assez inattendu, car le fossé entre les amoureux des chats et le corps scientifique s'est creusé ces dernières années, et pas seulement parce que les chercheurs sont souvent de mèche avec les organisations qui considèrent ces animaux comme une menace pour l'environnement. Le côté clinique de l'approche scientifique peut aussi sembler faire injure à l'essence même du félin, à sa subtilité et son mystère : pour un fan de chats tombé sous le charme de la bête, apprendre que ce sont des « substitutions avantageuses d'acides aminés » qui expliquent la vision nocturne en apparence miraculeuse de leurs animaux de compagnie peut sembler déconcertant (pour ne pas dire rabat-joie).

Pourtant, c'est dans les revues scientifiques qu'on trouve certaines des plus éloquentes et originales descriptions des chats : ces derniers y sont qualifiés de « chasseurs opportunistes, énigmatiques et solitaires », de « prédateurs subventionnés », et de « profiteurs charmants et prospères ». Et nombre de chercheurs interviewés pour ce livre, pour ne pas dire la plupart d'entre eux (quel que soit d'ailleurs leur objet d'étude : faune menacée à Hawaï, parasites du chat logés dans nos cerveaux, ou ossements rongés de nos lointains ancêtres humains), possèdent eux-mêmes des chats domestiques.

Ce qui ne devrait d'ailleurs peut-être pas nous surprendre tant que ça, après tout, puisque l'aspect le plus significatif de la capacité d'adaptation des chats domestiques, et la source principale de leur force, c'est leur aptitude à entretenir des liens avec nous. Ce qui implique parfois de surfer sur la popularité de telle ou telle tendance mondiale, et de tourner ce que nous avons fait du monde à leur avantage absolu. L'urbanisation, par exemple, s'est avérée une véritable aubaine pour eux. Plus de la moitié de la population humaine de la planète vit désormais dans des villes, et le chat, peu encombrant et (soi-disant) peu exigeant en entretien apparaît plus adapté que les chiens aux espaces étriqués de la vie urbaine : nous en achetons donc de plus en plus comme animaux de compagnie. Plus d'animaux de compagnie signifie aussi plus de chats errants, qui possèdent également les gènes leur permettant de tolérer la présence toute proche des humains. Cela leur donne une longueur d'avance sur les autres animaux qui rôdent dans nos métropoles bruyantes et stressantes.

Mais quand il s'agit de gérer leur relation avec l'humanité, les chats ne se contentent pas de se laisser porter : ils prennent aussi l'initiative avec audace, et ce depuis les origines. Les chats sont une espèce rare, parce qu'ils auraient, dit-on, « choisi » la domestication d'eux-mêmes. Aujourd'hui, grâce au joli minois que la nature leur a prêté et à une série de choix de comportement délibérés, ils règnent sur nos foyers, nos matelas *king size*, et jusque sur nos imaginaires. Leur récente OPA sur Internet n'est que la dernière victoire en date dans une entreprise ininterrompue de conquête du monde, qui ne semble pas près de s'arrêter. De fait, d'innombrables petites prises de pouvoir ont lieu chaque jour dans nos maisons : si on se déplace la plupart du temps pour faire l'acquisition d'un nouveau chien pour la famille, il y a statistiquement toutes les chances que le chat se présente tout simplement un soir à la porte de derrière pour s'inviter dans la maison.

*

Les stratégies de survie des chats domestiques dans un monde dominé par les humains sont certes particulièrement frappantes et uniques, mais leur histoire a aussi des implications universelles. Nous tenons là un exemple de l'impact que peut avoir une action humaine, même mineure et d'apparence anodine (dans le cas présent : s'acoquiner avec une espèce de félins sauvages de petite taille et leur ouvrir les portes de nos foyers, et puis, au bout du compte, de nos cœurs) et de la réaction en chaîne qui peut s'ensuivre à l'échelle planétaire, depuis les forêts intérieures de Madagascar jusqu'aux services psychiatriques des hôpitaux, en passant par les messageries en ligne.

Par certains aspects, l'ascension du chat domestique est tragique, parce que ces mêmes forces qui les avantagent ont signé l'arrêt de mort de nombreuses autres créatures. Les chats domestiques sont des profiteurs de guerre, des arrivistes, et de tous les envahisseurs que le monde a connus – à l'exception bien sûr d'*Homo sapiens* –, ce sont eux qui ont le plus profondément transformé leur environnement. Ce n'est pas une coïncidence si, quand ils débarquent dans un écosystème, les lions et autres représentants de la mégafaune sont généralement sur le déclin.

Mais l'histoire du chat domestique est également celle du miracle de la vie, et de la capacité sans cesse renouvelée qu'a la nature de nous surprendre. Elle nous offre l'occasion de mettre notre nombrilisme de côté, et de nous intéresser de plus près à une créature que nous avons tendance à traiter comme un bébé, avec condescendance, mais dont l'horizon s'étend pourtant bien au-delà de nos salons et de nos caisses à litière. En fait, un chat domestique n'est pas seulement un bébé couvert de poils, mais quelque chose de bien plus remarquable : un minuscule conquistador qui a mis la planète tout entière à ses pieds. Les chats domestiques n'existeraient pas sans les humains, mais en réalité, nous ne sommes pas leurs créateurs, et nous ne les contrôlons pas davantage aujourd'hui. Le lien qui nous unit a moins à voir avec la propriété qu'avec la complicité, au sens juridique du terme.

Étudier ainsi froidement nos adorables compagnons peut ressembler à une sorte de trahison. Nous avons l'habitude de considérer les chats comme des animaux familiers qui dépendent de nous, et non comme des agents autonomes de l'évolution. À peine avais-je commencé mon enquête pour ce livre que je recevais déjà des commentaires pleins de reproches de la part de ma mère et de ma sœur.

Pourtant, pour aimer véritablement, il faut comprendre l'autre. Et malgré la fascination toujours plus grande que nous entretenons pour ces félins, il se pourrait que nous ne les reconnaissions pas totalement à leur juste valeur.

Face à une créature comme Cheetoh, la réaction la plus appropriée n'est peut-être pas de sourire la bouche en cœur, mais de rester bouche bée d'admiration.

1

Catacombes

En plein centre de Los Angeles, sur Wilshire Boulevard, les fosses à bitume en ébullition de La Brea Tar Pits[1] ressemblent à des mares de réglisse toxique. Les pionniers californiens y récoltaient autrefois le goudron pour l'étanchéité de leurs toits, mais aujourd'hui ces écoulements d'asphalte sont surtout précieux aux yeux des paléontologues qui étudient la faune et la flore des périodes glaciaires. Toutes sortes d'animaux fantastiques se sont enlisés dans ces pièges mortels et gluants : des mammouths de Colomb aux défenses en forme de bretzels, une race éteinte de chameaux, des aigles égarés.

Mais les plus célèbres de tous, ce sont les félins de La Brea.

Au moins sept sortes de félins préhistoriques peuplaient Beverly Hills il y a 11 000 ans, voire avant cela : des cousins proches des lynx et des pumas actuels, mais aussi plusieurs espèces disparues depuis. Plus de 2 000 squelettes de

1. La Brea Tar Pits est un gisement de fossiles situé dans Hancock Park, au cœur de Los Angeles.

Smilodon populator – le plus grand et le plus terrifiant des tigres à dents de sabre – ont été retrouvés dans ce site de fouilles de moins de dix hectares, ce qui en fait le principal gisement de ce type au monde.

La matinée touche à sa fin. Avec la chaleur qui monte, l'asphalte se ramollit et l'air sent la chaussée en train de fondre. De vilaines bulles noires viennent crever la surface de la fosse à bitume, et on pourrait croire à la respiration d'un monstre tapi juste en dessous. J'ai les yeux un peu embués à cause des émanations de gaz, et quand je plonge un bâton dans la bouillie visqueuse, je me rends compte que je ne peux plus le retirer.

« Il suffit de quelques centimètres de profondeur pour immobiliser un cheval, affirme, non sans une certaine fierté, John Harris, conservateur en chef du musée situé sur les lieux. Un paresseux géant se retrouverait englué comme une mouche sur du papier tue-mouche. »

La seule manière de décoller l'asphalte de votre peau, c'est de la masser avec de l'huile minérale ou du beurre, ainsi que l'ont appris à leurs dépens quelques petits malins des associations étudiantes locales. Si on lui en laisse le temps, le goudron de la fosse s'infiltre jusque dans les os, conservant si bien les restes des animaux géants morts dans d'atroces souffrances que les spécimens découverts ici ne sont même pas de véritables fossiles transformés en pierre. Essayez de forer avec une perceuse la côte d'un tigre à dents de sabre ainsi conservée, et vous sentirez la même odeur que chez le dentiste : celle du collagène en train de brûler. Ça sent le vivant.

Dans les profondeurs sombres des fosses à bitume, je suis venue chercher des traces de la relation primordiale qui unit les félins aux humains. La façon dont les humains ont pris les chats sous leur protection, qui nous paraît si naturelle, est en fait un arrangement assez récent et plutôt radical. Bien que nous nous cotoyions sur la planète depuis des millions d'années, la famille des félins et celle des humains ne se sont jamais si bien entendues, au point de faire la sieste sur le même canapé. Nos besoins concurrents de nourriture et d'espace font de nous des ennemis naturels. Loin de partager la nourriture, les humains et les félins ont passé l'essentiel de leur longue histoire commune à se piquer leurs repas, et à mastiquer les restes mutilés de l'autre espèce – même si, pour être tout à fait honnête, la plupart du temps ce sont eux qui nous mangeaient.

C'étaient des félins comme les tigres à dents de sabre de La Brea, des guépards colossaux, et des lions des cavernes (et plus tard, leurs héritiers contemporains) qui dominaient la planète sauvage. Nos ancêtres préhistoriques occupaient leur milieu naturel avec ce genre de monstres dans certaines régions des Amériques, tandis qu'en Afrique, pendant des millions d'années, nous nous sommes frottés à différentes espèces de tigres à dents de sabre. L'influence de ces anciens félins était telle qu'à la base, ce sont peut-être ces grands chats qui nous ont aidés à devenir humains.

Dans une pièce de stockage, John Harris exhibe les dents de lait d'un bébé *Smilodon*. Elles font presque dix centimètres de long.

« Comment faisaient-ils pour téter ?

– Ils faisaient très attention », me répond-il.

Les canines supérieures d'un adulte mesurent vingt centimètres ; leur forme me fait penser à la lame d'une faux. Je passe mon doigt sur la courbe de l'arête interne toute crénelée, et ça me fait froid dans le dos. Les scientifiques ne savent pas encore grand-chose de ces animaux – des chercheurs ont même fabriqué un modèle en acier des mâchoires du tigre à dents de sabre pour comprendre comment diable ils pouvaient bien mâcher, et « nous n'avons appris que tout récemment à distinguer les mâles des femelles », reconnaît John Harris – mais on peut affirmer à coup sûr qu'ils devaient être absolument terrifiants. Pesant près de 200 kilos, ils utilisaient probablement leurs puissantes pattes avant pour terrasser les mastodontes avant de planter leurs dents dans la peau épaisse du cou de leurs proies.

Puis mes yeux se posent sur un squelette de lion d'Amérique, tout près de moi, qui mesurait une tête de plus qu'un tigre à dents de sabre, et pesait sans doute plus de 350 kilos.

Voilà donc ce que devaient affronter nos ancêtres.

Ces prédateurs étaient vraiment hors du commun, et le bilan de nos interactions avec eux plutôt macabre : il paraît d'autant plus incroyable que les humains soient aujourd'hui sur le point de rayer la famille des félins de la surface du globe. La plupart des espèces contemporaines de félidés, de grande ou de petite taille, sont aujourd'hui en sérieux déclin et perdent chaque jour du terrain face à l'homme.

Enfin, à une exception près. Harris m'escorte vers la sortie pour rejoindre des fouilles en cours dans une fosse, près de l'un des écoulements qui suinte non loin de la porte du musée. Tandis que deux femmes vêtues de tee-shirts tachés de goudron sont en train de dégager un fémur de *Smilodon*, un éclair brun s'enroule soudain autour de mes chevilles, et voilà que bondit Bob, une chatte domestique sans queue avec une petite bedaine, qui se comporte en véritable maîtresse des lieux. Les fouilleuses me racontent en riant comment elles l'ont sauvée après l'accident de la route qui lui a coûté sa queue, et ont pris soin d'elle jusqu'à ce qu'elle soit remise sur pied. « Fini les souris surprises », dit l'une d'elles en caressant le postérieur mutilé de Bob.

Je me demande ce qui est le plus bizarre : que Beverly Hills soit un cimetière pour les lions géants du coin, ou qu'un petit félin sans prétention, arrivé en passager clandestin du Moyen-Orient, y prospère aujourd'hui ?

Mais en réalité, l'ascension du chat domestique n'est que le revers de la médaille de la chute du lion. L'histoire de l'effondrement de la famille des félins, qui se poursuit aujourd'hui, permet d'expliquer la véritable nature des êtres vivants comme Bob, Cheetoh et tous nos chats domestiques chéris : ce sont des prédateurs félins lourdement armés, comme les lynx, les jaguars ou tout autre type de félidés, mais également des anomalies totales du point de vue de la biologie.

Sans la civilisation humaine, le site de l'agglomération de Los Angeles aurait pu rester un habitat de choix pour les félins autochtones qui ont survécu aux glaciations. Quelques pumas en rangs dispersés continuent à hanter les monts Santa Monica, même si cette population est irrémédiablement isolée, consanguine, et que leurs rares petits finissent souvent écrasés sur l'autoroute. Un puma connu sous le nom de P-22 a récemment été photographié en train de rôder dans les collines sous le panneau Hollywood, lorgnant les lumières de la ville dans la nuit.

Mais c'est désormais Bob qui règne sur les fosses à bitume.

*

Les tigres à dents de sabre et les lions géants de La Brea sont morts vers la fin de l'ère glaciaire, pour des raisons que nous ignorons. On peut néanmoins reconstituer l'histoire qui explique pourquoi la plupart des félins sauvages survivants – même les espèces les plus petites, dont certaines ressemblent beaucoup à nos compagnons chéris – se retrouvent dans une situation si désespérée aujourd'hui. Cette histoire commence là où tant de nos ancêtres ont fini : dans la gueule d'un chat.

La famille des félins appartient aux mammifères de l'ordre des carnivores, les « dévoreurs de chair ». Tous les carnivores, depuis les lions jusqu'aux hyènes, ont mis la chair à leur menu, et ils auraient tort de se priver. La viande est une ressource précieuse, pleine de graisses et de protéines, et merveilleusement facile à digérer. Mais elle est aussi difficile à trouver, c'est pourquoi la plupart des animaux, y compris presque tous ceux classés parmi les carnivores, complètent leur régime alimentaire avec des aliments d'autres groupes. Dans la famille des ursidés, par exemple, les ours noirs mâchent des glands et des tubercules, avec des molaires taillées pour broyer les plantes qui ne dépareraient pas dans la bouche d'une vache ; les pandas sont connus pour leur régime à base de bambous ; et même les ours polaires dotés d'énormes canines se régalent à l'occasion de baies.

Mais pas les félins. Du chat rubigineux d'à peine un kilo au tigre de Sibérie qui peut en peser plus de 270, les trente espèces de félins qui existent sont ce que les biologistes appellent des hypercarnivores. Ils ne mangent pratiquement rien d'autre que de la viande. Chez les félins, les molaires adaptées à la mastication des plantes se sont atrophiées pour ne subsister qu'à l'état de vestiges, semblables aux quenottes que les enfants laissent pour la petite souris, et toutes les autres dents sont extrêmement longues et aiguisées, à mi-chemin entre un couteau à steak et une paire de ciseaux. (Il y a autant de différence entre les dents d'un félin et celles d'un ursidé qu'entre les Appalaches et les Alpes.) Bien qu'on les appelle canines, les dents meurtrières situées à l'avant de la mâchoire sont en réalité plus grandes chez les chats que chez les chiens, ce qui ne devrait guère nous étonner : les chats ont besoin d'un régime trois fois plus riche en protéines que les chiens, et jusqu'à quatre fois pour les chatons. Les chiens sont même capables de survivre avec une alimentation végane, alors que les chats sont incapables de synthétiser eux-mêmes certains acides gras essentiels : ils doivent donc compter sur le corps d'autres animaux pour se les procurer.

La fonction singulière des dents des félins (la boucherie) explique pourquoi leurs gueules se ressemblent toutes, même aux yeux des biologistes. Les mâchoires de l'ours des cocotiers, qui se nourrit d'insectes, n'ont rien à voir avec celles du grizzly, alors que même les experts ont parfois du mal à différencier celles d'un lion de celles d'un tigre, parce qu'elles sont conçues exactement pour la même tâche.

Il en va de même pour le reste du corps des félins. Leurs différences de taille peuvent être phénoménales, et même comiques (certains félidés mesurent à peine trente-cinq centimètres de la tête à la queue, tandis que d'autres font quatre mètres de long), mais il existe très peu de différences de forme. « Ce qu'il y a de notable au sujet des grands et des petits félins, ce n'est pas qu'ils sont différents, mais qu'ils sont identiques », écrit Elizabeth Marshall Thomas dans *The Tribe of Tiger* (La Tribu du tigre), son étude historique consacrée au genre félin. Les chats domestiques et les tigres, affirme-t-elle, sont l'« alpha et l'oméga de leur famille ». Bien sûr, les tigres ont des rayures, les lions des crinières et les pumas ont huit tétons quand les margays n'en ont que deux. Mais le schéma global reste le même : de longs membres, des pattes avant puissantes, une colonne vertébrale souple, une queue (qui peut parfois atteindre la moitié de la longueur du corps) pour l'équilibre, et un intestin court pour digérer la viande, et uniquement la viande. Les félins sont armés de griffes rétractables, de moustaches vibratiles, et leurs oreilles pivotent pour leur offrir une ouïe directionnelle hors du commun, et le plus vaste champ auditif possible. Avec des yeux situés à l'avant de la face, ils jouissent d'une vision excellente binoculaire et nocturne. Le crâne des félins est bombé, et leur tête ronde avec un museau court et des muscles de la mâchoire solidement implantés, disposition qui maximise la puissance masticatoire à l'avant de la gueule.

Que la proie soit un petit lapin ou un buffle, presque tous les félins (à l'exception notable des guépards, extrêmement véloces) chassent de la même manière : ils traquent leur victime, se mettent en embuscade, la clouent au sol et la dégustent. Même ce paresseux de Cheetoh chasse de la même manière, son derrière dodu se tortillant d'excitation tandis qu'il bondit sur un malheureux lacet. Les félins sont avant tout des prédateurs visuels, et ils comptent sur l'effet de surprise, infligeant la morsure fatale en glissant leurs canines entre les vertèbres du cou comme une clé dans une serrure (pour reprendre les termes du spécialiste du comportement animal Paul Leyhausen). Les félins sont capables d'avoir le dessus sur des animaux qui font trois fois leur taille, et leurs ambitions ne s'arrêtent pas toujours là : enfant, j'observais souvent l'un de nos siamois traquer les cerfs, tapi sur des rochers surplombant le troupeau qui ne se doutait de rien.

Les félidés modernes ont prospéré partout sur la planète depuis plus de 10 millions d'années, occupant une gamme remarquablement diversifiée de milieux naturels. Ils ont un faible pour les forêts tropicales d'Asie, mais le modèle félin s'épanouit sous presque tous les climats : le léopard des neiges dans l'Himalaya, le jaguar dans la forêt amazonienne, et même le chat des sables au cœur du Sahara. Il y a des milliers d'années, les lions peuplaient non seulement Beverly Hills mais aussi le Devon, en Angleterre, et le Pérou (en fait, pratiquement toute la planète à l'exception de l'Australie et de l'Antarctique). On pense que de tous les mammifères terrestres sauvages, ce sont les lions qui ont eu la plus vaste aire de répartition à l'échelle planétaire, puisqu'ils régnaient sur des milliers d'hectares de jungles mais aussi sur les déserts, les marais et les chaînes de montagnes qui les séparaient.

Pour prospérer, les félins sauvages ont besoin d'espace. C'est la raison pour laquelle dans la nature ils sont généralement moins nombreux que d'autres grands carnivores comme les ours ou les hyènes. Pour se procurer les protéines animales dont ils ont besoin, même les plus petits félins ont besoin d'étendues de terrain immenses proportionnellement à leur taille. À vue de nez, on estime que dans un environnement donné, il faut à peu près 45 kilos d'animaux de proie par kilo de carnivore, pour assurer la survie de ce dernier. Mais pour les hypercarnivores, l'enjeu est encore plus grand. L'évolution n'a prévu aucune solution de rechange pour ces animaux. Il leur faut tuer ou mourir. En fait, il arrive souvent que des félins s'entretuent. Les lions mangent des guépards, les léopards mangent des caracals, les caracals mangent des chats sauvages d'Afrique. Les félins assassinent même les membres de leur propre espèce, et cette agressivité (en plus de leur habitude de chasser en cachette, et de l'incapacité d'un écosystème donné à subvenir aux besoins d'un nombre important d'individus) explique pourquoi la plupart sont des bêtes solitaires.

*

Bien que de nos jours les humains mangent des quantités impressionnantes de viande, nous ne sommes pas membres de la famille des carnivores. Nous sommes des primates. Nos cousins les grands singes ne mangent pas beaucoup de viande, et nos premiers ancêtres proto-humains non plus quand ils commencèrent à descendre des arbres en Afrique il y a six ou sept millions d'années, bien longtemps après que les félins eurent pris leurs quartiers tout au sommet de la chaîne alimentaire.

Non seulement nous ne mangions pas de viande, mais c'est nous qui la fournissions en quantités généreuses, sous la forme de nos corps et de nos bébés. Nous figurions au menu d'une kyrielle de bestioles : des aigles gigantesques, des crocodiles, des serpents longs comme des bus, des ours archaïques, des kangourous carnivores, et peut-être même des loutres géantes. Mais même en si terrifiante compagnie, les félins étaient très certainement nos plus redoutables prédateurs.

Les premiers ancêtres de l'humanité sont apparus en Afrique pendant l'« âge d'or des félins », selon l'anthropologue Robert Sussman qui détaille notre histoire en tant qu'animal de proie. Dans les régions où nous avons « cohabité » avec les félins, m'explique-t-il, « ils ont bien profité de nous » : ils nous traînaient dans leurs grottes, nous dévoraient dans les arbres et cachaient nos corps éviscérés dans leurs tanières. Et en effet, nous serions probablement loin d'en savoir autant sur l'évolution humaine sans les victimes des grands fauves. Le plus ancien crâne entièrement conservé au monde appartenant à un représentant du genre *Homo*, connu sous le nom de Crâne Numéro 5, a été retrouvé dans les grottes de Dmanisi, en Géorgie, qui servaient probablement d'aire de pique-nique à des guépards géants disparus depuis. Dans des grottes en Afrique du Sud, des paléontologues sont longtemps restés perplexes devant un monceau d'ossements d'hominidés et autres primates, essayant de comprendre ce qui avait pu provoquer un tel carnage. Nos ancêtres s'étaient-ils massacrés entre eux ? Jusqu'à ce que quelqu'un remarque que les trous dans certains crânes correspondaient parfaitement aux crocs d'un léopard.

Le contexte contemporain nous livre aussi quelques indices sur les pertes que nous ont probablement infligées les félins par le passé. Robert Sussman et sa collègue, Donna Hart, ont relevé des données sur la prédation des primates à l'époque moderne et découvert que la famille des félidés est aujourd'hui encore responsable de plus d'un tiers du nombre total de primates tués. (Sept pour cent seulement peuvent être attribués aux chiens et aux hyènes.) Une étude réalisée dans les grottes de lave du mont Suswa, au Kenya, a permis de montrer que les léopards qui y vivent mangent des babouins et pratiquement rien d'autre. Même les plus forts et les plus intelligents de nos cousins contemporains peuvent devenir la proie de félins qui font la moitié de leur taille : des scientifiques ont retrouvé des orteils noirs et trapus appartenant à des gorilles des plaines dans des crottes de léopards, et des dents de chimpanzés dans des excréments de lions.

Les scientifiques commencent à peine à étudier de façon formelle ce que nous avons hérité de notre passé d'animal de proie, et ont par exemple découvert que notre vision des couleurs et notre perception de la profondeur ont pu évoluer en premier lieu pour servir à détecter la présence de serpents. Des expériences ont montré que même les très jeunes enfants reconnaissent mieux les serpents que les lézards, d'après leur forme. Ils repèrent aussi plus vite les lions que les antilopes. Les stratégies antiprédation subsistent dans toute une série de comportements humains, depuis notre tendance à déclencher le travail de l'accouchement au plus profond de la nuit (la plupart de nos prédateurs chassaient plutôt à l'aube et au crépuscule), jusqu'à, peut-être, notre goût pour la peinture de paysages du XVIIIe siècle, dont les vastes panoramas procurent un sentiment agréable, parce qu'on aurait le temps de repérer tout danger avant qu'il se rapproche. La chair de poule que j'ai ressentie à La Brea, en touchant les crocs d'un tigre à dents de sabre, témoigne d'une époque où tous les poils de mon corps se seraient dressés à l'approche d'un prédateur (me faisant paraître plus grosse et, du moins je l'espère, plus impressionnante).

La pression de la prédation a sûrement contribué aussi à déterminer notre taille et notre posture (un corps plus grand capable de se tenir droit nous permettait de surveiller des horizons plus lointains), notre préférence pour la vie sociale et en communauté (qui n'est jamais qu'une autre manière de trouver la sécurité par le nombre), et nos modes de communication sophistiqués. Même les moins illustres de nos cousins primates, comme les vervets, ont un cri qui signifie « léopard ». (On a cependant aussi observé des petits félins amazoniens nommés margays qui, pour ne pas être en reste, imitaient l'appel de bébés primates pour chasser.)

Mais la principale contribution des félins à l'évolution de notre espèce ne s'est peut-être pas transmise du prédateur à la proie, mais du prédateur au charognard. Ce cadeau, c'est ce jour fatidique où nous avons goûté à la viande pour la première fois.

*

La preuve la plus ancienne de notre consommation de viande remonte à il y a environ 3,4 millions d'années. Des entailles sur des ossements appartenant à des mammifères ongulés retrouvés près de Dikika, en Éthiopie, témoignent des efforts importants accomplis par nos ancêtres essentiellement végétariens pour détacher la viande. Sur d'autres sites, ils avaient fracturé les os à coups de masse pour accéder à la moelle bien grasse. Mais d'où venaient ces délicieux premiers os ? Il se passerait encore des millions d'années avant que nos ancêtres ne développent des techniques de chasse.

Selon Briana Pobiner, experte en carnivorisme au Muséum national d'histoire naturelle américain, il est possible que nos prédécesseurs désarmés et obsédés par la viande aient simplement pourchassé jusqu'à la mort certaines de leurs premières proies, ou les aient tuées à coups de pierres. Mais Briana Pobiner (qui travaille dans son bureau sous le regard de deux énormes photos de lionnes) pense qu'il est plus probable que nous ayons été des voleurs sans vergogne et des charognards, autrement dit des « cleptoparasites ». Nos « hôtes » involontaires étaient sûrement les grands fauves qui abattaient des gazelles et autres herbivores, se remplissaient la panse, puis s'éloignaient avec l'intention de revenir plus tard. C'est alors que nos enquiquineurs d'ancêtres se pointaient en douce pour piquer tout ce qu'ils pouvaient. Peut-être grimpions-nous aux arbres pour dérober les antilopes planquées là par les léopards (sans doute pour les soustraire à des félins encore plus imposants, comme les lions). Mais les tigres à dents de sabre devaient sûrement fournir les meilleurs restes, comme l'a souligné l'anthropologue Curtis Maeran, parce que leurs grandes dents étaient bien pratiques pour tuer mais pas forcément pour mâcher, et qu'ils devaient laisser beaucoup de viande sur les os. Certains scientifiques ont même suggéré que les miettes de repas laissées par les tigres à dents de sabre étaient si abondantes et précieuses pour l'alimentation des premiers humains, que nous avons quitté l'Afrique pour l'Europe en suivant les traces de ces félins, lors de la première grande migration de notre espèce.

Dès que nos ancêtres ont eu goûté à la viande, riche en nutriments et en acides aminés, ils en ont redemandé. Certains paléoanthropologues affirment que c'est le fait de manger de la viande qui a fait de nous des humains. Cela a certainement été une étape cruciale.

« La consommation de la viande était si importante que nous n'avons cessé d'améliorer nos compétences pour fabriquer des outils en pierre, explique Briana Pobiner. Cela a fonctionné comme une boucle rétroactive. Pour obtenir plus de viande, vous avez besoin de mieux percevoir votre environnement, de communication, d'anticipation. Nous n'aurions pas suivi la même trajectoire évolutive si nous ne nous étions pas mis à manger de la viande. »

De fait, la consommation de viande pourrait avoir littéralement développé notre intellect, selon la théorie dite « des tissus coûteux » (*expensive tissue hypothesis* en anglais, qui n'a rien à voir avec le monde de la confection de luxe). Parce que les primates végétariens ingurgitent de grandes quantités de matière végétale particulièrement coriace à digérer, ils ont des intestins de taille monstrueuse qui consomment énormément d'énergie. (C'est pourquoi certains singes par ailleurs plutôt sveltes ont l'air d'avoir une bedaine de buveur de bière.) Mais un animal ayant un accès régulier à de la viande, plus facile à digérer, peut bénéficier d'une marge d'évolution qui lui permettra d'avoir un intestin plus petit, et de réaffecter toute cette énergie consacrée à la digestion au développement d'un truc plus malin : un énorme cerveau. Ce joyau de la couronne de l'*Homo sapiens* coûte très cher, et s'il représente deux pour cent de notre masse corporelle, il consomme vingt pour cent de nos apports caloriques. Peut-être est-ce grâce à la consommation de viande que nous pouvons nous permettre un tel luxe.

Chez nos ancêtres, le principal bond en avant en termes de taille du cerveau s'est produit il y a environ 800 000 ans (pas très longtemps après que nous avons maîtrisé le feu, ce qui nous a permis de faire cuire la viande, de la conserver plus longtemps et de la transporter plus facilement). Quelques centaines de milliers d'années plus tard, nous avons compris comment abattre par nous-mêmes du gros gibier. Faisons encore défiler quelques centaines de millénaires en accéléré, et la branche *Homo sapiens* finit par apparaître sur l'arbre généalogique de la famille, il y a environ 200 000 ans.

À ce moment-là, le rapport de force (asymétrique) entre les êtres humains et les grands fauves laisse place à un équilibre fragile, dans lequel nos cerveaux dopés à la viande contrebalancent leur force musculaire. Avec nos nouvelles armes de chasse, nous étions sans doute capables d'éloigner les grands fauves des carcasses de leurs proies, voire d'en tuer quelques-uns, même si notre meilleure stratégie était probablement l'évitement mutuel. Et pourtant, il semble que nous ne pouvions nous empêcher d'admirer nos magnifiques ennemis. Des peintures rupestres datant d'il y a trente mille ans dans la grotte Chauvet, dans le sud de la France (qui figurent parmi les plus anciennes œuvres d'art au monde), comprennent de splendides léopards et lions ocre, dessinés dans leurs moindres détails avec l'œil d'un biologiste, jusqu'aux taches sur les moustaches.

Ce statu quo entre félins et humains, avec les deux parties lourdement armées et à peu près sur un pied d'égalité dans leur course commune à la viande, a perduré jusqu'à il y a environ 10 000 ans quand, quelque part au Moyen-Orient, des humains se sont montrés assez entreprenants, ou assez chanceux, pour trouver le moyen de satisfaire à jamais notre appétit infini de chair animale : élever et tuer nos propres bêtes. La domestication du bétail et des plantes, véritable coup de force de l'évolution connu sous le nom de révolution du Néolithique, permit aux chasseurs-cueilleurs de s'installer en communautés permanentes, ce qui finit par donner naissance à la culture, à l'histoire, et au monde tel que nous le connaissons.

Pour de nombreuses autres créatures, et en particulier pour les félins, l'apparition de nos premiers troupeaux et de nos premiers jardins annonçait le début de la fin.

*

Nous avons tendance à croire que les menaces qui pèsent sur la survie des félins sauvages sont un phénomène relativement récent. Les Européens, et les Britanniques en particulier, endossent souvent l'essentiel des responsabilités dans leur extermination. Il est vrai que les colonisateurs ont introduit des fusils en Inde et en Afrique et ont offert des primes généreuses à qui leur fournirait des peaux de félins. À l'occasion d'une seule partie de chasse en 1911, le roi George V et sa suite prirent trente-neuf tigres indiens en moins de deux semaines. Les Anglais de l'époque victorienne remplirent les zoos de Londres de lions d'Afrique, qui dépérissaient en captivité et mouraient généralement au bout de quelques années (même si quelques-uns parvinrent avant de trépasser à embarquer un ou deux chevaux d'attelage dans l'au-delà). Les campagnes menées par l'Empire contre les félins sont documentées dans des chroniques de chasse, une catégorie de littérature bien particulière qu'un biologiste m'a décrite comme « le versant torride de la science des mammifères ». Dans le classique *Les Mangeurs d'hommes de Tsavo*[1], l'officier britannique John Henry Patterson raconte, avec un sang-froid d'acier, ses affrontements avec un couple de lions d'Afrique dépourvus de crinière et apparemment pervers.

Mais malgré toute l'efficacité glaçante qu'ils démontrèrent, les Britanniques ne firent qu'accélérer un processus qui avait commencé à l'aube même de l'agriculture.

« Les félins sont très fragiles, m'explique le généticien Steve O'Brien, spécialiste de ces animaux. S'ils n'ont pas accès à une nourriture abondante, ils meurent de faim, c'est aussi simple que ça. Le problème, ce n'est pas la chasse. C'est le développement des fermes et des quartiers d'habitation. »

Les félins sont, d'un point de vue biologique, incompatibles avec les principales caractéristiques des civilisations humaines. Et c'était déjà vrai pour la première d'entre elles : l'Égypte, première grande culture agraire, a vu disparaître progressivement l'essentiel de sa population de lions. Les Romains (qui capturaient les grands fauves pour leurs défilés et leurs spectacles au Colisée) ont fait état de pénuries dans certaines régions dès l'an 325 avant J.-C. Au XIIe siècle, il n'y avait plus de lions en Palestine, où ils étaient autrefois répandus. Avant que les Européens n'arrivent en Inde, les empe-

1. John Henry Patterson, Éditions du Montbel, 2007 (*The Man-Eaters of Tsavo : And Other East African Adventures*, Skyhorse publishing, 1907).

reurs Moghols avaient morcelé la population de tigres en rasant les forêts. Et il en alla de même pour toutes sortes de félins sauvages.

Les informations les plus intéressantes que nous apportent les chroniques de chasse britanniques sont des éléments de contexte, qui illustrent avec précision le type de lieux et de situations favorables aux conflits entre félins et humains : non pas les jungles profondes, mais les zones fraîchement labourées situées aux confins de la civilisation : les plantations de cannes à sucre et de café en lisière des forêts indiennes, les voies de chemins de fer qui serpentent dans la brousse kényane. Le long de ces frontières, nous pénétrons plus avant sur le territoire des félins, et ces derniers s'aventurent sur le nôtre.

Et plus nous avançons, plus la coexistence avec les félins sauvages devient difficile, voire impossible. D'abord, nous défrichons le terrain, empiétant de plus en plus loin sur la forêt tropicale et la savane, et nous mangeons ou faisons déguerpir les animaux de proie. Les félins sauvages en souffrent, qu'il s'agisse des lions et des tigres, nos concurrents directs pour la chasse aux grands herbivores que nous apprécions au menu, ou des félins de la taille du chat domestique, comme le chat doré africain, dont les proies plus petites se retrouvent exterminées ou consommées jusqu'à épuisement sous forme de viande de brousse.

Après avoir abattu les forêts et liquidé les espèces de proies autochtones, nous introduisons nos propres animaux destinés à l'alimentation, comme les vaches, les moutons, les poules et les poissons… que les félins sauvages de toute taille, qui se retrouvent dépourvus de source de viande, vont naturellement vouloir manger. C'est à présent leur tour d'endosser le rôle de cleptoparasites, et les paysans ne tolèrent pas les félins voleurs.

Et puis aussi, parfois, c'est nous que les plus grands fauves trouvent toujours à leur goût. Même au XIXe siècle, de terrifiants épisodes impliquant des félins mangeurs d'hommes continuent à survenir dans les zones frontalières, là où les communautés humaines en pleine expansion exercent une pression sur le territoire des félins. Un trappeur solitaire peut chasser toute sa vie dans les vastes forêts de bouleaux de la Russie sans jamais se retrouver aux prises avec un tigre de Sibérie, mais dans le delta des Sundarbans en Inde, où vivent quatre millions de personnes, les tigres solitaires posent problème. Et dans la région agricole prospère du Rufiji, au sud-ouest de la Tanzanie, les lions tuent jusqu'à des centaines de villageois chaque décennie.

Sauf qu'aujourd'hui, les poisons agricoles ont remplacé les fusils et sont devenus notre arme de prédilection. Arrosez un cadavre de girafe de pesticides, et vous éliminerez non seulement le lion mangeur d'homme, mais aussi toute sa meute de bêtes aux yeux sournois, rayant ainsi de la carte le roi des animaux comme s'il s'agissait d'un quelconque nuisible. Quand ils n'ont pas de poison, les autochtones utilisent n'importe quel moyen à leur disposition. On a même vu des tigres indiens tout juste sortis de leur réserve se faire battre à mort à coups de gourdin.

Il est facile de faire porter la responsabilité de la disparition des grands félins à des gens qui vivent dans des pays lointains, mais essayez d'imaginer ce que ça fait d'envoyer votre jeune berger d'à peine sept ans garder un pâturage infesté de lions, ou de découvrir un léopard dans vos propres latrines. D'ailleurs, quand le problème frappe chez eux, les Américains ne se comportent pas différemment. Après tout, une grande partie de l'Amérique était autrefois un pays de grands fauves, mais les colons se sont débarrassés des jaguars au sud et des pumas à l'est du Mississippi il y a bien longtemps (la seule exception, ce sont les panthères de Floride, consanguines et infestées de maladies, et qui survivent en mangeant des tatous dans une misérable poche au sein des Éverglades).

La propension des félins sauvages à tuer le gibier que nous convoitons, les animaux de ferme que nous élevons, et, dans le cas des plus grosses espèces de fauves, nous-mêmes, les rend fondamentalement incompatibles avec les communautés humaines. Face à notre expansion démographique, leurs populations sont contraintes au déclin, et tandis que les félins survivants finissent repoussés dans des milieux peu favorables, d'autres forces liées aux caractéristiques des communautés humaines font de plus en plus de victimes : les accidents de la route, les épidémies de maladie de Carré, la chasse aux trophées, le piégeage des animaux à fourrure, les sécheresses, les ouragans, les barrages de sécurité aux frontières, le commerce des animaux exotiques.

Aujourd'hui, certains humains endossent même leur nouveau rôle de prédateurs suprêmes de façon littérale en mangeant des grands fauves, comme eux-mêmes nous dégustaient autrefois. Sur le marché de la médecine asiatique, on débite des carcasses de tigre pour la consommation humaine : griffes, moustaches et bile, mais surtout les os, en guise de vin tonique. Et le filet de lion est un plat à la mode pour quelques gourmets américains, parmi lesquels les membres d'une organisation basée à New York nommée les Gastronautes. Apparemment, cette viande s'apprécie particulièrement saisie à la poêle puis terminée en cuisson lente, avec de la coriandre et des carottes.

*

Puisqu'il est aujourd'hui beaucoup plus facile de trouver des félins sauvages morts que vivants, je suis allée les chercher au centre de stockage externe de l'Institut Smithsonian, bien caché tout au fond d'une zone commerciale de banlieue dans le Maryland. Ces énormes bâtiments abritent tous les dauphins et gorilles en bocaux qui n'ont pas trouvé place dans les musées des centre-villes. Il y en a même un qui ressemble à une sorte de hangar, et a été conçu pour abriter des os de baleines de la taille d'un avion.

Un garde de sécurité inspecte mon sac à main, et puisqu'il est interdit de faire entrer de la nourriture dans ce cimetière stérile, je crache discrètement mon chewing-gum. Bientôt, je suis le tintement des clés du conservateur des mammifères du Smithsonian, tandis qu'il parcourt les allées bordées d'armoires métalliques. Ce bâtiment spécifique est dédié à tout ce qui est « peaux, crânes et squelettes », m'informe Kris Helgen par-dessus son épaule. Il ouvre un tiroir pour me montrer la peau toute ratatinée d'une girafe abattue en 1909 par Teddy Roosevelt, à peine quelques semaines après la fin de son mandat : les longs cils sont toujours là, recourbés avec coquetterie. Nous examinons les moustaches jaunies de phoques moines éteints, et plongeons notre regard dans les cavités où se logeaient autrefois les défenses du plus gros spécimen d'éléphant mâle jamais observé.

Cette énorme collection d'animaux morts est une véritable machine à remonter le temps, permettant d'observer une planète en pleine transformation, et des formes de vie en mutation permanente. C'est un peu comme La Brea, sauf que ce sont des humains qui ont tué et soigneusement conservé la plupart de ces animaux, et que nous avons ainsi accompli à nous seuls la même œuvre éternelle que les fosses à bitume.

« Bon, dit Kris Helgen, est-ce qu'on commence à jeter un œil aux félins ? »

Il déverrouille une armoire sur notre gauche puis emboîte précautionneusement, avec un bruit sourd, la mâchoire et le crâne d'un tigre de Sibérie, dont il ne reste plus que 500 individus à l'état sauvage. Kris Helgen me fait remarquer la largeur de ses pommettes et la longueur de la crête osseuse au sommet de sa tête, grâce auxquelles l'animal de son vivant devait présenter une face orangée formant un cercle presque parfait, comme un soleil. J'ai l'impression que le crâne est en train de grincer des dents. Kris Helgen déploie la peau d'une espèce rare de léopard noir d'Afrique. Je caresse un puma de Guyane couleur cognac, et fais courir mes doigts dans le sous-poil duveteux d'un léopard des neiges. Je prends un morceau de mousseline auquel est cousue la peau minuscule d'un bébé puma, probablement l'un des tout derniers à être nés dans l'État de New York, et passe mon doigt sur les plumeaux qui ornent les oreilles d'un lynx ibérique. Je découvre que les féroces pointes noires sont douces comme de la soie.

Kris Helgen est un homme jeune et son menton n'affiche qu'une barbe de trois jours, contrairement à la pilosité de vieux mages que préfèrent arborer ses collègues plus âgés. Quand nous nous sommes rencontrés, il était sur le point de partir pour trois mois d'une tournée express du monde sauvage, du Kenya à la Birmanie, afin de recenser des populations animales dans la jungle et de rechercher des espèces de mammifères encore inconnues. Ce n'est pas le genre à se montrer alarmiste : en fait, je suis frappée par son optimisme en matière d'environnement.

Mais pas quand il s'agit de la famille des félins. « La direction prise par les choses est très nette : les humains ont supplanté les félins sauvages, explique-t-il. Cette tendance ne ralentit pas et ne s'inverse pas, et on arrive au terme du voyage pour certains animaux » (parmi lesquels la plupart des grands fauves, mais aussi certaines espèces plus petites). Les scientifiques de sa génération craignent d'assister à la première extinction totale de certains félins, notamment le lynx ibérique et le tigre : pas juste certaines sous-espèces, mais tous les tigres, point final. Revenant aux tiroirs réservés à ces derniers, il souligne que les spécimens du XIXe siècle (dont la plupart présentent des blessures par balles aux contours irréguliers), proviennent de régions où il n'y a plus de tigres aujourd'hui, comme le Pakistan, tandis que les peaux récoltées plus tardivement l'ont été dans des endroits où les tigres n'ont jamais vécu à l'état sauvage au départ, comme Jackson, New Jersey, qui abrite le parc animalier Six Flags Great Adventure. « À la fin du XXIe siècle, presque tout vient des zoos », déclare-t-il.

Refermant ses armoires de peaux exotiques, Kris Helgen traverse le couloir et exhume le crâne d'un dernier félin, une espèce plus petite cette fois, mais qui, selon les étiquettes identifiant le spécimen, jouit à notre époque d'un vaste territoire allant de l'Inde à l'Indiana : c'est-à-dire en gros l'intégralité de l'ancien royaume du lion, et même bien au-delà. C'est *Felis catus*, le chat domestique commun.

« Et regardez, dit Kris Helgen, ouvrant les petites mâchoires de façon à pouvoir observer l'intérieur de sa gueule. C'est un tigre miniature. Et à sa manière, il est tout aussi redoutable. Regardez-moi ces dents. »

Compte tenu de l'histoire que je viens de retracer, l'être humain dans toute sa suffisance pourrait être tenté de voir ces petits félins incroyablement nombreux (et qui tiennent généralement le rôle d'animaux de compagnie) comme des trophées vivants. De la même façon que les Romains exhibaient des lions au Colisée, tandis que nos souverains médiévaux les enfermaient dans des ménageries royales, peut-être aimons-nous avoir à nos côtés de minuscules lions personnels, en guise de preuve de notre tout récent triomphe face à nos ennemis jurés félins. Cela nous amuse d'observer la sauvagerie féline en miniature, et nous roucoulons en admirant leurs dents et leurs griffes… mais uniquement parce qu'à l'heure actuelle, les vainqueurs, c'est nous.

Peut-être qu'un lion qui ronronne sur nos genoux ou fait des cabrioles dans notre salon est une façon de nous rappeler que nous sommes les maîtres du monde, que nous contrôlons totalement la nature. Peut-être est-il révélateur qu'un des seuls endroits du monde où les chats domestiques ne sont *pas* des animaux familiers populaires est l'Inde, qui est également l'une des rares régions du globe où les grands fauves sont encore capables de faire beaucoup de dégâts.

Mais des éléments solides permettent d'affirmer que la famille des félins n'a en réalité jamais été soumise, et que ce sont toujours les félins qui dominent et mènent la danse. Certes, les lions mangeurs d'hommes ont abdiqué, mais en ce nouveau millénaire, c'est le modeste chat domestique qui revendique la place du roi.

De fait, malgré toute leur puissance et leurs prouesses, les lions sont bien loin d'avoir conquis le monde autant que leurs cousins. Le chat domestique a gagné du terrain depuis le cercle polaire jusqu'à l'archipel d'Hawaï, conquis Tokyo et New York, et déferlé sur le continent australien tout entier. Et quelque part en route, il s'est emparé du territoire le plus précieux et le mieux gardé de la planète : la forteresse du cœur des hommes.

2

Le berceau du chat

J'ai fait l'acquisition de Cheetoh (ou peut-être est-ce plutôt l'inverse) à Pâques. C'était en 2003, et j'étais journaliste novice en zone rurale, dans le nord de l'État de New York. Ma dernière mission m'avait fait atterrir sur un canapé avachi aux côtés d'une jeune femme en pleurs et de sa mère. J'étais censée écrire sur un meurtre qui avait récemment eu lieu dans cette petite communauté de mobile-homes, et je ne savais pas trop par où commencer.

Soudain, quelque chose de doux a heurté ma cheville. J'ai baissé les yeux pour découvrir le matou poil de carotte le plus baraqué et large de poitrine que j'avais jamais vu : il se préparait à m'envoyer un nouveau coup de son énorme tête de rouquin. Par réflexe, j'ai tendu la main et gratté la fourrure duveteuse sous son menton.

« Il vous aime bien, a dit la mère, avec une note d'approbation dans la voix. Il n'aime personne. »

Nous avons rapidement digressé de notre sinistre interview pour entamer une discussion animée à propos des dizaines de chats de leur communauté. Ils faisaient en quelque sorte partie des commodités de la collectivité, n'appartenant à personne en particulier, se baladant d'un foyer à l'autre, sans doute mieux accueillis sur certains canapés que sur d'autres.

Les deux femmes m'entraînèrent dans la pièce du fond de leur caravane, où une vagabonde tricolore à la silhouette élancée avait récemment élu domicile pour mettre bas. À présent, deux nouveau-nés au pelage roux miaulaient contre son flanc, et le peu de professionnalisme qui me restait s'évapora.

L'un des deux chatons avait une douce teinte de pêche. La fourrure de l'autre était d'une éclatante couleur mandarine (voire encore un ton plus vif : la couleur de ces fromages industriels en poudre). La robe de ces chatons me fit penser que le gros matou envahissant qui traînait dans le coin avait très certainement quelque chose à voir avec leur naissance. Je recueillis celui qui était vraiment orange au creux de ma main, et il s'y vautra, les pointes de ses oreilles de bébé encore repliées. Ses petits yeux troubles venaient à peine de s'ouvrir : je fus l'une des premières choses qu'il vit.

Un peu plus tard, ma mission pour le journal restait inachevée, mais j'étais cordialement invitée à repasser six semaines plus tard pour récupérer mon nouveau chaton. Je me suis remise au volant, et j'ai vu l'énorme père de Cheetoh bondir par la fenêtre ouverte de la caravane pour filer quémander son prochain repas ou rejoindre sa prochaine conquête. Jamais je n'avais vu de chats vagabonder ainsi librement : plus proches de travailleurs indépendants que d'animaux domestiques maintenus en captivité, ils se débrouillaient seuls pour trouver de quoi vivre, profitant de la pâtée pour chats qu'on leur offrait et des poubelles, et allaient et venaient à leur guise, sans crainte. À l'époque, cet arrangement me parut témoigner d'une organisation particulièrement évoluée, presque avant-gardiste : comme une sorte de communauté excentrique californienne pour chats.

Mais en fait, les premiers liens entre humains et félins se sont peut-être tissés dans des circonstances similaires, même si à l'époque il n'y avait pas de mobile-homes mais des huttes en terre agglutinées par petits groupes. Le processus long, bizarre et fondamentalement invraisemblable qui a conduit à la domestication des chats n'aurait probablement pas pu s'amorcer ailleurs.

*

Il y a 11 600 ans, le village de Hallan Çemi se dressait le long des rives d'un affluent du Tigre, dans la Turquie actuelle. À peine une poignée de familles de l'âge de pierre vivaient dans ces habitations en glaise. Mais c'est dans de minuscules communautés comme celle-ci que la colossale transition vers l'agriculture engagée par l'humanité a vraisemblablement commencé. En troquant la chasse et la cueillette pour la vie de cultivateurs, nous condamnions à terme la plupart des hypercanivores de la planète à une mort certaine, tout en offrant, en revanche, une opportunité unique à une poignée de candidats à la domestication, parmi lesquels les félins sauvages qui allaient devenir les chats domestiques modernes.

Découvert par les archéologues en 1989, Hallan Çemi est considéré comme l'un des tout premiers sites de peuplement permanents de l'est du Croissant fertile, un camp de base primitif pour des populations nomades qui, en raison de récents changements dans leur environnement, n'avaient plus besoin de s'aventurer sur de grandes distances pour trouver de quoi manger. La dernière glaciation touchait à sa fin, le climat local s'était stabilisé et les ressources naturelles abondaient, donnant naissance à ce que les archéologues appellent « le régime alimentaire à large spectre ». Les habitants pêchaient, allaient se servir dans une forêt de pistachiers à proximité, et chassaient le gros gibier dans les collines et les plaines en contrebas. Ils mangeaient pratiquement tout ce qui leur tombait sous la main : des cygnes, des palourdes, des lézards, des chouettes, des cerfs, des ours, des tortues. Au total, les villageois du Néolithique laissèrent près de deux tonnes d'ossements animaux derrière eux.

L'archéologue Melinda Zeder a consacré des années à trier ces restes grillés au barbecue, expédiés depuis le site de fouilles jusqu'à son laboratoire du Smithsonian, à quelques pas à peine de la collection de squelettes de grands félins du musée. Melinda Zeder, dont les yeux se mettent parfois à luire comme s'ils reflétaient les flammes de foyers antiques, est une experte de la domestication animale et de la transition fatidique qui a conduit le genre humain à la sédentarité. Les villageois de Hallan Çemi n'élevaient pas encore d'animaux de ferme (à l'époque, seuls les chiens étaient domestiqués depuis quelques milliers d'années, alors que les humains étaient encore nomades), mais les habitants ont pu commencer à manipuler intentionnellement les populations locales de certains animaux de proie, comme les cochons sauvages. De surcroît, Melinda Zeder pense aussi qu'Hallan Çemi recèle des indices sur la façon dont ces proto-agriculteurs ont pu enrôler d'autres petites bêtes poilues : mais *involontairement*, cette fois.

Tandis que nous discutons dans son bureau, un étudiant de troisième cycle lâche un petit sac en plastique qui atterrit sur le bureau avec un *ploc*, et contient ce qui ressemble à des bâtons de cannelle : des ossements de pattes antiques et brunis qui ont l'air aussi fragiles que de la terre cuite. Ces maigres restes appartiennent à l'ancêtre du chat domestique, qu'on nomme souvent tout simplement « le chat sauvage ».

Les 58 os de chats sauvages identifiés jusqu'à présent parmi les vestiges des festins de Hallan Çemi ne correspondent sans doute pas à nos premiers matous de compagnie : hélas, il semble que nous ayons mangé ces félins, comme tous les autres. (Quelques études, peu nombreuses mais néanmoins tout à fait explicites, sont consacrées à ces hommes de Néandertal et autres chasseurs-cueilleurs amoureux des chats, mais au sens strictement culinaire.) Melinda Zeder[1] et ses étudiants ont cependant leur idée sur la façon dont ce drôle de petit carnivore – son nom latin, *Felis silvestris*, signifie « chat forestier » – a pu renoncer à la vie dans les bois pour unir son destin au nôtre. Il s'avère que la sédentarité humaine est un mode de vie dont les ancêtres de Cheetoh ont tout de suite perçu les avantages.

« Quelles sont les conséquences de la sédentarité sur un environnement donné ? aime demander Melinda Zeder. Comme va-t-elle modifier la trajectoire d'évolution d'autres animaux ? »

Le nouveau mode de vie des humains a influencé bien d'autres espèces que les seuls félins : en plus des chats sauvages, Hallan Çemi a attiré une quantité inhabituelle d'autres

1. Melinda A. Zeder, archéologue américaine, conservateur émérite du Département d'anthropologie du National Museum of Natural History, Smithonian Institute. Elle a révolutionné la compréhension de la domestication des animaux.

mini-carnivores, comme les blaireaux, les martres et les belettes, et surtout les renards, tous en nombre totalement disproportionné par rapport à leur répartition naturelle au sein du réseau trophique. Une telle surabondance de prédateurs de taille moyenne est en fait une caractéristique commune des zones urbaines actuelles : nos villes et métropoles sont pleines de ratons laveurs, de moufettes et autres nuisibles amateurs de viande, et les renards roux provoquent aujourd'hui des tas de problèmes à Londres.

On appelle ces pics de population de petits carnivores des « libérations de mésoprédateurs », et de tels excédents semblent survenir quand les humains éliminent les grands prédateurs d'un écosystème. Et effectivement, les os de léopards et de lynx découverts à Hallan Çemi semblent montrer que les villageois savaient chasser les grands fauves, facilitant ainsi la vie des mangeurs de viande de taille plus modeste, qui n'auraient pu rivaliser, voire auraient eux-mêmes fini dans l'estomac des fauves. Les humains n'appréciaient sans doute guère ces renards, blaireaux et petits félins, mais jugeaient probablement qu'ils ne valaient pas la peine de s'en soucier (tout comme aujourd'hui les ratons laveurs des zones périurbaines).

En plus d'offrir un lieu de refuge, les premiers peuplements humains permanents représentaient une nouvelle source de nourriture révolutionnaire. Les belettes, blaireaux et chats qui investirent Hallan Çemi avaient sûrement faim. La plupart des gros animaux rôtis qui y ont été découverts semblent avoir été dépecés grossièrement : il devait y avoir abondance de viande en décomposition à chaparder dans le coin. (« Ça devait sacrément puer », me fait remarquer Melinda Zeder.) Pour les petits carnivores, la manne constituée par ces déchets a dû représenter une véritable révolution. Il arrivait à ces rôdeurs hauts comme trois pommes de se faire capturer, et de finir eux-mêmes au menu ou encore écorchés pour leur pelage, mais on peut supposer que le jeu en valait la chandelle.

Les humains accueillirent ainsi à leur insu toutes sortes de petits prédateurs. Mais pourquoi n'avons-nous pas de blaireaux ou de renards dans nos salons, aujourd'hui ? De toutes les petites bestioles sauvages qui se sont faufilées dans nos maisons à Hallan Çemi, pourquoi les chats sont-ils les seuls à être restés à nos côtés pour toujours, et à avoir été domestiqués ? Et pourquoi diable les avons-nous laissés faire, surtout quand on connaît les farouches rancunes opposant la famille des félins à la nôtre ?

*

Les scientifiques décrivent souvent le processus de la domestication animale comme une voie ou un chemin sur lequel les bêtes s'engagent – souvent sous la houlette des hommes – et le long duquel elles progressent à travers les siècles. En cours de route, elles vont subir une série de changements génétiques profonds. Il s'agit en règle générale d'une voie à sens unique : une fois qu'une espèce sauvage a été domestiquée, il n'y a pas de retour en arrière, même s'il arrive que quelques individus retournent à la nature. Un animal « féral » n'est pas une bête sauvage mais un animal domestique errant, et d'un point de vue biologique, ses petits seront identiques aux bêtes qui n'ont jamais quitté la cour de la ferme. (Prenez par exemple le petit compagnon de portée rouquin de

Cheetoh, perdu de vue il y a bien longtemps : même s'il avait fini par vivre tout seul dans la nature, son matériel génétique brut ne présente aucune différence avec celui de son frère choyé et bichonné, et ses chatons – pour toutes les générations à venir – seront prédisposés à faire d'excellents animaux de compagnie.) S'il est possible, en revanche, d'apprivoiser petit à petit un animal sauvage au cours de sa vie, celui-ci ne sera jamais domestiqué : l'aisance qu'il apprendra à ressentir au contact des humains ne pourra pas être transmise à ses petits. Nous avons apprivoisé nombre de félins sauvages divers et variés, jusqu'à des lions, des tigres et des guépards. Mais seuls les chats sont des félins *domestiqués*.

La domestication apporte de formidables avantages. Ayant accès à une nourriture abondante et à une protection puissante, les animaux domestiqués jouissent d'un taux de succès sans précédent en matière de reproduction, parfois même supérieur au nôtre : il y a aujourd'hui approximativement trois fois plus de poules (descendantes d'oiseaux sauvages de la jungle) que de gens sur la planète, et dans certains pays les moutons (ex-mouflons) sont sept fois plus nombreux que nous.

En échange, les animaux d'élevage nous sacrifient leur chair, leur fourrure ou leur force de travail ainsi que leur liberté et subissent souvent une métamorphose physique extrême pour s'adapter à la vie dans le monde des humains. Les animaux domestiques ont généralement une allure bien différente de celle de leurs homologues à l'état sauvage. Il s'agit là en partie du résultat de l'ingérence délibérée des humains, puisque nous pratiquons l'élevage de façon à obtenir les qualités qui nous intéressent, comme une fourrure plus épaisse, ou davantage de viande. Mais cette différence est aussi le résultat fortuit de la vie aux côtés des hommes. Souvent, pour des raisons que nous aborderons plus loin, les animaux domestiques ressemblent à des versions juvéniles de leurs cousins sauvages, ou présentent des caractéristiques bizarres, comme des taches, ou des oreilles pendantes. Il est possible de retracer la chronologie de la domestication de la plupart des habitués des cours de ferme uniquement en observant les différences manifestes entre leurs fossiles : les archéologues recherchent les caractéristiques révélatrices de l'état domestique, comme la réduction du diamètre des molaires chez les espèces anciennes de cochons, ou le rétrécissement des cornes des vaches. Les chiens (en tant que premiers animaux domestiqués) se sont radicalement transformés sous notre houlette, à tel point qu'il s'avère très difficile pour les scientifiques de déterminer de quelle lignée de loups descendent toutes ces variétés diverses de chihuahuas, labradors et autres pitbulls, et à quel moment leur généalogie a divergé.

Avec les chats domestiques, en revanche, les chercheurs sont confrontés au problème inverse. Les chats ont si peu changé physiquement depuis qu'ils vivent parmi les êtres humains que, même à l'heure actuelle, les experts sont souvent incapables de faire la différence entre un chat tigré domestique et un chat sauvage. Cela complique de façon significative l'étude de la domestication du chat. Il est pratiquement impossible d'identifier le moment où les chats sont entrés dans la vie des humains en examinant les fossiles anciens, dont l'évolution est infime, même par rapport à aujourd'hui. « Et vous ne trouverez ni collier, ni clochette », me prévient Melinda Zeder.

Parce que ces êtres éternellement contrariants que sont les chats n'obéissent pas au schéma qui s'applique à d'autres créatures, la plupart des scientifiques se sont contentés de les ignorer : Charles Darwin consacre à peine quelques pages de son livre à la domestication à ces bestioles remarquablement difficiles, tandis que les pigeons ont droit à deux chapitres entiers. Et de fait, la question de savoir si les chats correspondent réellement à la définition de l'animal domestique reste sujette à débat, alors même qu'ils profitent d'avantages évolutifs similaires à ceux des moutons et des poules. Les chats ont-ils achevé leur voyage vers la domestication, ou sont-ils encore en chemin ?

Pendant bien longtemps, les scientifiques ne sont même pas parvenus à déterminer de quel chat sauvage descendent les chats domestiques. Les chercheurs soupçonnaient que nos animaux de compagnie présentaient un héritage composé d'une pincée de divers types de félins différents : un peu de duvet du chat de Pallas par-ci, quelques taches du chat de jungle (également appelé chaus) par-là, et peut-être un soupçon de chat du désert indien (ou chat orné) chez le siamois, aux traits caractéristiques. Il semblait plausible que *Felis silvestris* soit présent quelque part dans les gènes, mais dans laquelle de ces cinq sous-espèces… à moins que ce ne soit la totalité d'entre elles ?

Au début des années 2000, un étudiant en doctorat de l'université d'Oxford nommé Carlos Driscoll s'est attelé à résoudre cette question. Il a enfourché sa moto, avec l'objectif ambitieux de collecter le matériel génétique de 1 000 chats à travers la planète, pour voir s'il parvenait à identifier des ancêtres communs. Il a utilisé des pigeons vivants en guise d'appâts pour son piège à chats en Israël, s'est lié d'amitié avec des chats férals en Mongolie, a prélevé les oreilles de bêtes écrasées sur les routes d'Écosse, et a même embobiné des éleveurs de chats de race américains pour tester l'ADN de leurs animaux préférés.

Ce projet lui a pris presque dix ans, mais les résultats valaient la peine d'attendre : des persans aristocratiques aux vagabonds galeux, des chats de gouttière rompus à la vie dans les rues de Manhattan aux chats férals des forêts de Nouvelle-Zélande, il s'avère que tous les chats domestiques tirent leurs origines non pas d'un mélange génétique de nombreuses espèces félines, mais uniquement de *Felis silvestris*. Plus stupéfiant encore, ils descendent tous exclusivement de la sous-espèce *lybica*, le type proche-oriental natif du sud de la Turquie, d'Irak et d'Israël, où il vit toujours aujourd'hui.

Carlos Driscoll a croisé ses analyses génétiques avec les maigres indices archéologiques disponibles, comme la tombe d'un chaton datant de 9 500 ans sur l'île de Chypre, qui semble indiquer que la population de l'époque s'était déjà entichée des chats, ou encore des œuvres d'art égyptiennes datant de 1950 avant J.-C., qui montrent que les chats apparaissaient communément dans les représentations de maisonnées humaines. Il en a conclu que notre relation avec les chats domestiques a commencé à la même époque et au même endroit que celle que nous entretenons avec les moutons, les vaches et la plupart des autres principaux animaux que nous élevons : probablement il y a 10 000 ou 12 000 ans, quelque part dans le Croissant fertile, dans un endroit qui devait ressembler à Hallan Çemi, même si cela s'est sûrement produit dans plusieurs lieux et sur une période de temps prolongée. Dieu sait comment, les chats domestiques se sont multipliés à partir de là, jusqu'à conquérir le monde entier.

Nous savons donc au moins à peu près quand et où la

domestication des chats a commencé. Le mystère qui demeure, c'est pourquoi, et comment – et au bout du compte, qui, car on peut se demander à quel point les êtres humains ont réellement eu voix au chapitre dans cette histoire.

*

Selon n'importe quels critères raisonnables, les chats sont de très mauvais candidats pour la domestication. Le problème le plus évident, c'est leur sociabilité – ou plutôt leur absence de sociabilité. La stratégie de base de l'humanité pour contrôler d'autres espèces consiste la plupart du temps à détourner à notre avantage leurs hiérarchies de dominance, c'est-à-dire à endosser le rôle du meneur de troupeau ou du chef de meute pour que les animaux subordonnés se soumettent et que nous puissions les faire s'accoupler, les contrôler et les tuer à notre guise. Mais comme presque tous les félins (à l'exception des lions, et des guépards dans certains cas), *Felis silvestris lybica* n'a aucune hiérarchie sociale. Il n'a pas de chef. À l'état sauvage, il ne tolère même pas la présence d'autres chats adultes, sauf pendant l'accouplement. Rassembler un troupeau de chats, comme le dit l'expression, c'est vraiment mission impossible.

La vie sociale limitée des chats n'est pas le seul handicap qui les rend peu adaptés à la domestication. À l'état sauvage, *Felis silvestris lybica* (comme la plupart des félins) est un animal nocturne, territorial, extrêmement vif et très difficile à contrôler, et pour toutes ces raisons partager des horaires et un espace avec des humains est loin d'être l'idéal pour lui. D'un point de vue sexuel, il est assez tatillon : dans le cadre de la domestication, on essaie généralement d'accoupler les meilleurs animaux pour accentuer les traits les plus désirables, mais Carlos Driscoll estime que ça ne fait qu'un malheureux siècle que nous avons une influence quelconque sur la vie sexuelle des félins, une paille par rapport aux 10 000 ans (minimum !) que nous avons passés ensemble. Il ajoute que même aujourd'hui, seul un infime pourcentage des accouplements se déroule sous notre supervision (et concerne essentiellement les chats de pure race).

Et bien sûr, *Felis silvestris lybica* est incroyablement difficile en matière de nourriture : la plupart de nos animaux domestiques (comme les cochons ou les chèvres) sont ravis d'engloutir n'importe quelle pâtée, mais tous les chats sont exclusivement carnivores et ne mangent que de la viande de qualité supérieure. De nos jours, les chats de compagnie ont gardé les mêmes exigences enquiquinantes, comme le sait bien quiconque s'est déjà retrouvé à court de pâtée « dinde et abats » à vingt-trois heures ! Mais au cours des précédents millénaires, quand les ressources en viande étaient bien plus précieuses encore, tout cela devait donner lieu à une sorte de concurrence carnivore entre les chats et leurs maîtres. (Dans certaines régions du monde, des traces d'une telle rivalité subsistent : par exemple, les chats domestiques australiens consomment en moyenne plus de poisson à l'année que les Australiens eux-mêmes.)

Même si nos ancêtres, qui avaient encore à se battre contre la faim et les léopards, avaient pu s'accommoder de tous ces travers, on ne voit pas très bien ce qui aurait pu justifier un tel effort. Les motivations qui nous poussent à domestiquer des bêtes sont généralement assez évidentes : nous convoitons des parties du corps, des sous-produits ou la force de travail de tel ou tel animal. Mais quant à savoir ce que les chats domestiques nous fourniraient au juste… mystère et boule de poils (comme nous le verrons dans le prochain chapitre).

Cependant, fort heureusement pour *Felis lybica*, quelques individus au moins se révélèrent dotés d'une qualité « domestique » vitale pour réussir : leur tempérament. Se sentir un minimum à l'aise avec les humains est de loin le prérequis le plus important pour tous les candidats à la domestication. Les animaux angoissés ne s'accouplent pas en captivité et peuvent même mourir de stress. Préférant voir leurs lapins se reproduire comme des lapins, les humains ont toujours élevé, de façon délibérée ou par défaut, des animaux d'un tempérament calme, capables de tenir le choc dans notre environnement chaotique. Ce qui est vraiment étonnant chez les chats domestiques, c'est qu'ils semblent avoir cultivé ce trait de caractère de leur propre chef.

La plupart des félins sauvages, y compris les espèces assez grosses pour manger des humains, ont d'excellentes raisons d'être timides et solitaires, et ils ont souvent terriblement peur de nous (c'est d'ailleurs vrai pour toutes les autres sous-espèces non domestiquées de *Felis silvestris*, pourtant quasiment identiques à nos matous). Dans les années 1930, la photographe animalière Frances Pitt a raconté dans un livre ses efforts pour tenter de gagner les faveurs d'un chat sauvage européen, *Felis silvestris silvestris*, cousin proche de l'ancêtre du chat domestique. « Beelzebina, Princesse des Démons », ainsi qu'elle nomma le chaton captif, « crachait et griffait férocement. Ses yeux d'un vert pâle exprimaient une haine sauvage envers les êtres humains et toutes les tentatives pour établir des relations amicales avec elle ont échoué. »

Mais le chat sauvage du Proche-Orient est une exception notable. Les études menées récemment sur des spécimens sauvages de *Felis silvestris lybica* équipés de colliers émetteurs indiquent que, si la plupart fuient les humains, il arrive parfois qu'un individu atypique se mette à nous suivre, à rôder dans nos pigeonniers et à flirter avec nos chats de compagnie, avec lesquels les croisements sont fréquents. Cela ne signifie pas qu'un *lybica* intrépide serait capable du genre de comportement affectueux qu'on peut observer chez les chats domestiques, ni de rien d'approchant d'ailleurs : ces animaux sauvages ne sont pas du genre à se lover contre vous le dimanche matin, à s'installer sur vos épaules ou à réclamer qu'on leur grattouille le ventre. Cependant, explique Carlos Driscoll, le tempérament est un trait que les membres d'une famille peuvent partager, tout comme la capacité à produire du lait ou la qualité des muscles, des caractéristiques transmises et parfois amplifiées via l'ADN. Et une bizarrerie du patrimoine génétique du *lybica* prédispose certains individus à une certaine audace naturelle : une capacité qui deviendrait finalement le matériau brut à partir duquel les humains et leurs chats allaient tisser des liens. Parler du caractère « affectueux » de nos chats revient, entre autres, à dire qu'ils ne sont pas agressifs. Cela veut dire aussi qu'ils n'ont pas peur, ou qu'ils font preuve d'une hardiesse innée.

Les premiers chats à s'être approchés de nos feux de camp à Hallan Çemi et ailleurs n'étaient donc pas les plus dociles et les plus doux : c'était ceux qui avaient un cœur de lion. Après être parvenus à s'infiltrer, ces félins particulièrement hardis gagnèrent en force grâce aux restes savoureux de nos repas et s'accouplèrent avec d'autres individus téméraires venus festoyer dans le coin, pour produire des petits encore plus audacieux. Ces chats n'avaient rien de recrues domestiques : c'étaient des envahisseurs. Et si les autres petits prédateurs comme les renards ou les blaireaux se contentèrent de traîner à la lisière de la civilisation, qui reste leur domaine aujourd'hui, ces chats téméraires se sont frayé un chemin jusque dans nos lits. Et ce faisant, ils ont piraté un processus de sélection habituellement contrôlé par les humains.

De fait, me dit Carlos Driscoll : « Les chats domestiques se sont domestiqués tout seuls. » Et pour comprendre comment certaines caractéristiques-clés du tempérament des félins ont pu se transmettre de génération en génération jusqu'à nos animaux de compagnie actuels, il me suggère de visiter un sous-sol bien particulier.

*

La première fois que je rencontre Melody Roelke-Parker, elle est en train de fendre un cœur de puma congelé dans son laboratoire du NIH, le réseau des instituts de santé américains (National Health Institutes). Vétérinaire de renommée mondiale spécialisée dans les grands fauves, elle a diagnostiqué la maladie de Carré chez les lions du Serengeti et a contribué à mettre en évidence un goulot d'étranglement génétique chez les guépards. Elle possède une collection personnelle de classe mondiale d'échantillons de tissus congelés prélevés sur des félins sauvages de toute la planète.

Mais c'est une autre collection qui m'intéresse : celle qui vit dans sa maison.

Melody Roelke-Parker a suivi pendant des années une colonie de chats-léopards asiatiques développée par le NIH, des petits félins tachetés originaires des jungles d'Asie du Sud, que les scientifiques ont croisés avec des chats domestiques ordinaires pour étudier divers sujets, depuis les problèmes de fertilité jusqu'à l'évolution de certaines couleurs de pelage. Quand les financements pour ce genre d'expériences se sont taris, Melody Roelke-Parker (dont le cœur est bien plus tendre que ceux qu'elle conserve dans ses congélateurs) a fini par adopter des dizaines de ces animaux de laboratoire hybrides, bien qu'ils aient une forte tendance à se comporter comme dans *L'Exorciste*, par exemple en s'accrochant au toit grillagé de leur cage pour courir la tête en bas. Parce qu'on ne s'était pas occupé d'eux et qu'ils possédaient des gènes de chat-léopard, la plupart étaient plus ou moins sauvages – « de vrais petits diables », se souvient-elle affectueusement. Elle les a croisés entre eux ainsi qu'avec des chats domestiques ordinaires.

Une décennie et de nombreuses portées de chatons plus tard, le sous-sol de la maison de Melody Roelke-Parker dans le Maryland ressemble à un zoo miniature, avec des cages qui montent jusqu'au plafond, joyeusement agrémentées de branches d'arbre suspendues et de hamacs. D'innombrables paires d'yeux jaunes scrutent le visiteur d'un regard oblique. Les miaulements se mêlent au bourdonnement obstiné de la machine à laver.

Les croisés chat-léopard/chat domestique d'aujourd'hui ressemblent pour la plupart à des animaux de compagnie ordinaires, avec une robe « smoke » (fumée), noir et blanc ou encore tigrée. Mais ce à quoi s'intéressent à présent Melody Roelke-Parker et son ancien camarade de labo Carlos Driscoll ne saute pas tout de suite aux yeux : c'est le comportement de ces animaux, qui semble obéir à des schémas génétiques prédéterminés.

« Ce que je voulais vous montrer, ce sont les familles, explique Melody Roelke-Parker. Commençons par Kiwi. » Elle m'entraîne vers une grande cage pleine de chats aux oreilles aplaties et à l'air furibard. Les gamelles d'eau s'entrechoquent tandis que Kiwi, une chatte tigrée marbrée, ainsi que sa progéniture déjà adulte se bousculent pour s'éloigner le plus possible de nous. « Ça, c'est la famille des méchants, explique la chercheuse. Kiwi ne m'aime pas, elle évite systématiquement mon regard. La plupart de ses petits sont vraiment odieux. Ils ont ce truc, cet air du genre : "Je suis furax et j'ai bien envie de te tuer." »

Certains des chatons de Kiwi ont une magnifique couleur argentée, qui pourrait donner particulièrement envie de les adopter, mais leur tempérament l'interdit. « Celle-ci s'appelle Snow Witch (Sorcière des Neiges) », indique-t-elle en désignant celle qui s'est rendue coupable des pires méfaits. Snow Witch était un si joli chaton qu'un membre du labo du NIH a naïvement accepté de l'adopter. Pendant sa première nuit dans son nouveau foyer, elle a arraché le ventilateur du plafond de la salle de bains. Snow Witch a réintégré le sous-sol de Melody Roelke-Parker.

À l'autre extrémité du spectre, il y a Poppy. Poppy s'est accouplée avec certains mâles, les mêmes que Kiwi, mais pour une raison inconnue ses chatons sont plutôt affectueux, et même de plus en plus câlins au fil des générations. Nous en saluons quelques-uns : Pistache, Pécan et Pyro. « De temps en temps, on en a un vraiment pot de colle qui veut se percher sur mon épaule », raconte Melody Roelke-Parker.

Comme pour appuyer ses dires, voilà justement qu'un miaulement plaintif se fait entendre. À ma grande surprise, un chat d'un brun roussâtre nommé Cyprus, qui fait partie de la descendance de Poppy, bondit hors de sa cage par une porte que Melody Roelke-Parker vient d'ouvrir : il semble être le seul chat à bénéficier d'un tel privilège. Il a droit à sa propre boîte de nourriture qu'il dévore près de la machine à laver, et reçoit plein de caresses supplémentaires et même des bisous de la part de la chercheuse, à laquelle il semble vouer une véritable adoration, cherchant en permanence son regard. Et, effectivement, ça ne me surprendrait pas que ce chat finisse par se débrouiller pour quitter le sous-sol à force de minauderies, et atterrir dans le salon de Melody Roelke-Parker, à l'étage : même s'il crèche avec le reste de la colonie, Cyprus est pratiquement un animal de compagnie. Mais qu'est-ce qui le rend si différent ?

Il s'avère que je ne suis pas la première visiteuse à m'intéresser au sous-sol de Melody Roelke-Parker. Elle a récemment accueilli un chercheur qui travaillait sur une des plus célèbres études sur la domestication à ce jour : l'expérience russe consacrée à l'élevage de renards, qui est toujours en cours. Il y a plus de cinquante ans, des scientifiques de Sibérie ont décidé d'élever des renards argentés. Mais au lieu de les sélectionner pour la qualité de leur fourrure, la taille de leur corps ou toute autre caractéristique physique généralement recherchée chez les renards d'élevage, ils se sont concentrés uniquement sur leur tempérament. Les résultats ont été bluffants : en à peine quelques générations de croisements entre les animaux les plus affectueux, ces renards argentés autrefois si hargneux (l'espèce n'avait jamais été domestiquée) sont venus lécher les doigts des chercheurs comme des toutous. Aujourd'hui, ces renards argentés se vendent comme animaux de compagnie.

Les visiteurs russes étaient curieux d'en savoir plus sur la gentille Poppy, la méchante Kiwi et leurs clans respectifs. Les chercheurs espèrent pouvoir identifier un jour les gènes qui déclenchent de telles différences de tempérament, et qui jouent peut-être aussi un rôle dans le processus mystérieux de la domestication.

Et pourtant, le scénario qui se déroule dans le sous-sol de Melody Roelke-Parker est extrêmement artificiel, puisque des humains assurent un rôle de supervision. La véritable histoire de la domestication des chats (au cours de laquelle c'est essentiellement le tempérament des chats sauvages qui a subi des changements majeurs) est un exemple dans la vie réelle qui, par rapport à cette fameuse expérience des renards, pique particulièrement la curiosité. Dans la nature et au cours de notre histoire commune, les mutations du caractère des félins sont apparues principalement chez des chats livrés à eux-mêmes, qui venaient chaparder et s'accoupler dans nos villages et devenaient chaque jour plus culottés. Ce n'était pas le genre humain qui tenait les rênes.

Parce qu'il s'agissait d'un processus naturel, dans la vraie vie, la métamorphose du chat d'animal sauvage en compagnon amateur de câlins s'est opérée très, très lentement. Transformer le tempérament du renard argenté n'a demandé que quelques décennies, tandis que la domestication des animaux de ferme les plus communs, il y a de cela bien longtemps, n'a pris que quelques siècles (et ce malgré les connaissances nettement plus réduites auxquels avaient accès les apprentis bergers d'il y a 10 000 ans, par rapport aux scientifiques russes). En revanche, la domestication des chats domestiques est probablement encore un processus inachevé, encore aujourd'hui. Quand des chercheurs de l'université de Washington à Saint-Louis ont récemment comparé le génome du chat domestique et celui de son parent sauvage, les *Felis silvestris lybica*, ils n'ont trouvé qu'une poignée de différences génétiques, d'autant moins impressionnantes quand on les compare avec le nombre de mutations subies par les chiens domestiques. « Le nombre de régions du génome présentant des marqueurs forts de sélection depuis la domestication des chats paraît très limité », écrivent les auteurs.

L'apparence physique des chats domestiques contemporains semble confirmer cela. La plupart des animaux domestiques partagent un ensemble de caractéristiques physiques spécifiques, parmi lesquelles notamment une pigmentation tachetée du pelage, de petites dents, un minois juvénile, des oreilles pendantes et une queue en tire-bouchon. Les scientifiques désignent cet ensemble de caractéristiques dont on ne sait pas grand-chose sous le nom de « syndrome de la domestication ». Darwin, qui a été le premier à décrire ce phénomène, était particulièrement perplexe face aux oreilles pendantes si répandues chez les chiens, les cochons, les chèvres ou les lapins domestiques, mais totalement absentes chez les animaux sauvages, à l'exception des éléphants. En devenant plus affectueux, les renards russes se sont soudain mis à développer ces oreilles tombantes caractéristiques, ainsi que des taches blanches sur leur fourrure, qui les font beaucoup ressembler aux chiens de type colley. (Même les carpes d'élevage présentent parfois des taches blanches mouchetées sur leurs écailles.) Les causes de ce « look » caractéristique et un tantinet ridicule de l'animal domestique représentent l'un des plus grands mystères de la biologie de l'évolution.

Mais bizarrement, les chats domestiques n'ont pas vraiment cette allure-là. Ils n'ont pas les oreilles tombantes. Ils n'ont pas de queue en tire-bouchon. Leurs dents ne sont pas plus petites que celles de leurs cousins sauvages, et leur faciès (comme d'ailleurs le reste de leur corps, globalement) n'a rien d'immature. En fait, ils ont une allure pratiquement identique à celle de *lybica* sauvages adultes.

Les chats domestiques peuvent présenter des anomalies de pigmentation, comme des ventres blancs, des étoiles sur la face ou d'autres marques inhabituelles. Mais il semblerait que ces fioritures soient en fait assez récentes. Divers éléments indiquent, par exemple, que la robe des chats domestiques n'a commencé à se diversifier qu'au cours du dernier millénaire, en gros. Avant cela, les chats étaient apparemment tous monochromes. Les bas-reliefs funéraires de l'Égypte antique, par exemple, ne montrent aucun chat noir et blanc : les animaux de compagnie représentés sont tous tigrés, comme les *lybica* sauvages, alors que les chats vivaient pourtant aux côtés des hommes depuis déjà plusieurs milliers d'années. La première trace d'un changement de pelage, selon Carlos

Driscoll, apparaît dans un écrit médical qui le mentionne en l'an 600 de notre ère.

En plus d'arborer ces nouvelles couleurs de pelage, il y a quelques autres points sur lesquels les chats domestiques modernes rentrent dans le moule de la domestication. Certains, par exemple, connaissent des cycles reproductifs plus fréquents que leurs alter ego sauvages, et peuvent donc avoir des chatons toute l'année, participant ainsi au boom de naissances induit par la domestication. Ils présentent aussi le signe le plus vital et le plus caractéristique de la morphologie des animaux domestiques : le cerveau des chats domestiques a rétréci d'environ un tiers par rapport à la taille de celui des *lybica*.

Ce chiffre m'a d'abord fait penser à certains de mes chats à l'air particulièrement peu finaud, mais la diminution de la taille du cerveau est une caractéristique courante chez les animaux domestiqués de toutes sortes, de la dinde au lama. Cela ne signifie pas que ces animaux soient stupides : en fait, c'est ce qui leur permet de survivre au sein de nos communautés. En règle générale, c'est la partie antérieure du cerveau qui rapetisse, celle qui comprend les amygdales et d'autres composants du système limbique, qui contrôle les perceptions et la peur. Un réflexe dit « de combat/fuite » atténué permet à l'animal de mieux réagir au stress, qui est au cœur de la vie domestique. C'est notamment grâce à cet affaiblissement de leurs réactions de peur que les chats domestiques sont particulièrement hardis, et – du moins à condition d'être suffisamment exposés au contact humain pendant les deux premiers mois de leur vie – qu'ils peuvent adopter les attitudes dociles, voire ouvertement affectueuses que leurs maîtres apprécient de nos jours (comme se frotter aux chevilles, ou vous lécher le visage).

Mais encore une fois, parce que les êtres humains n'avaient en réalité aucun contrôle sur ce processus, le cerveau du chat a mis des siècles à rapetisser. Des analyses réalisées sur des momies de chats égyptiens d'il y a à peine quelques millénaires ont montré que ces animaux avaient encore le cerveau aussi gros que leurs cousins sauvages.

Les scientifiques pensent désormais que le syndrome de la domestication peut être causé par un déficit de certaines cellules-souches embryonnaires nommées cellules de la crête neurale, qui jouent un rôle pour déterminer la taille du prosencéphale (ou cerveau antérieur) d'un animal. Point intéressant, les cellules de la crête neurale influencent également des facteurs remarquablement divers, tels la forme du crâne, la formation du cartilage ou la couleur du pelage, au moment où elles migrent vers différentes parties du corps au cours du développement du fœtus. En favorisant les animaux les plus dociles, avec des prosencéphales plus petits et des réflexes d'agressivité moins aiguisés, chez des espèces allant des vaches aux carpes, les humains ont peut-être sélectionné par inadvertance cette déficience des cellules de la crête neurale, et toute la myriade de conséquences qui va avec : y compris les coloris bizarres, les oreilles tombantes et les queues tordues.

Le fait que les chats domestiques présentent certaines des caractéristiques-clés du syndrome de la domestication, mais pas toutes, signifie peut-être que cette dégénérescence des cellules de la crête neurale est encore en cours chez ces animaux, et que leur parcours sur le chemin de la domestication est loin d'être achevé. Quand les généticiens de l'université de Washington ont analysé récemment le génome des chats domestiques et l'ont comparé à celui du *lybica*, ils ont effectivement constaté que les gènes liés aux cellules de la crête neurale faisaient partie des rares zones à avoir subi des modifications. Il se peut tout à fait que nous ayons un jour des chats à oreilles tombantes et à queue en tire-bouchon, mais malheureusement, ce n'est pas pour tout de suite.

Il n'y a qu'un petit nombre d'autres différences mesurables pour distinguer les chats domestiques de leurs cousins sauvages. Les pattes de nos petits compagnons sont un peu plus courtes. Leur miaulement est un peu plus doux. Ils ont adapté leur comportement social, même si le changement est infime : beaucoup de chats domestiques préfèrent encore vivre seuls, mais contrairement aux *lybica* sauvages, ils sont aussi capables de former des colonies familiales, un peu comme les meutes de lions. Les chats domestiques peuvent tolérer la présence de chats avec lesquels ils n'ont pas de liens familiaux (même si, la plupart du temps, ça ne se passe pas aussi bien que leur maître pourrait le croire), et ils semblent parfois même aimer ça : le burmese et le siamois de mes parents adoraient se lover l'un contre l'autre, formant un yin et yang poilu.

Autre élément qui ne devrait sans doute pas nous surprendre : les chats domestiques ont aussi rallongé leurs intestins – une concession de ce petit hypercarnivore, face aux sources de protéines plus diversifiées et plus difficiles à digérer disponibles au sein des communautés humaines.

*

Ainsi, du fait de l'intrusion extrêmement progressive de ces premiers félins intrépides dans nos communautés (à un rythme bien plus lent que si les humains étaient aux commandes), les descendants de certains chats sauvages se sont enhardis et se sont invités de plus en plus fréquemment. Au cours des siècles, ils ont diminué la taille de leur cerveau de façon à pouvoir vivre parmi nous et ont rallongé leurs intestins pour pouvoir mieux profiter de nos restes de viande. En chemin, ils ont gagné quelques jolies taches blanches.

C'était extraordinairement bien joué de la part du chat : moyennant à peine quelques retouches, une espèce féline, par ailleurs si peu adaptée à la domestication, est parvenue à récolter les bénéfices d'une alliance avec le genre humain. Et aujourd'hui, ces avantages intégrés ne concernent pas que les chats de compagnie privilégiés qui partagent nos oreillers en plume et nos garde-manger bien garnis, mais aussi les chats errants qui vivent dans les ruelles, dans la nature ou Dieu sait où. Ces derniers n'ont parfois jamais eu le moindre contact direct avec un humain, mais prospèrent grâce à la décision prise par leurs lointains ancêtres de se faufiler jusqu'à nos portes.

À part ces quelques maigres changements, pourtant, les chats domestiques n'ont jamais rien fait pour s'adapter aux hommes, pas le moindre frémissement de moustache : ni à l'époque, ni encore moins aujourd'hui.

Ce qui nous ramène encore une fois à cette question : pourquoi les avons-nous laissés rester ?

3

Où est le piège ?

L'un des plus grands mystères avec les chats domestiques, c'est ce qu'ils font de leur temps. Même les chiens les mieux dorlotés continuent généralement à s'acquitter de leurs devoirs ancestraux, sous une forme ou une autre : aboyer sur les inconnus, aller chercher et rapporter, et emboîter le pas à leurs maîtres en guettant vainement l'occasion de chasser, de rassembler un troupeau, ou de nous servir d'une manière ou d'une autre. Mais la vie de Cheetoh se résume à un bain de soleil perpétuel, interrompu seulement pour piquer un sprint frénétique jusqu'à la gamelle à croquettes, quelques secondes avant l'heure où le minuteur automatique est censé délivrer ses croustillants dividendes. Manger et se reposer – plus quelques caresses (acceptées à contrecœur) et, de temps en temps, un petit tour dans le patio derrière la maison – voilà tout son labeur quotidien. Dire que cet animal n'a pas fait grand-chose pour moi ces derniers temps est tellement en dessous de la vérité que c'en est absurde.

Peut-être Cheetoh est-il simplement un représentant particulièrement tire-au-flanc de son espèce. Ou peut-être que les chats n'ont jamais été autre chose qu'une sorte de bibelot poilu, un produit de luxe vivant. Mais les chats sont tellement énigmatiques : il doit y avoir quelque chose qui m'échappe. Après tout, cela fait maintenant des milliers d'années que ces bestioles sont parmi nous. Après s'être insinuées dans la sphère humaine, elles ont dû se trouver une noble mission, ou tout au moins une sorte de rôle identifiable, qui explique pourquoi nous les avons tolérées.

Un matin de septembre, je me trouve au festival *Meet the Breeds* au Jacob Javits Center de New York. Ce festival annuel d'animaux de compagnie se présente comme une occasion de découvrir différents types de pures races : est-ce un terrier dandie dinmont qu'il vous faut ? Quelle est la différence entre un chat angora turc et un turc de Van ? Mais c'est également une introduction aux différences fondamentales entre chats et chiens, et le programme journalier du festival est un condensé parfait des talents et usages de ces deux types d'animaux de compagnie.

Il y a de l'animation en permanence sur le ring de démonstration des canins. Des chiens policiers exécutent des manœuvres impeccables, façon phalanges militaires ; les chiens du service des douanes et de la protection des frontières des États-Unis reniflent des valises en quête de stupéfiants ; les handi'chiens de l'organisation Educated Canines Assisting with Disabilities pilotent des fauteuils roulants. Atka the Amazing Eskie, un chien esquimau américain, réalise ses tours en gambadant tandis que des chiens de berger shetlands font une démonstration de danse de la chenille.

Pendant ce temps-là, du côté du ring réservé aux chats, ces derniers ne font à peu près rien. Ils ronronnent, ils font leur petite toilette, ils regardent dans le vide. Impassibles, ils laissent l'animateur les brandir au-dessus de sa tête pour montrer à quel point ils sont mignons, tout en lançant des quiz de culture générale sur les chats dans le style jeu télé, de même que quelques questions plus polémiques, comme le fameux : « De quelle couleur est mon chat ? » (Au moins une demi-heure de programme est réservée à cet intense débat public.) Tandis que des foules d'admirateurs humains chantent « *I'm a Mean Ol'Lion* », extrait de la comédie musicale *The Wiz* inspirée par *Le Magicien d'Oz*, les chats se contentent de la boucler.

Et quand on y réfléchit vraiment, pas évident de mettre en lumière les contributions du chat à la société. Les chats ne détectent pas les engins explosifs, ne vont pas chercher les gens en train de se noyer, et ne guident pas les aveugles. Comment se fait-il alors qu'il y ait infiniment plus de chats que de chiens sur Terre ? Pourquoi les foyers américains comptent-ils près de 12 millions de plus de chats que de chiens ?

Les raisons de notre compagnonnage avec les chiens sont évidentes. L'histoire du chien n'est comparable à nulle autre, puisqu'il semble que nous ayons commencé à frayer avec eux plusieurs milliers d'années – peut-être même 10 000 ou 15 000 ans – avant de domestiquer n'importe quel autre animal. Nous étions alors encore des chasseurs-cueilleurs, et les « Premiers Amis », ainsi que Rudyard Kipling nomme les chiens, ont bien vite transformé nos vies autant que nous avons transformé la leur. Dès le départ, pratiquement, ils aboyaient des avertissements, trimballaient des provisions et participaient activement aux expéditions de chasse. Quand nous sommes devenus des communautés d'agriculteurs, les chiens ont rappliqué au pied, évoluant en même temps que notre mode de vie. Et tandis qu'au fil de ces nombreux millénaires, les modifications anatomiques des félins si résistants n'étaient que minimes, les chiens – sous notre houlette – ont joué le jeu à fond et donné naissance à une gamme illimitée de types corporels et de tempéraments bien commodes pour venir en appui à d'innombrables entreprises humaines. On trouve des races de chiens de chasse de type lévrier dès la période égyptienne. Il est probable que les Romains employaient des chiens guides, des chiens de berger, des chiens de guerre du genre dogues, et de petits toutous de compagnie que les gentes dames rangeaient dans leurs manches (plus tard, ils seraient apparemment utilisés comme bouillottes). Une liste ancienne de noms de races de chiens datant des Tudor illustre les nombreuses fonctions que remplissaient ces derniers : le « stealer » (voleur), le « setter » (chien d'arrêt), le « fynder » (débusqueur), le « comforter » (chien de réconfort), le « turnspit » (tourneur de broche), le « dancer » (danseur).

Plus récemment, nous les avons équipés de vestes en kevlar pour les parachuter dans des zones de guerre. Les chiens réconfortent les victimes de fusillades, aident à capturer Oussama Ben Laden, localisent les excréments d'animaux rares pour la recherche scientifique, retrouvent les sépultures de soldats disparus de la guerre de Sécession et assistent les enfants présentant des troubles de l'apprentissage. « Les chiens sont capables de détecter un début de tumeur et de distinguer le type et le stade d'avancement de nombreux cancers, parfois simplement en reniflant l'haleine de leur maître », écrit David Grimm dans son livre consacré au mouvement pour les droits des animaux, *Citizen Canine* (*Le Citoyen canin*). « Les chiens peuvent aussi détecter à l'odeur des bactéries dangereuses comme l'*Escherichia coli* dans le réseau public de distribution d'eau, ou des germes super-résistants dans les hôpitaux. »

Et les chats ? « Le ronronnement des chats, suggère David Grimm, pourrait renforcer la densité osseuse et prévenir la fonte musculaire – un problème sérieux chez les astronautes, même si personne n'a encore plaidé en faveur de l'envoi de chats dans l'espace. » À l'appui de cette application potentielle, il cite des « données non scientifiques ».

Séduite par cette idée de thérapie pour astronautes à base de ronronnements, j'ai ouvert un dossier intitulé « Usages du chat », afin de répertorier nos plus belles tentatives au cours des siècles pour trouver une utilité concrète à ces animaux. Pour faire venir la pluie, les Indonésiens promenaient des matous autour de leurs champs. Les musiciens japonais du XVIIe siècle choisirent la peau de chat, idéale pour leur shaminsen, un luth à caisse carrée (à ce qu'il paraît, même les plastiques modernes sont très loin du compte). Les Chinois observaient les pupilles dilatées des chats pour estimer l'heure qu'il était. Un missionnaire français impressionné, le père Évariste Huc, évoquait ainsi cette « invention chinoise » pour ses lecteurs européens : « Nous avons d'abord hésité à [en] parler, dans la crainte de compromettre l'horlogerie et d'arrêter le débit des montres [1]. »

Les chats jouaient également un rôle central dans plusieurs formes de tortures pratiquées en Europe. Les meurtriers de

1. Père Évariste Huc, *L'Empire chinois*, Gaume, 1854.

l'époque médiévale étaient parfois enfermés dans un sac avec douze chats avant d'être brûlés, pour garantir le maximum de souffrances. Au cours d'un autre châtiment nommé *cat hauling*, on traînait un chat par la queue sur tout le corps du coupable.

À l'ère des hautes technologies, les poils de chats, dont nous sommes si nombreux à être couverts, ont déjà au moins une fois servi de preuve ADN pour conclure un procès. Du côté des condamnés, certains prisonniers ont utilisé des chats comme mules pour transporter de la drogue. En plus de jouer les cobayes pour des expériences assez atroces, dans le cadre d'études médicales sur la vessie humaine ou les prothèses auditives, les chats servent aussi d'indicateurs-clés pour détecter une maladie tropicale rare, la ciguatera : après avoir ingéré certaines algues, les poissons de récifs coralliens peuvent devenir toxiques. On fait donc d'abord goûter la pêche du jour à un chat, à la sensibilité très développée. La viande de chat est elle-même encore consommée dans certaines régions du globe, quoi que, paraît-il, elle n'ait pas très bon goût. Les gens portent rarement des peaux de chats, même si un récent phénomène de mode a vu des hipsters récolter les poils perdus par leurs matous pour confectionner des articles en feutre.

Des chefs militaires particulièrement imaginatifs ont rêvé de lâcher des « chats de guerre » (un manuel d'artillerie allemand du XVIe siècle comprend des illustrations particulièrement impressionnantes de félins enflammés utilisés comme machines de siège), mais ils ne sont pas nombreux à avoir concrétisé cette idée. Dans les années 1960, la CIA tenta de lancer l'opération Acoustic Kitty (« Minou acoustique ») : des chats espions auxquels on avait implanté des micros, des émetteurs radio et des antennes furent envoyés en mission d'écoutes. Mais le programme fut abandonné au beau milieu de sa mission inaugurale, car le premier chat envoyé en reconnaissance se révéla apparemment si furtif qu'il finit sous les roues d'un chauffeur de taxi.

Sur notre longue liste de tâches accomplies par les chats, il n'y en a qu'une seule qui soit évidente, et qui leur vaut souvent d'être mis sur un piédestal : les chats sont censés éliminer rats et souris pour notre compte. Et ça, diront certains, c'est encore mieux que de coffrer un terroriste. « En silence, secrètement et souvent la nuit, l'antique bataille entre le chat et le rongeur, plus grand ennemi naturel de l'humanité, se poursuit à travers les âges », écrivait l'historien Donald Engels dans *Classical Cats : The Rise and Fall of the Sacred Cat* (*Les Chats dans l'Antiquité : grandeur et décadence du chat sacré*). « Les chats domestiques étaient le rempart qui protégeait les sociétés occidentales… pour de nombreuses familles de paysans à travers les millénaires, la différence entre famine ou survie tenait souvent à la présence d'un chat de ferme. »

Cette capacité à éliminer les nuisibles semble, en effet, le seul service réciproque plausible que les chats puissent fournir, en échange de leur statut privilégié sur l'ensemble de la planète. Les rongeurs, et surtout les maladies dont ils sont porteurs, restent un problème qui concerne le monde entier. Il y a une forme de symétrie assez plaisante dans l'idée que les chats, propulsés au sommet par cette même révolution agricole qui condamna la plupart de leurs cousins sauvages, allaient devenir les fidèles gardiens des granges et des silos, sans parler du système immunitaire humain.

Mais est-ce vrai ? Les chats maintiennent-ils réellement les nuisibles à distance ? L'ont-ils déjà fait ? Pour connaître la vérité, je décide de m'adresser à un chercheur spécialiste du rat.

*

J'ai entendu parler pour la première fois du champ de recherche consacré aux « interactions chats-rats » alors que je piétinais dans une ruelle fétide de Baltimore, pour un article sur le projet d'écologie des rongeurs mené par la Faculté de santé publique de l'université Johns-Hopkins. Le sujet de cette étude en cours, et qui va durer cinq ans, est le rat de Norvège (également connu sous le nom de rat brun, rat d'égout ou surmulot, et principale espèce invasive de rats en Amérique et dans une grande partie du monde) : ce sont de vilaines bestioles, vecteurs de la peste, des hantavirus, de la leptospirose et de nombreuses autres maladies graves au nom imprononçable. Au début des années 1980, un jeune étudiant plein d'ambition en troisième cycle à Hopkins s'est attaqué à une question jusqu'alors peu étudiée : quel impact l'importante population de chats de gouttière de Baltimore avait-elle sur les rats locaux ?

Un jour d'hiver, je rencontre cet étudiant dans son appartement de New Haven, dans le Connecticut, où il est désormais responsable de recherches au sein de la Faculté de santé publique de l'université de Yale. Jamie Childs est assis sur un sofa convertible à imprimé léopard, tandis que la neige tombe sur les vélux au-dessus de sa tête. Depuis l'époque où il vivait à Baltimore, ses études d'épidémiologie l'ont conduit un peu partout dans le monde, et son appartement regorge de crânes de mammifères, dont quelques-uns ont appartenu à des humains.

Quand la conversation en vient à ses anciens travaux consacrés aux chats et aux rats, Jamie Childs disparaît un instant et revient avec ce qui ressemble à un annuaire à reliure noire : l'exemplaire original de sa thèse de doctorat. Il l'ouvre en grand, sur une série de photographies.

Ce sont des clichés en noir et blanc. Peut-être parce qu'ils ont été pris de nuit, ils dégagent l'atmosphère illicite de scènes de rendez-vous galants interdits – et d'une certaine façon, c'est exactement ce dont il s'agit. Ces photos montrent des chats et des rats dans l'obscurité, en train de traîner *ensemble*. Sur l'une de ces images, « le rempart qui protège les sociétés occidentales » ignore ostensiblement « le plus grand ennemi naturel de l'humanité » qui détale à seulement quelques centimètres de lui. Des chatons et des rats adultes se tiennent tous près les uns des autres, au point de se toucher.

Ce genre de scène choquante n'avait absolument rien de rare, selon Jamie Childs. Les deux espèces ne se prenaient même pratiquement jamais le bec. « Je n'ai jamais vu un chat tuer un rat. Ce ne sont tout simplement pas des ennemis naturels dans cet environnement. Ils partagent une ressource commune » si abondante qu'ils n'ont même pas besoin d'entrer en concurrence. Cette ressource, ce sont les ordures.

Jamie Childs a découvert qu'à Baltimore, les chats fréquentent effectivement les zones à forte concentration de rats – et c'est exactement ce qu'on attendrait d'un animal dévoué à la sauvegarde de notre civilisation. Mais, en réalité, les félins rôdent à proximité des rats parce que c'est là qu'il y a le plus d'ordures. « Ce que les rats mangent, les chats le mangent aussi », explique Jamie Childs. Et même avec un système moderne de gestion des déchets, il y a largement assez de rebuts pour tout le monde. En trois ans de travail, Jamie Childs n'a identifié – grâce aux dépouilles des rats – que quelques cas exceptionnels de chats ayant mangé des rongeurs, et il s'agissait exclusivement de jeunes de petite taille.

Nous ne devrions peut-être pas être tellement choqués de voir ces chats fouiller les ordures. Ce sont sûrement les poubelles qui ont attiré les chats à Hallan Çemi, et dans d'autres villages primitifs. Les renards, leurs sosies préhistoriques, mangent encore tellement de déchets de nos jours qu'une expérience a montré que leurs populations s'effondrent dans les zones où les ordures sont ramassées rapidement, mais prospèrent là où on les laisse pourrir. Pour quelle raison un animal gaspillerait-il de l'énergie, et risquerait-il d'être blessé pour attraper un rongeur, alors qu'il y a de la nourriture facilement accessible à disposition ?

Soyons clairs : les chats domestiques sont de fantastiques chasseurs et bien sûr, ils tuent des rongeurs, parfois pour les manger, parfois pour s'amuser, tout comme ils tuent toutes sortes de petits animaux. La plupart des propriétaires de chats peuvent attester de l'apparition occasionnelle d'une souris décapitée sur leur tapis, et parfois la seule odeur d'un chat suffit à tenir les nuisibles à distance. J'ai eu autrefois un chat noir et blanc nommé Sylvestre qui semblait prendre un plaisir pratiquement obscène à torturer des souris : tard dans la nuit, j'étais parfois réveillée par le bruit de ses ronronnements et d'un couinement atroce dans la cuisine, et je me recroquevillais alors sous les couvertures, incapable de savoir s'il fallait voler au secours de la malheureuse victime mutilée qui se faisait secouer dans tous les sens sur le lino, ou laisser mon sadique amateur de souris terminer le travail, ce qui pouvait prendre dix insoutenables minutes, voire plus.

Les chats mangeaient sûrement des rongeurs à Hallan Çemi et dans des sites primitifs similaires. Des analyses isotopiques sur les restes d'un chat de Chine centrale qui vécut il y a 4 000 ans ont fait apparaître des traces de millet, suggérant que les chats devaient manger des souris qui mangeaient le grain (même s'il est possible que les chats, avec leurs intestins plus longs, aient également goûté directement au millet). Aujourd'hui, les rats de Norvège sont des animaux assez intimidants, bien plus gros par exemple que les rats noirs qui régnaient sur l'Europe médiévale, et qui étaient sûrement des proies plus faciles à maîtriser. Jusqu'au récent XXe siècle, des exterminateurs louaient des chats pour lutter contre les nuisibles.

Mais la question n'est pas de savoir si les chats mangent parfois des rongeurs : c'est de savoir s'ils en mangent assez pour que cela fasse une différence du point de vue de la civilisation humaine.

Outre le projet en cours à Baltimore, seules quelques rares autres études abordent cette question : jusqu'à quel point les chats protègent-ils réellement nos garde-manger ? L'une d'entre elles remonte à 1916 : le Bureau de l'agriculture de l'État du Massachusetts avait mené une série d'enquêtes dans des fermes et constaté la présence d'un grand nombre de rats sur la plupart des exploitations dotées de patrouilles de chats, et aussi qu'à peine un tiers des félins chassait activement les rongeurs. En 1940, un chercheur britannique chargé de protéger les stocks alimentaires pour l'effort de guerre a mené des observations dans différentes fermes de l'Oxfordshire et constaté que les chats étaient effectivement capables de dissuader les rats de s'installer dans un bâtiment… mais seulement si on éradiquait d'abord les rongeurs déjà présents avec du poison. D'autre part, pour que les chats s'abstiennent de partir en quête de meilleurs terrains de chasse, il fallait leur donner à chacun un quart de litre de lait par jour. (Raté pour le rationnement des réserves de guerre.) Enfin, une étude récemment menée en Californie suggère que les chats des parcs urbains préfèrent chasser les espèces autochtones, comme les campagnols, plutôt que les espèces invasives de nuisibles, comme les souris domestiques.

Cette même étude a constaté que les populations urbaines de chats vont en réalité de pair avec un plus grand nombre de souris domestiques. Comme le soulignent les auteurs, celles-ci ont pu évoluer en même temps que les chats et apprendre à se montrer plus malignes qu'eux. Ce point important permet de distinguer les espèces invasives qui prospèrent, comme les rats des rues et les souris domestiques, et les rongeurs sauvages bien plus fragiles et systématiquement menacés (comme beaucoup d'autres animaux endémiques, ainsi que nous le verrons dans le prochain chapitre) par les chats domestiques. Si ces rongeurs envahisseurs omniprésents ne sont pas domestiqués, eux, ils représentent un autre exemple de la vaste gamme de parasites poilus qui vivent aux crochets de l'humanité, après avoir adapté sur mesure leur fonctionnement biologique pour coller à notre mode de vie. Les scientifiques nomment ce type de bestioles tenaces des « commensaux ». (Exemple d'adaptation commensale à la vie en ville, un cycle reproductif dopé tout au long de l'année produit un nombre sidérant de rongeurs.)

L'incapacité des chats domestiques à lutter efficacement contre les nuisibles ne tient donc pas à leur supposée faiblesse, mais à l'incroyable robustesse des rats et des souris. Cependant, si les chats ne sont pas en mesure d'éradiquer totalement les populations de rats, ne pourraient-ils tout de même nous protéger de certaines maladies transmises par les rongeurs, en en liquidant quelques-uns dans nos maisons ? Malheureusement, le constat de Jamie Childs selon lequel les chats ne tuent que des bébés rats de Norvège a des conséquences majeures sur le plan épidémiologique, puisque ces jeunes chétifs ne sont pas les principaux facteurs de propagation des maladies. Ce sont surtout les gros rats âgés (à la capacité de survie et au système immunitaire robustes) qui sont vecteurs de maladies.

Mais *quid* de ces régions de l'Europe médiévale où les rats des rues incriminés appartenaient à l'espèce des rats noirs, qui se laissaient davantage manger ? J'avais lu, notamment dans des livres à succès (et entendu de la bouche de divers défenseurs des droits des animaux), que les chats avaient joué un rôle déterminant dans la lutte contre la peste bubonique au Moyen Âge, maladie propagée par les rats noirs et leurs puces. Il existe même une théorie selon laquelle l'Église catholique aurait provoqué la dévastation causée par la peste noire en éliminant les chats d'Europe.

On raconte qu'en 1233, Grégoire IX a décrit dans sa bulle pontificale *Vox in Rama* des orgies de sorcières fraternisant avec Lucifer, sous la forme d'un chat noir. Bien que ce document incrimine également les grenouilles et les canards, les préjugés antifélins se répandirent dans toute l'Europe, et un nombre incalculable de chats furent pris pour cibles et exécutés car on les soupçonnait d'être diaboliques. Puis, au siècle suivant précisément, l'épidémie de peste transmise par les rats s'emballa hors de tout contrôle et tua des dizaines de millions de personnes.

Mais de là à prétendre que la cause de cette tragédie serait un déficit de chats, provoqué par le milieu ecclésiastique, serait un peu absurde. Tout d'abord, nul ne sait combien de chats les tenants de la chasse aux sorcières ont pu tuer, mais les chats domestiques (contrairement à leurs cousins félins sauvages menacés d'extinction, petits ou grands) sont des bêtes incroyablement adaptables et résistantes, difficiles à attraper et (en grande partie grâce à leur alliance avec l'humanité) extraordinairement nombreuses et capables de se multiplier presque aussi vite que les rats. Quel que soit le nombre de chats qui auraient été balancés du haut des clochers ou brûlés sur des bûchers – méthodes pittoresques mais pas particulièrement efficaces employées par les Inquisiteurs –, cela n'a pas dû beaucoup entamer les populations de chats présentes sur le vaste territoire de l'Europe continentale.

Deuxièmement, grâce notamment à de nouveaux éléments archéologiques, les chercheurs soupçonnent maintenant que ce ne sont peut-être pas les puces des rats qui ont transmis la peste noire, finalement. La maladie a également fait des ravages dans des régions comme la Scandinavie, où les populations de rats noirs étaient peu nombreuses, et les chercheurs commencent à penser qu'elle a pu en fait être propagée, au moins à certains endroits, par la toux ou par les puces humaines qui sautaient d'une personne à une autre, ce qui élimine purement et simplement les rats et les chats du tableau.

Enfin, les chats domestiques eux-mêmes peuvent être des hôtes privilégiés pour la maladie. Si les chats ont effectivement réussi à éliminer un nombre inconnu de rats noirs porteurs de la maladie, il est probable qu'ils ont eux-mêmes attrapé la peste et l'ont introduite dans nos villages et nos maisons. Ce genre de scénario est étonnamment courant à notre époque, selon Kenneth Gage, spécialiste de la peste auprès des centres américains pour le contrôle et la prévention des maladies. Son étude des épidémies de peste qui se déclenchent encore parfois dans des poches de l'Ouest américain montre que près de dix pour cent des victimes humaines contractent la maladie directement via des chats domestiques. Cela ne veut pas dire que ces derniers ont provoqué la peste noire, mais seulement qu'ils n'ont probablement pas enrayé sa progression, et y ont peut-être parfois contribué. Après tout, c'est aux chats, pas aux rats, que nous aimons faire des câlins.

Une remarque supplémentaire sur ce dernier point. Les tenants de la chasse aux sorcières au Moyen Âge soupçonnaient de malice démoniaque assez d'animaux divers (comme les crabes, les hérissons et les papillons) pour former une ménagerie. Mais ce sont effectivement les chats qu'on accusait le plus souvent d'être des « démons », d'après l'analyse de plus de deux cents procès de sorcières en Angleterre, au cours desquels de nombreux villageois témoignèrent avoir été « tourmentés » par des chats de sorcières qui avaient aussi rendu leurs enfants malades. Plusieurs théories expliquent ces préjugés, comme l'idée que les chats, parce que ce sont des animaux nocturnes, seraient particulièrement susceptibles de participer à des messes noires en pleine nuit. Mais James Serpell, zoologue de l'université de Pennsylvanie, propose également une explication médicale convaincante : les allergies aux chats. Les réactions respiratoires aux squames des chats sont extrêmement répandues et touchent jusqu'à un quart des populations actuelles, au point d'être parfois assez handicapantes. Il ne semblait peut-être pas si tiré par les cheveux de prétendre que la sorcellerie déclenchait les terrifiants accès de « fièvre et consomption » dont souffraient beaucoup de gens en présence de chats. Ces derniers avaient peut-être mérité leur réputation de puissance maléfique.

Les financements pour la recherche sur les liens entre chats et rongeurs se sont clairement raréfiés dans les années 1960, avec l'apparition des poisons pour rats que tout le monde s'accorde à trouver bien plus efficaces que les matous. Actuellement, « l'impact des chats sur les populations commensales de rongeurs », comme le constatent les auteurs d'un livre sur les carnivores urbains récemment paru, « n'est probablement pas très important, compte tenu des capacités de reproduction de ces espèces, et parce que ces animaux occupent des habitats comme les égouts ou encore des cavités dans les bâtiments, où ils sont difficiles à atteindre ».

Au cours de sa vie, Jamie Childs lui-même s'est éloigné du champ des interactions chats-rats. Il a consacré son temps aux épidémies d'Ebola et de fièvres hémorragiques, et à d'autres maladies dévastatrices pour l'être humain. Et quand il tombe parfois sur des rats envahissants au cours de ses voyages (ce qui lui arrive plus souvent qu'à la plupart des gens), Jamie Childs recommande de recourir aux services d'un chien ratier, capable de tuer des dizaines de rats à la chaîne en les secouant, sans s'accorder de pause pour manger ou se prélasser au soleil.

Pourtant, bien qu'il ait assisté dans certaines ruelles à des incidents que l'on pourrait considérer comme des actes de trahison inter-espèces, Jamie Childs a quand même fini par adopter un des chats errants du quartier où il menait son étude.

« Il était gris et blanc. Je l'avais appelé Boots, raconte-t-il avec un sourire affectueux. C'était vraiment un animal génial. »

*

Les chats, semblent-ils, transcendent toute dimension pratique. Les domestiquer avait si peu de sens que nous n'avons probablement jamais tenté de le faire. Après s'être domestiqués tout seuls, ils nous ont rendu peu de services tangibles. Ils ne nous ont pas sauvés de la famine, et ce n'est pas un déficit de chats à l'échelle du continent qui a servi de catalyseur à la peste noire. Pourtant – tolérés par les villageois de l'âge de pierre, vénérés par les Égyptiens, et numérisés aujourd'hui par les jeunes de la génération Y – les chats ont résisté à l'épreuve du temps, et nous sommes nombreux aujourd'hui à confesser que nous adorons leur compagnie. Il semble bien que, d'une certaine façon, ils nous aient ensorcelés.

Les lubies et les affinités humaines sont au cœur du succès du chat domestique. « On a tendance à croire que les gens ont toujours un objectif dans la vie, et que tout ce qu'ils font est intentionnel, m'explique Greger Larson, spécialiste de la domestication animale. Ce sont des foutaises. Il n'y a pas toujours un but économique ou une logique. Nos actes peuvent être guidés par un mythe, une impression ou la simple volonté de faire comme tout le monde, et un tas d'autres trucs de ce genre. C'est une affaire de culture, d'esthétique… et de coïncidences. »

Il y a une coïncidence qui a une importance cruciale : c'est le fait que, bien que le dernier ancêtre commun aux chats et aux humains remonte à il y a environ 92 millions d'années, les chats nous ressemblent étrangement. Mieux que ça même : ils ressemblent à nos bébés. Le côté « mignon » qu'on leur prête si souvent n'est pas une qualité arbitraire ni accessoire, mais un ensemble de traits physiques bien spécifiques au pouvoir considérable, que les chercheurs ont pris la peine de décortiquer et d'étudier. Les chats domestiques disposent d'un arsenal diablement efficace de ce que l'éthologue autrichien Konrad Lorenz appelle des « déclencheurs d'effet bébé » : des caractéristiques physiques qui nous rappellent les petits humains et provoquent une avalanche d'hormones. Parmi ces traits on trouve notamment une face arrondie, des joues rebondies, un grand front, de grands yeux et un petit nez.

Je passe mentalement en revue mes propres animaux familiers, et on dirait que j'ai un faible tout particulier pour ceux qui ressemblent à cette description. « Waouh, a dit ma belle-sœur la première fois qu'elle a vu Cheetoh. Il a une frimousse tellement humaine ! » Et c'est tout à fait vrai.

Comme nos propres nouveau-nés sans défense, les « déclencheurs d'effet bébé » d'animaux provoquent chez les humains adultes un « rush d'ocytocine », agréable et semblable aux effets d'une drogue. Ils entraînent un ensemble de comportements de soins parentaux, par exemple une meilleure coordination de la motricité fine qui nous prépare à tenir un bébé dans nos bras. On a ainsi pu assimiler le fait d'avoir des animaux de compagnie à « un déclenchement erroné de nos instincts parentaux ». Ou bien, comme le suggère le biologiste de l'évolution Stephen Jay Gould, nous sommes « trompés par une réponse évolutive acquise face à nos propres bébés, et nous transférons cette réaction quand nous sommes confrontés au même ensemble de traits chez d'autres animaux. »

Bien sûr, il y a beaucoup d'animaux adorables, surtout quand ils sont bébés, et les animaux domestiques en particulier ont tendance à conserver des traits enfantins, même à l'âge adulte. Cet aspect juvénile s'explique en partie par la sélection des tempéraments les plus dociles, mais c'est aussi le reflet de nos goûts. Avec leur faciès allongé et leur museau pointu, les loups ne sont pas mignons, alors que c'est le cas de beaucoup de races de chiens, et notre faible pour les déclencheurs d'effet bébé a certainement influencé le développement d'animaux comme les carlins. En fait, certains chiens de race, comme les loulous de Poméranie, ressemblent terriblement aux chats.

Mais il se trouve que les chats domestiques, adultes compris, et même le *lybica* sauvage d'origine, ressemblent naturellement à la progéniture humaine sans avoir besoin de retouches. Cela vient en partie de leur taille qui (à 3,5 kilos en moyenne) est précisément proportionnelle à celle d'un nouveau-né. (Je suis d'ailleurs connue pour balader mes chats les plus dociles en les tenant dans mes bras, comme des bébés.) Cela vient aussi des sons qu'ils émettent : le miaulement d'un chat rappelle les pleurs d'un bébé, et des études montrent qu'il est possible que les chats aient modulé leurs vocalises au fil du temps pour imiter ces pleurs de façon encore plus précise. Cela vient encore de leurs principales caractéristiques faciales, qui traduisent en réalité l'anatomie meurtrière des chats : leurs mâchoires courtes et puissantes leur donnent un minois rond et doux, et ils ont un petit nez en trompette parce que, contrairement aux chiens, leur stratégie de chasse ne repose pas sur leur odorat.

Mais le véritable secret, c'est sans doute leurs yeux.

Avec leurs pupilles en fente et leurs rétines hypersensibles, qui luisent la nuit comme des lunes, les yeux du chat ne ressemblent pas beaucoup aux nôtres. Mais ils s'en rapprochent par certains aspects essentiels. Tout d'abord, les yeux des félins sont gigantesques : les yeux d'un chat adulte sont presque aussi gros que ceux d'un être humain, et les yeux géants des chatons paraissent encore plus énormes sur leurs petites têtes. Sans doute parce que notre subconscient les associe avec les mirettes en forme de soucoupes de notre propre progéniture, la taille des yeux des animaux détermine leur potentiel commercial : avec ses grosses taches noires qui font paraître cent fois plus grands ses yeux par ailleurs relativement petits et perçants, le panda du WWF est la plus parfaite des icônes pour la protection de la nature. Et pourtant le chat domestique (dont on ne peut pas franchement dire qu'il est menacé) pourrait sûrement lui faire une sacrée concurrence question levées de fonds.

Tout aussi grands soient-ils, c'est peut-être surtout la façon dont les yeux des chats sont positionnés qui se révèle providentielle. Beaucoup d'autres animaux tout doux, comme les lapins, ont les yeux sur les côtés de la tête, ce qui leur donne un champ de vision plus large. Même ceux des chiens sont légèrement décentrés. Mais les chats sont des prédateurs qui chassent en embuscade. Pour bondir sur des proies qui bougent vite, en particulier la nuit, ils ont besoin de pouvoir évaluer les distances, et ont donc développé la meilleure vision binoculaire de tous les carnivores. Cette stratégie oculaire requiert un chevauchement des champs de vision, et les yeux des chats sont donc tournés vers le devant, plantés à l'avant et au centre de leur crâne.

Nos yeux aussi sont positionnés comme ça. Les primates ne sont pas des prédateurs embusqués, ce sont pour la plupart des brouteurs végétariens, et ces yeux placés au centre remplissent chez nous des fonctions très différentes : ils nous servent à repérer les fruits mûrs dans les buissons, de près, et plus récemment à lire les expressions faciales de nos congénères. La position des yeux du chat joue un grand rôle dans ce qui rend leur faciès si proche de l'humain, selon nous. (Le hibou, autre prédateur visuel nocturne, présente le même type de structure faciale, ce qui explique peut-être pourquoi nous le préférons au vautour, par exemple.)

Les traits du chat sont donc un parfait cocktail de mignonnerie, et pourtant ils ressemblent toujours énormément aux animaux qui massacraient autrefois nos ancêtres. Le visage d'un chat est celui d'un prédateur suprême, mais c'est aussi celui d'un enfant, et ce mélange est source d'une tension pleine de fascination.

C'est particulièrement vrai, semble-t-il, pour les femmes : en fait, l'ocytocine des « déclencheurs d'effet bébé » semble particulièrement efficace chez les femmes en âge de procréer. Et s'il est communément admis que l'univers des véritables inconditionnels des chats, celui des fans de persans et des sociétés de protection des animaux, est très féminin, je ne m'attendais pas à ce qu'il soit aussi ouvertement maternel. Même dans les hautes castes des concours félins, on désigne les champions aux noms et pedigrees longs comme le bras par de simples « mon petit loulou » ou « ma petite louloute », du genre : « J'arrive pas à croire que ce juge russe a éliminé ma petite louloute ! » Qu'il s'agisse de purées à la viande bio ou de poussettes haut de gamme, la plupart des produits pour bébé ont un équivalent pour félins, et la fondatrice de Hauspanther, le site internet branché pour chats au succès incroyable, vient de se lancer dans la puériculture.

Cela ne signifie pas que les dames de l'âge de pierre au Moyen-Orient faisaient sauter des minous sur leurs genoux : ces élans maternels sont l'étrange fruit d'une histoire longue, lente, complexe et souvent impénétrable. Mais la mignonnerie à l'état pur, combinée avec une audace naturelle, permet d'expliquer comment le chat a réussi à mettre une patte dans la porte, là où tant d'espèces sont restées dehors dans le froid.

Pour les humains, les effets produits par le fait d'avoir de faux bébés (« une parenté fictive », dans le jargon des psychologues évolutionnistes) restent indéfinis. Certains spécialistes suggèrent que les humains pourraient tirer avantage de cette relation où ils font semblant d'être le parent d'un bébé poilu, comme une sorte d'entraînement pour élever leurs propres enfants, et une façon de démontrer à leurs partenaires potentiels qu'ils sont compétents pour prendre soin de petits êtres humains. D'autres affirment que le chat est plus proche du

« parasite social » qui pirate nos instincts de soins parentaux et vole un temps, une attention et d'autres ressources qui devraient être dévolus à nos véritables petits.

Pour le moment, contentons-nous de dire que, grâce à un mélange de comportements évolutifs et de beauté naturelle, les chats domestiques sont parvenus à exercer sur nous une sorte de contrôle subtil. Nous sommes devenus leurs créatures autant qu'ils sont devenus les nôtres. Ils ont mangé notre nourriture sans avoir grand-chose à offrir en retour. Et pourtant, ils avaient encore de bien plus grandes conquêtes en réserve.

Car si les chats font ami-ami avec les humains, s'installent confortablement dans nos villages et engloutissent nos ordures en évitant de se frotter aux rats d'égouts, ils n'ont pas *besoin* de rester parmi nous. Ce sont toujours des chats, après tout. Ils peuvent toujours repartir dans ce qui reste du monde sauvage. Ce ne sont plus désormais des chasseurs de niveau intermédiaire, mais les prédateurs suprêmes d'un monde façonné par les humains.

4

L'air satisfait du chat qui vient de croquer le canari

En observant tel ou tel chat du quartier traverser la pelouse d'un voisin ou disparaître au coin du pâté de maisons, il m'est souvent arrivé de m'émerveiller de sa ressemblance frappante avec Cheetoh… jusqu'à ce que je comprenne – sentant poindre un sentiment d'horreur – que *c'est* Cheetoh, qui a réussi on ne sait comment à comprimer son impressionnant volume pour passer entre les lattes de la balustrade du porche de derrière, et que voilà en cavale. J'ai consacré beaucoup trop de mon temps libre à essayer de sécuriser le périmètre de divers balcons d'appartement et de terrasses de copropriété pour tenter de soustraire mes précieux protégés aux dangers de la rue.

Et pourtant, il y a de plus en plus de lieux sur cette planète où les barrières sont envisagées non comme un moyen de garder nos chats bien-aimés *dedans*, mais comme un ultime rempart pour les maintenir *dehors*. Dans ce genre d'endroits, les chats ne sont pas considérés comme des animaux de compagnie mais comme des envahisseurs tout droit sortis d'un cauchemar, capables de saccager des écosystèmes entiers et d'annihiler sur leur passage les formes de vie plus faibles.

*

J'arrive à la Réserve nationale de faune sauvage (National Wildlife Refuge) de Crocodile Lake sous des trombes d'eau, après avoir acheté le seul parapluie qui restait dans la première station-service de Key Largo. Ce n'est pas un très bon jour pour ratisser les forêts de Floride à la recherche d'une sous-espèce de rongeur gravement menacée, mais les trois types qui se trouvent dans le mobile-home de la réserve ignorent le déluge, le genre de temps à ne pas mettre un chien (ni un chat) dehors. Pourtant, le responsable de la réserve, Jeremy Dixon, s'est muni de lunettes de soleil bandeau. Le doctorant Mike Cove laisse la pluie tomber à grosses gouttes dans son *mug* de café matinal. Ralph DeGayner, un de ces retraités qui viennent hiverner dans le Sud, septuagénaire originaire du Michigan, est dehors en pleine mousson depuis quatre heures du matin pour vérifier ses pièges à chats, et sa journée ne fait que commencer.

Ce trio d'optimistes pleins de détermination est peut-être le dernier rempart qui empêche le rat néotome de Key Largo de sombrer dans l'oubli. Walt Disney ou Jane Goodall n'ont pas réussi à arrêter les chats domestiques qui sont en train d'engloutir les derniers spécimens de cette espèce rare de rat des bois, mais ces trois hommes refusent d'abandonner. Et aujourd'hui, ils sont en quête des meilleures barrières anti-chats qu'on puisse trouver sur le marché.

Un peu embarrassée en déployant mon parapluie tout neuf, qui s'avère être orné de rayures de tigre, je les suis sous la pluie.

Le KLWR (Key Largo Wood Rat), nom abrupt utilisé par les documents officiels pour faire référence à ce type de rat néotome de Floride, est une mignonne petite bestiole couleur cannelle, avec de grands yeux inquiets. Contrairement aux rats de Norvège et autres espèces de nuisibles super-costauds et plus ou moins immunisés contre les chats, qui peuvent vivre pratiquement n'importe où, le rat néotome est un animal autochtone extrêmement attaché à un type de forêt sèche de Floride bien spécifique, composée de feuillus tropicaux formant une canopée, les *hardwood hammocks*. C'est là que le KLWR peut satisfaire sa passion singulière pour la construction d'énormes nids de branchages tarabiscotés, qu'il embellit avec des coquilles d'escargots, des capuchons de feutre et autres trésors.

Autrefois répandu dans tout Key Largo, le néotome ne vit plus désormais que dans une poignée de réserves appartenant à l'État, dont l'ensemble ne représente que quelques kilomètres carrés de forêt. Les malheurs du néotome ont sans doute commencé dans les années 1800, quand les paysans de Key Largo ont rasé les forêts de hammocks pour planter des ananas, et sa situation n'a fait qu'empirer au XXe siècle, alors que des projets immobiliers à grande échelle venaient métamorphoser cet ancien récif corallien.

Puis les vacanciers sont arrivés avec leurs chats, et à quelques détails près, vous devinez la suite.

*

Jeremy Dixon, le responsable de la réserve, est un type du genre pragmatique. Originaire du nord de la Floride, il a travaillé auparavant pour la Réserve naturelle des montagnes de Wichita, où des chercheurs fédéraux ont réintroduit le bison, pratiquement éteint. À Crocodile Lake, il est le gardien de plusieurs créatures locales obscures et menacées – comme le papillon aristodemus ou l'escargot arboricole de Stock Island –, mais il est venu ici tout spécialement pour défendre les rats néotomes. Un de ses premiers gestes a été d'installer un panneau lumineux NE LAISSEZ PAS SORTIR LES CHATS sur la route départementale 905, consigne qui a de quoi surprendre au milieu de la paisible verdure des forêts de la réserve.

Le volontaire, Ralph DeGayner, est un type maigrichon avec des cheveux blancs, qui a l'œil pour repérer de loin les oiseaux aquatiques blessés. (Il les recueille et les soigne parfois pendant son temps libre.) Il lui manque les qualifications académiques, mais ce retraité, ancien magnat d'une entreprise de piscines, aide les néotomes depuis plus longtemps que n'importe qui d'autre. C'est le trappeur le plus habile de toute la réserve, et il a piégé des dizaines de chats qu'il a ensuite remis (vivants) à un refuge pour animaux du coin.

Et pourtant, ce sont tout de même les chats domestiques qui gagnent. Si le territoire fragile des rats néotomes est à présent en grande partie interdit aux humains, leur nombre a dégringolé à un rythme effréné depuis qu'on leur a attribué en urgence le statut d'espèce protégée au niveau fédéral dans les années 1980. Jeremy Dixon et son équipe affirment que c'est parce que les chats du coin ne respectent pas les limites de la réserve, ni la loi sur les espèces menacées (Endangered Species Act). Les estimations actuelles de la population de rats néotomes plafonnent à environ un millier d'individus, et il y a eu un moment où on craignait qu'il n'en reste peut-être plus qu'une centaine. Les néotomes assiégés ont même renoncé à construire leurs nids caractéristiques, peut-être parce que cela pouvait sembler assez suicidaire de s'évertuer à traîner péniblement de gros bouts de bois, compte tenu du nombre de chats domestiques qui rôdent.

« Les rats néotomes vivaient dans un environnement de terreur », explique Mike Cove, l'étudiant de troisième cycle, qui a travaillé précédemment sur les jaguars et les ocelots d'Amérique du Sud et sait reconnaître un superprédateur quand il en voit un.

Mais, bien que parents proches des lions et des tigres, les chats domestiques ressemblent aussi aux vers plats, aux méduses et à d'autres organismes simples qui ne sont bons qu'à coloniser des écosystèmes. L'Union internationale pour la conservation de la nature (UICN) classe les chats domestiques parmi les cent pires espèces invasives : ils apportent une dose de glamour inhabituelle à la liste interminable et assez dégoûtante de champignons, mollusques, arbustes et autres créatures dépourvues de cervelle et d'ambition actuellement en pleine expansion. Il y a peu de carnivores dans ce palmarès redouté, et encore moins d'hypercarnivores. Mais la capacité d'adaptation extrême et les prouesses reproductives du chat, les quelques menues modifications apportées à son anatomie par la domestication, ainsi que la relation spéciale qu'il entretient avec l'homme en font une espèce exotique particulièrement redoutable. Et s'il est tentant de prétendre que seuls les chats errants posent problème, en réalité nos animaux de compagnie tout doux sont aussi suspects que les chats férals les plus galeux.

Dix mille ans après que leurs ancêtres eurent envahi nos

villages dans le Croissant fertile, les chats domestiques se sont répandus comme des pissenlits disséminés par le vent. Le monde compte désormais environ 600 millions de ces félins jadis obscurs, et certains chercheurs estiment même qu'ils ne sont pas loin d'atteindre le milliard d'individus. Rien qu'en Amérique vivent près de un million de chats de compagnie, un chiffre qui aurait triplé au cours de ces quarante dernières années, auxquels s'ajoutent probablement autant de chats errants. (Ces derniers sont remarquablement doués pour rester à l'abri des regards : quand je vivais à Washington, je n'ai découvert la colonie de chats qui vit dans mon quartier que quand j'ai commencé à emmener mes enfants en safari dans les ruelles et arrière-cours.)

Les chats domestiques ont peuplé tous les habitats possibles et imaginables, depuis les landes écossaises jusqu'aux forêts tropicales d'Afrique, en passant par les déserts australiens. Ils ont colonisé des crèches de Noël dans les centres urbains, des sites d'essais de missiles de la Navy, et le Tiger Stadium de l'université d'État de Louisiane, s'épanouissant tout autant dans les marécages que dans les épiceries de Brooklyn. Outre le cœur de nos principales villes, ils ont revendiqué des territoires sauvages accessibles uniquement par hélicoptère, où même les hommes n'oseraient pas vivre.

Dans toutes ces niches, ils mangent à peu près tout ce qui vit : des taupes à nez étoilé, de splendides oiseaux, les frégates, des tarentules, des kakapos, des sauterelles, des écrevisses, des larves de mouches à scie (fausses-chenilles), des quiscales de Brewer, des wallabys bridés à queue cornée, des chauves-souris et des rats-kangourous de Lesueur (autrement appelés bettongies de terrier), des rhipidures et des scarabées, des petits poissons et des colibris à gorge rubis, des poules et des bandicoots rayés de l'Est et des oisillons de pélican brun. Ils sont même capables de traquer les (petits) animaux dans les zoos.

« Bifteck et cafards », indique la description du régime d'un chat domestique roux, au XIXe siècle. « Papillons de nuit et œufs pochés, huîtres et vers de terre... son ventre est devenu une véritable arche de Noé. » Et puisque la famille des félins a toujours eu une certaine appétence pour notre propre espèce, rien d'étonnant à ce qu'on ait pu voir des chats domestiques chasser une espèce de primates, le sifaka de Verreaux, et peut-être aussi d'autres espèces de lémuriens de Madagascar.

Les chats peuvent provoquer des extinctions, en particulier sur les îles. Une étude espagnole a montré que les chats contribuent à quatorze pour cent de l'ensemble des disparitions de vertébrés sur les îles, à l'échelle mondiale – et il s'agit d'une estimation extrêmement prudente, selon les auteurs. En Australie, des chercheurs ont récemment publié un énorme rapport, intitulé *Plan d'action pour les mammifères australiens*, qui pointe le rôle des chats domestiques dans le sort de 89 des 138 espèces de mammifères éteintes, menacées ou sur le point de l'être en Australie, et dont la plupart n'existent qu'au pays des kangourous. Le continent affiche de très loin le taux d'extinctions de mammifères le plus élevé au monde, et ces chercheurs affirment que les chats domestiques représentent la principale menace pesant sur la survie de ces espèces, très largement devant la disparition des habitats et le réchauffement climatique. (En revanche, des chiens domestiques ont été missionnés pour protéger certaines espèces australiennes menacées, comme les petits pingouins.)

« Si nous n'avions qu'un vœu à formuler pour promouvoir la conservation de la biodiversité en Australie, écrivent les auteurs de ce rapport, ce serait le contrôle effectif, et même l'éradication des chats. » Le ministre de l'Environnement australien a immédiatement déclaré la guerre à l'animal de compagnie préféré du monde entier, le qualifiant de « tsunami de violence et de mort ».

Les amateurs d'oiseaux, en particulier, piaillent depuis belle lurette pour se plaindre de l'appétit des chats domestiques. En 2013, des chercheurs du gouvernement fédéral ont publié un rapport suggérant que les chats américains (qu'ils soient de compagnie ou errants) tuent environ 1,4 à 3,7 milliards d'oiseaux par an, ce qui en fait la principale cause de morts aviaires liée à l'homme. (Et c'est sans compter les 6,9 à 20,7 milliards de mammifères et le nombre indéterminé de reptiles et d'amphibiens qu'ils massacrent également par millions.) Une étude du gouvernement canadien a présenté des conclusions tout aussi sinistres quelques mois plus tard.

Bien sûr, les chats domestiques sont de petits chasseurs furtifs lâchés dans un vaste monde, et il est difficile de déterminer ce qui leur sert exactement de quatre-heures. Mais les chiffres recueillis auprès des centres de réhabilitation de la faune sauvage donnent une idée : un centre californien rapporte avoir constaté des blessures causées par des chats chez près d'un quart de ses milliers de patients aviaires, représentant une large variété d'espèces, des mésanges aux passereaux en passant par les engoulevents. Les animaux pris pour proies sont retrouvés « estropiés, mutilés, démembrés, éventrés et éviscérés alors qu'ils étaient encore en vie, écrit le vétérinaire David Jessup, et s'ils survivent à la bataille, ils meurent souvent de septicémie. »

Les nouvelles technologies nous permettent à présent de peindre un tableau très net et particulièrement sanglant de la situation, grâce à une récente série d'études qui ont permis d'équiper des chats domestiques de caméras autonomes et autres outils numériques. Les images tremblotantes collectées dans le cadre de l'étude « Kittycam » de l'université de Géorgie, en 2012, qui a suivi plus de cinquante chats domestiques de banlieue très bien nourris (des « prédateurs subventionnés », pour employer le terme officiel), ont montré que près de la moitié chassait activement, même s'ils ramenaient rarement leurs prises à la maison, les abandonnant sans les manger là où ils les avaient tuées, à l'abri du regard de leur maître. Des chercheurs australiens ont capturé grâce à une caméra infrarouge les images d'un chat émergeant de sa sieste pour attraper un dragon d'eau, une espèce locale : la caméra est nichée dans les poils sous le menton du chat, qui mastique consciencieusement tandis que la maigre queue du lézard disparaît peu à peu, comme un spaghetti. Et un chercheur hawaïen a filmé un chat en train de traîner un poussin pétrel d'Hawaï tout duveteux hors de son nid, preuve éclatante de prédation d'une espèce menacée par le chat domestique.

*

Les défenseurs du rat néotome de Key Largo sont en quête du même genre de cliché qui vaut de l'or. Pour le moment, ils ont des instantanés nocturnes de chats aux yeux iridescents, en train de donner des coups de patte dans les nids des néotomes en voie de disparition, et un cliché flou de ce qu'ils pensent être un animal de compagnie du voisinage en train de trimballer un rat mort dans sa gueule. Mais ce qu'ils n'ont pas, c'est une photo de chat précisément en train de tuer un rat néotome. Un tel cliché apporterait une forme de preuve et pourrait en outre servir d'arme juridique. Les employés de la réserve espèrent que les propriétaires de chats qui ont dévoré un néotome pourront faire l'objet de poursuites, aux termes de la loi sur les espèces menacées.

Tandis que nous marchons sous la canopée détrempée de ce qui reste des forêts de hammocks, nous tombons sur un monticule bas et long composé de feuilles brunes et de brindilles. On dirait une tombe peu profonde, mais en fait, c'est tout le contraire : un canot de sauvetage. Quand les rats néotomes persécutés ont renoncé à construire leurs nids, Ralph DeGayner et son frère aîné, Clay, se sont juré de le faire pour eux. Les premiers modèles, dans le style bunker, ont été conçus à partir de vieux jet-skis, faciles à dénicher dans les Keys. Les DeGayner ont soigneusement camouflé ces « caissons démarreurs » et les ont placés à l'envers, à proximité de sources de nourriture. Ce modèle de faux nid a même une trappe pour que les chercheurs de chez Disney puissent jeter un coup d'œil à l'intérieur.

Oui, les chercheurs de chez Disney. En 2005, craignant que le nombre de rats néotomes ne chute en dessous du point de non-retour, l'organisme américain chargé de la pêche et de la faune sauvage (U.S. Fish and Wildlife Service) s'est associé à des biologistes et à d'autres « acteurs » du parc animalier Disney d'Orlando, le « Royaume des animaux », pour élever en captivité des rats néotomes avant de les relâcher dans la nature. (Au début, j'ai trouvé cette alliance particulièrement insolite, mais si on y réfléchit bien, la franchise Disney est résolument pro-rongeurs, tandis que ses plus célèbres matous, de Lucifer dans *Cendrillon* au chat du Cheshire dans *Alice*, sont tous au moins un peu méchants.)

Pendant des années, au sein de l'Observatoire de la planète « Rafiki », un centre de conservation sur le thème du *Roi Lion* situé dans le parc, les chercheurs de Disney ont comblé d'attentions les rats néotomes en captivité, avec des radiateurs portatifs pour les tenir au chaud et des ventilateurs pour les rafraîchir, de façon à reproduire la douceur du climat de Key Largo. On leur donnait des laitues romaines à manger et des pommes de pin pour jouer. Ils faisaient leurs besoins dans des litières garnies de papier ciré. Soumis à des examens médicaux scrupuleux, les rats néotomes, qui ne vivent pas très longtemps dans la nature même en l'absence de chats, ont atteint l'âge canonique de quatre ans.

Bientôt, les visiteurs du parc Disney ont pu regarder des vidéos des meilleurs moments de la vie des rats néotomes, ou écouter les vocalises rauques d'une rate en chaleur. Quand le film *Ratatouille* est sorti, les enfants ont été invités à coiffer des toques de chef et à préparer un repas pour les néotomes. Jane Goodall est même venue leur rendre visite et a fait figurer le rat néotome sur le site internet consacré à son livre *Hope for Animals and Their World* (*De l'espoir pour les animaux et leur monde*).

Et puis ce fut enfin le moment de ramener les néotomes de Key Largo à Key Largo. On leur posa des petits colliers émetteurs de radio-télémétrie, on leur proposa de la nourriture locale pour prendre des forces, et on les laissa s'acclimater dans un nid artificiel grillagé pendant une semaine.

« Tout se passait très bien… jusqu'à ce qu'on les laisse sortir », raconte Jeremy Dixon. Ralph DeGayner posait des pièges à chat vingt-quatre heures sur vingt-quatre, mais il n'a « pas réussi à les virer de là assez rapidement, explique-t-il. Je voyais le truc venir. On allait lâcher les rats néotomes, et la nuit d'après ce serait terminé. » Quand les chercheurs se sont mis en quête des cadavres, ils les ont retrouvés pour la plupart à moitié dévorés et enterrés sous des feuilles, exactement comme les proies dissimulées par un tigre.

« Comment faire pour entraîner un rat néotome de Key Largo à avoir peur des chats ? » me lance la biologiste de Disney, Anne Savage. Les prédateurs naturels des néotomes sont des oiseaux, ou des serpents : les félins assassins « ne sont pas le genre de chose qu'ils sont censés croiser. Si les rats néotomes de Key Largo ne peuvent même pas mettre une patte en dehors de leur nid, tout l'entraînement que vous aurez pu leur donner ne servira à rien ».

Le programme d'élevage de Disney a été abandonné en 2012. La réserve redouble d'efforts pour construire des centaines de nids artificiels en forme de forteresses, et pour capturer les chats envahisseurs. On pense qu'une partie de ces derniers sont des animaux de compagnie du coin ; d'autres vivent peut-être dans des colonies de chats férals à proximité de la réserve. Mais bien sûr, pour les chercheurs, ce n'est jamais qu'une distinction technique. Les biologistes qui travaillent sur les enjeux de conservation ne classent pas forcément les chats domestiques en « animaux de compagnie », « chats errants » ou « chats férals », parce qu'à leurs yeux tout chat qui a accès à l'extérieur représente le même danger.

Il a cessé de pleuvoir à Key Largo, même si les feuillus gouttent encore et que Jeremy Dixon n'a pas encore eu l'occasion de chausser ses grosses lunettes de soleil. « Je vais vous dire ce qu'on veut, dit-il en plissant les yeux. On veut que les rats néotomes construisent leurs propres nids, bon sang. Et on veut que ces chats se tirent de notre réserve. On essaie de sauver une espèce menacée, nous. »

*

Pour comprendre comment les chats ont pu planter leurs griffes dans un si grand nombre d'écosystèmes, il est utile de savoir comment ils ont pu les atteindre en premier lieu.

L'eau, sous la forme de rivières et de mers, est le principal obstacle à la dispersion des mammifères. Les oiseaux sont capables de planer par-delà les océans, mais les mammifères sont contraints de nager ou de surfer sur des radeaux végétaux, de préférence en couple, ou même d'arriver dans des circonstances encore plus alambiquées. Les chiens domestiques ont dû suivre le chemin le plus rude pour rejoindre le Nouveau Monde, en traversant à pied le pont continental gelé avec leurs maîtres. Les mammifères n'ont jamais atteint certaines îles lointaines : la Nouvelle-Zélande ne possède aucun mammifère autochtone, à l'exception de trois espèces de chauves-souris, qui ont imité les techniques des oiseaux pour arriver jusque-là. Déjà bien plus rares que les herbivores sur les continents, les prédateurs carnivores sont souvent totalement absents des îles.

Mais les chats domestiques allaient se révéler une remarquable exception à cette règle hermétique : bien qu'on dise que les félins ont horreur de l'eau, c'est toujours grâce à elle qu'ils ont pu circuler. Ceci notamment parce qu'ils se sont fait passer pour des compagnons de bord idéals sur un navire. Pour commencer, il y a cette réputation d'attrapeurs de rats chevronnés (et le fonctionnement en vase clos d'un bateau est peut-être une des rares situations dans lesquelles on peut s'attendre à ce que la présence de félins fasse réellement une différence). On connaît sans nul doute des cas de chats ayant tué des rats à bord de navires, et les marins affamés confisquaient parfois ces proies pour en faire leur propre dîner. Après la perte brutale de plusieurs chats, un voyageur du XVIIIe siècle exprimait ses regrets, affirmant qu'on pouvait « difficilement se passer de chats sur un navire aussi infesté de rats que le nôtre ». (Évidemment, si le bateau était ainsi continuellement infesté de rats, on peut penser que les chats disparus n'étaient pas si indispensables que ça, après tout.) Certains chats profitaient aussi de rations de cambuse de premier choix en plus des rats qu'ils tuaient ; on trouve même dans un récit du XIXe siècle l'histoire d'un chat qui piqua un morceau de viande de mouton directement dans la bouche de l'intendant du carré des officiers.

En dehors de leurs prouesses à la chasse, ces créatures du Moyen-Orient, région généralement aride, s'adaptèrent étonnamment bien à la vie en haute mer – ce qui n'est pas une coïncidence si étrange qu'il y paraît, puisqu'on compare souvent le grand large à un désert. Les chats n'ont pas besoin de beaucoup d'eau, et peuvent survivre pendant de longues périodes sans en boire du tout ; ils n'ont pas besoin non plus de vitamine C, et le scorbut n'est donc pas un souci.

Pourtant, les motivations des matelots du passé n'étaient peut-être pas toujours uniquement d'ordre pratique. Peut-être que les marins d'autrefois, marchands ou pirates, matelots ou capitaines, voulaient des chats à bord pour les mêmes raisons que vous et moi : parce que leurs mignonnes facéties offraient une distraction fort plaisante en plein calme équatorial. Les marins leur inventaient des jouets en utilisant des balles de mousquet et de la ficelle, et certains installèrent même des hamacs miniatures. Au cours des siècles, les chats devinrent un élément tellement typique de la culture maritime que beaucoup de vieux loups de mer refusaient de monter à bord si on n'enrôlait pas aussi des chats. Les navires privés de chats étaient parfois considérés comme des bâtiments abandonnés par le droit maritime, et encore aujourd'hui, le jargon nautique regorge de chats, notamment en anglais : fouet « chat à neuf queues », nœud en patte de chat (que les Français nomment « en gueule de raie »), ou encore *catwalk* (passerelle, en anglais).

Nous savons (grâce à des tombes de chatons datant de l'Antiquité) qu'il y a de ça 9 500 ans, des chats avaient vogué jusqu'à Chypre, qui fut peut-être leur première escale. Des millénaires plus tard, ils étaient parvenus en Égypte, même si les Égyptiens ont probablement dû ralentir quelque peu leur dispersion (outre qu'ils étaient des marins d'eau douce, ils avaient des lois strictes en ce qui concernait l'exportation de chats domestiques). Ce sont sûrement plutôt les Phéniciens, peuple de navigateurs, qui ont semé des félins dans une grande partie du Bassin méditerranéen et les ont introduits en Italie et en Espagne. Les Grecs de l'Antiquité ont également fourni leurs colonies lointaines en chats, les introduisant un peu partout dans les Balkans et autour de la mer Noire. Dans le port grec de Massilia (l'actuelle Marseille), certaines pièces de monnaies locales représentaient des lions en chasse, mais ce sont les chats domestiques qui se sont servis de cette cité comme zone de transit pour conquérir le continent. Les chats se sont infiltrés en remontant le cours du Rhône, et plus tard ils ont fait du stop le long de la Seine, sautant probablement d'un bateau à l'autre selon leur bon plaisir.

Les successeurs des Grecs, les Romains, étaient des fanas de chiens purs et durs. Pourtant, les chats ont réussi à surfer dans le sillage des légions impériales qui parcouraient l'Europe, et on trouve des squelettes de chats tout le long de la frontière du Danube. Les chats domestiques ont battu les conquérants romains dans leur longue marche jusqu'en Grande-Bretagne : ils avaient déjà fait leur trou dans les oppidums de l'âge de fer tenus par des chefs barbares, peut-être amenés là des siècles plus tôt par les bateaux phéniciens qui faisaient le commerce de l'étain. Au moment de la naissance du Christ, les chats étaient probablement disséminés dans toute l'Europe centrale.

Et tout comme les chats n'avaient nul besoin des caresses de César pour réussir, ils ne se souciaient pas non plus de la bénédiction du pape. Pour eux, les soupçons entretenus par le catholicisme médiéval n'étaient rien d'autre qu'un petit pépin à digérer – ou, pour être plus proche de la réalité, une boule de poils. Quelle qu'ait pu être l'ampleur de l'inquisition menée contre les chats, de nombreux moines et nonnes ont gardé leurs animaux de compagnie, et au diable les bulles pontificales. Les registres des dépenses de la cathédrale d'Exeter de 1305 à 1467 mentionnent de la nourriture pour chat, et les félins y disposaient de leur propre chatière.

Et bien sûr, les chats avaient de nombreux amis parmi les soi-disant infidèles. Parce que le prophète Mahomet était un admirateur des félins, les armées musulmanes qui déferlèrent sur l'Afrique du Nord et l'Espagne méprisaient les chiens « impurs » et adoraient les chats. Quelques décennies à peine après le lancement de *Vox in Rama* du pape Grégoire IX, un riche sultan du Caire créa ce qui était peut-être le premier refuge pour chats au monde. Les chats étaient également adorés des Vikings. La génétique féline indique qu'aux environs de l'an 1000 de notre ère, ces pillards aux cheveux de feu s'entichèrent des matous roux, qu'ils avaient découverts près de la mer Noire, et les embarquèrent jusqu'à leurs avant-postes en Islande, en Écosse et dans les îles Féroé, qui abritent aujourd'hui des quantités hors normes de cousins rouquins de Cheetoh.

*

Mais de tous les empires de l'Antiquité ou de l'époque moderne, chrétiens ou autres, c'est la Grande-Bretagne, sans doute la plus grande puissance maritime que le monde ait jamais connue, qui a le plus contribué à l'essor des chats. L'explorateur Ernest Shackleton a même traîné un chat jusqu'en Antarctique en 1914. (Pressentant peut-être les souffrances épiques qui les attendaient, Mrs. Chippy – qui était un mâle – préféra tomber à la mer par mesure de prudence.)

La Navy de Sa Majesté n'a banni les chats des navires qu'en 1975.

Les bateaux britanniques transportèrent les chats domestiques jusqu'aux Amériques. Les pionniers affamés de Jamestown mangèrent les leurs, mais cela n'empêcha pas les chats de planter solidement leurs griffes dans ces territoires et de se propager ensuite vers l'ouest, où ils s'installèrent dans les garnisons de la Frontière et les postes avancés du Far West. Les mineurs leur servirent de chauffeurs jusqu'en Californie et en Alaska, où ils furent vendus contre de la poudre d'or. On espérait, comme d'habitude, que les chats allaient mater les rongeurs invasifs qui se déchaînaient dans ces villes poussant comme des champignons. Pourtant, de subtils indices laissent penser que les chats n'étaient pas tout à fait à la hauteur de la tâche. Les chats d'un fort du Kansas étaient « de vraies loques », se plaignait un sergent de l'armée dans les années 1850. « Ils ne parvenaient pas à manger assez de souris pour contrer les ravages des puces, et restaient là, à broyer du noir, complètement découragés. » Il semble que certains chats délaissèrent les communautés humaines infestées de puces pour tenter leur chance dans la Prairie, qui regorgeait de savoureuses bestioles autochtones.

Plus crucial encore sans doute, du point de vue de la protection de la nature, les colons britanniques planquèrent des chats sur toutes sortes d'îles du Pacifique et ouvrirent l'Australie à la conquête féline. Dès 1770, le HMS *Endeavour* de James Cook accosta au nord du Queensland, et « il ne serait pas logique de supposer que les chats étaient surveillés de quelque manière que ce soit », remarque un observateur. De nos jours trône à Sydney une statue en bronze de Trim, le chat qui était à bord du premier bateau à avoir fait tout le tour de l'Australie. Le maître britannique de Trim, l'intrépide Matthew Flinders, qui était un poil obsédé par son chat, tenait un journal de bord dans lequel il détaillait sur un ton humoristique et irrévérencieux les escapades de Trim sur le rivage : « Nombreuses et curieuses sont les observations qu'il fit dans divers domaines scientifiques, en particulier l'histoire naturelle des petits mammifères, des oiseaux et des poissons volants, qu'il trouvait particulièrement à son goût. »

Faisant confiance aux chats pour savoir mettre les rongeurs en déroute, les Britanniques, prévoyants, abandonnèrent des chats sur les îles isolées qui présentaient un intérêt potentiel pour la colonisation, dont vingt à Tahiti. Quelques cas d'introduction de chats à l'époque coloniale ne furent pas aussi délibérés : à la suite de naufrages, certains chats parvinrent à barboter jusqu'au rivage.

Quelques journaux de bord particulièrement saisissants décrivent l'accueil réservé aux chats sur certaines îles habitées. Là, des autochtones n'ayant jamais rien vu qui ressemble à un félin, ni même imaginé l'existence de telles créatures, les rencontraient pour la première fois.

Il n'existe pas de preuve plus manifeste du pouvoir exercé par leur espèce sur la nôtre.

« Nos chats [...] ont suscité chez eux une stupéfaction toute particulière », écrit le fonctionnaire colonial John Uniacke, après que plusieurs aborigènes furent montés à bord du HMS *Mermaid*, amarré au large du Queensland en 1823. « Ils [...] ne cessaient de caresser les chats, et de les brandir pour les faire admirer de leurs compagnons, sur le rivage. »

Chez les Samoans « naquit une passion pour les chats, note l'explorateur américain Titian Peale, et on cherchait à les acquérir par tous les moyens possibles auprès des navires baleiniers qui visitaient les îles ». Aux îles Ha'apai, des autochtones volèrent deux des chats du capitaine Cook. À Erromango, les indigènes échangèrent du bois de santal odoriférant polynésien contre les félins appartenant aux explorateurs.

Les chats suscitèrent des craintes prémonitoires chez quelques autochtones, mais le sentiment prédominant semble avoir été l'émerveillement. Quand les missionnaires chrétiens arrivèrent, leurs adorables animaux de compagnie séduisirent sans doute de nombreux convertis. Dans les années 1840, on décrivit des natifs australiens qui trimballaient des chats et des chatons dans des sacs, à la Taylor Swift, et avant la fin du siècle suivant, les aborigènes considéraient le magnifique envahisseur comme un animal autochtone.

*

Bien sûr, les chats n'avaient pas vraiment besoin d'un comité d'accueil. Quel que soit l'endroit où ils ont débarqué, ils sont toujours retombés sur leurs pattes.

Cette autonomie est encore une différence par rapport aux chiens. Les chiens errants posent toujours problème dans de nombreuses villes du monde en voie de développement, et se comportent parfois comme des prédateurs invasifs : en 2006, par exemple, on pense que douze chiens sauvages ont éradiqué toute une population de grenouilles terrestres des Fidji. Mais il s'avère que les chiens, qui ont connu une véritable renaissance biologique au contact des humains, et sont si intimement adaptés à notre usage, s'en sortent extrêmement mal sans nous. C'est comme si cela faisait trop longtemps qu'ils ont quitté la nature sauvage, tandis que les chats gardent une patte dans chaque monde, ce qui les rend bien plus flexibles, et fait d'eux de redoutables envahisseurs.

Les chiens férals, par exemple, ne sont pas du tout doués pour la maternité. En général, les chiots nés dans la rue meurent. Les meutes de chiens des rues se perpétuent en recrutant de nouveaux animaux errants, et non grâce aux naissances.

Les chats domestiques, en revanche, font des mamans attentionnées et des géniteurs hors pair, qu'ils évoluent dans la sphère des humains ou en dehors. Les femelles atteignent la maturité sexuelle à l'âge de six mois et se reproduisent par la suite plus comme des lapins que comme des tigres – un avantage écologique-clé qui découle en partie de leur petite taille et du rythme effréné de leurs cycles reproductifs. De fait, ils sont capables de se reproduire plus vite que certaines espèces sauvages de rongeurs (KLWR, c'est de toi qu'on parle). Selon un calcul, un couple de chats pourrait produire 354 294 descendants en cinq ans, si tous survivaient. Dans la vraie vie, cinq chats introduits sur l'île Marion, particulièrement hostile (coiffée de neiges éternelles et dotée de volcans actifs, c'est tout sauf un paradis félin) ont donné naissance à près de 2 000 descendants qui ont survécu, en l'espace de vingt-cinq ans.

Et même ces chatons savent tuer. Les chiens férals ne semblent pas se remettre à chasser en meute, ni adopter d'autres habitudes ancestrales des loups, et ils dépendent presque exclusivement des ordures, alors que les chats (même s'ils apprécient bien sûr un bon petit gueuleton de déchets facile à obtenir) sont capables de s'en passer, de disparaître des radars et de survivre grâce aux proies qu'ils tuent par eux-mêmes. (On dit que les chats préfèrent de toute façon les plats chauds, humides et encore palpitants.) Les mères chattes enseignent scrupuleusement à leurs chatons l'art de la chasse, dès qu'ils ont quelques semaines à peine, en leur amenant des proies vivantes quand elles en trouvent. Même quand il n'y a pas de mère à proximité, les chatons se débrouillent pour trouver comment se tapir et bondir. « Le comportement des chatons en train de jouer, écrit Elizabeth Marshall Thomas dans *The Tribe of the Tiger* (*La Tribu du tigre*), n'est rien d'autre qu'un comportement de chasseur. »

En tant que prédateurs, les chats domestiques ont des pouvoirs quasi surnaturels : ils peuvent distinguer le spectre des ultraviolets et entendre les ultrasons, et ils ont une perception remarquablement aiguisée de l'espace en trois dimensions, qui leur permet, entre autres, d'évaluer d'où viennent les sons. Ils combinent ces talents caractéristiques des félins avec une souplesse en matière de gastronomie que peu de leurs proches parents partagent. Plutôt que de se spécialiser, comme certains chats sauvages, en mangeant une espèce bien précise de chinchilla ou de lièvre, les chats domestiques chassent plus de 1 000 espèces différentes – et c'est sans compter tous les petits extras exotiques qu'ils trouvent dans les poubelles.

Leur mode de vie est tout aussi élastique. Ils sont capables de vivre seuls, comme dans la nature, ou en groupe. Ils peuvent régner sur un territoire de plusieurs kilomètres carrés ou sur un studio, vagabonder au milieu des rochers ou se frayer un chemin dans la circulation. Ils sont principalement nocturnes, mais peuvent partir en chasse le jour en s'adaptant à différents types de proies, de températures et de saisons. Ils sont même capables de restructurer leur anatomie. Le spécialiste d'écologie comportementale Michael Hutchins, ancien responsable de la Wildlife Society, m'a raconté son voyage dans les Galápagos : si ces îles sont célèbres pour la faune rare qu'elles abritent, elles manquent d'eau douce, et l'environnement est particulièrement inhospitalier pour la plupart des animaux terrestres. Mais pas pour les chats domestiques : ceux qui ont été importés sur l'île prospèrent et survivent en buvant « du sang et de la rosée », selon Michael Hutchins, et ils développent en conséquence des reins considérablement plus gros. Ces survivants en grande forme chassent aujourd'hui une espèce menacée de pétrel, et même l'un des fameux pinsons de Darwin.

C'est dans ses relations avec nous que le chat fait de loin le plus preuve de souplesse. Les chats domestiques disposent de toute une gamme de possibilités inaccessibles à d'autres mammifères, surtout les carnivores, grâce à la position unique dont jouit cette espèce auprès de la nôtre. Il est rare que nous favorisions en toute connaissance de cause les plantes et animaux invasifs que nous transportons aux quatre coins de la planète dans l'eau des ballasts ou sous nos semelles. Avec les chats, cependant, nous pipons les dés de façon flagrante : non seulement en les introduisant dans des environnements où ils n'ont rien à faire, mais aussi en les nourrissant généreusement, en les emmenant se faire vacciner chez le vétérinaire, pour certains, et en leur permettant de vivre dans nos maisons et sur nos porches depuis des décennies alors que, livrés à eux-mêmes, ils peuvent mourir très jeunes.

Ces avantages permettent aux chats, en tant que chasseurs, de défier les lois fondamentales de la nature. Un écosystème peut généralement entretenir autant de prédateurs que peut en supporter le stock de proies dont il dispose : si on en rajoutait, les prédateurs mourraient de faim. Mais, notamment dans les zones urbaines, les populations de chats domestiques sont le reflet des populations humaines et non du nombre de proies disponibles, à la fois parce que nous hébergeons des animaux familiers chez nous, et parce que beaucoup de chats errants fréquentent nos décharges. À Bristol, en Angleterre, il y a environ 348 chats au kilomètre carré. Dans des villes comme Rome ou Jérusalem, et dans certaines régions du Japon, on a relevé des densités pouvant atteindre 2 000 chats au kilomètre carré. Tous ces superprédateurs excédentaires exercent une pression sur les proies locales. Dans certains endroits, il y a même plus de chats que d'oiseaux adultes. C'est un peu comme s'il y avait plus de lions que de gnous.

Ce qui est plutôt déroutant, c'est que ces densités absurdes de chats existent aussi dans des zones où nous les humains, avec nos ouvre-boîtes, ne sommes pas nombreux. C'est parce que, dans beaucoup de régions isolées où nous avons introduit des chats, nous avons aussi lâché délibérément d'autres animaux pouvant servir de proies, comme des lapins domestiques, ou avons abandonné accidentellement des souris et des rats de navires. Ces rusés associés des humains (qui sont, à leur manière, tout aussi impressionnants et doués que les chats domestiques) envahissent le nouvel écosystème et se reproduisent à une vitesse effarante. Tous ces animaux peuvent alors subvenir aux besoins d'un nombre massif de chats, et ces derniers (qui se régalent de petits lapins et de souris à volonté, sans jamais affecter la santé globale de ces populations) n'ont pas besoin de compter sur les espèces autochtones rares et fragiles pour survivre. Ils chassent plutôt ces dernières par opportunisme, liquidant l'un après l'autre les spécimens menacés qui leur tombent sous la griffe, en guise de quatre-heures ou juste pour s'amuser, et jusqu'à l'extinction.

On appelle ce phénomène l'hyperprédation.

*

Actuellement, les chats peuplent des milliers d'îles autrefois dépourvues de félins, et il continue à y avoir de nouveaux cas d'introduction, à cause des croisières de plaisance, des tribus que l'on déplace, et même (pour la plus grande honte des écologues) des expéditions scientifiques. Les îles qui sont restées longtemps isolées sont des refuges pour la biodiversité. En l'absence de prédateurs autochtones, les chats se retrouvent facilement parachutés au sommet de la chaîne alimentaire, et les proies n'ont nulle part où fuir. D'ailleurs, elles ne tenteraient même pas forcément de le faire. Les animaux naïfs des îles ne développent souvent aucune stratégie anti-prédateurs, voire ne connaissent même pas la peur, un état connu sous le nom de « docilité insulaire ». Ce sont en quelque sorte des proies faciles, tels des oiseaux incapables de voler (et très souvent, c'est littéralement le cas).

Sur l'île de Dassen, en Afrique du Sud, les chats ont été introduits à la fin des années 1800 et ont chassé les huîtriers noirs de Moquin, les vanneaux couronnés et les pintades de Numidie.

Une espèce de colombe a disparu de l'île Socorro au Mexique peu de temps après l'importation de chats par une garnison militaire dans les années 1950.

Sur l'île de la Réunion, dans l'ouest de l'océan Indien, les chats déciment les pétrels de Barau, une espèce en voie de disparition. Ils s'empiffrent de geckos des Grenadines, espèce en danger critique d'extinction, dans les îles du même nom. Aux Samoa, où les chats avaient d'abord suscité l'affection passionnée des locaux, ils attaquent le pigeon diduncule strigirostre. Aux îles Canaries, ils s'en prennent à trois espèces menacées de lézards géants, et à un oiseau menacé, le tarier des Canaries. À Guam, ils ont chassé le râle de Guam, un oiseau « mystérieux, incapable de voler » et extrêmement menacé. « À cause des chats prédateurs, écrit le *U.S. Fish and Wildlife Service*, on pense qu'il n'y a actuellement plus un seul râle de Guam sur Guam. »

Les îles Fidji, les îles Caïmans, les îles Vierges britanniques, la Polynésie française, le Japon. La liste se poursuit, même si chaque écosystème a une histoire unique. L'île subantarctique de Kerguelen est tellement battue par les vents que les insectes ne peuvent y survivre (le capitaine Cook l'avait surnommée île de la Désolation), mais on y trouve le chou de Kerguelen, longtemps aliment de base pour les marins, parce qu'il est riche en vitamine C et utile dans la lutte contre le scorbut. (Cette plante a aussi « un drôle de goût », comme l'écrivait en 1840 le chirurgien auxiliaire du navire, Joseph

Hooker, qui remarquait avec délicatesse qu'elle ne provoquait ni aigreurs d'estomac « ni aucun des symptômes désagréables » généralement associés aux choux – excellente nouvelle dans un lieu aussi confiné qu'un bateau.) Mais bientôt, les marins gavés de chou eurent envie d'autre chose pour l'agrémenter, et introduisirent donc des lapins sur l'île. Leur population explosa et, en 1951, des chercheurs d'une station française tentèrent de lâcher quelques chats en guise de contre-mesure. Dans les années 1970, ces quelques individus étaient devenus quelques milliers, et on estime qu'ils mangeaient environ 1,2 million d'oiseaux autochtones par an, se gavant de pétrels à tête blanche et de prions de la Désolation.

Une autre catastrophe féline est en cours, à Hawaï. En 1866, Mark Twain, un amoureux des chats, décrivit les « pelotons de chats, compagnies de chats, régiments de chats, armées de chats, multitudes de chats » présents sur l'archipel, mais cent cinquante ans plus tard, on pourrait l'accuser pour une fois d'avoir donné dans l'euphémisme. On trouve même des chats qui vivent à trois mille mètres d'altitude, au milieu des coulées de lave du Mauna Loa. Malheureusement, le quarante-neuvième État des États-Unis d'Amérique abrite également de nombreuses espèces d'oiseaux moins aventureux (dont c'est parfois l'unique foyer). Le puffin fouquet par exemple ne pond pas d'œufs avant d'avoir sept ans, puis seulement un par an. Le pétrel des Hawaï, une espèce menacée, niche dans des terriers dont il est ensuite incapable de s'envoler pendant quinze semaines. Sur l'île de Kauai, le puffin de Newell entretient avec les lumières de la ville le même genre de relation qu'un papillon de nuit : fasciné mais désorienté, puis soudain épuisé, il tombe du ciel comme une pierre. On encourage de bons samaritains à ramasser les oiseaux et à les amener dans des postes de secours, mais les chats ont appris à attendre sous les lampadaires.

En Nouvelle-Zélande, les chats mangent des chauves-souris, seuls mammifères autochtones présents dans ce pays insulaire. On a longtemps cru qu'un unique chat nommé Tibbles avait exterminé le xénique de Stephens à la fin des années 1800 – les chercheurs pensent désormais que plusieurs chats sont responsables, mais ce genre de détail importe peu aux oiseaux exterminés. Les chats ont également été impliqués dans le déclin des puffins fuligineux et des kiwis. Dans les années 1970, ils ont poussé la dernière population de kakapos dans ses ultimes retranchements, et il ne reste aujourd'hui qu'une centaine à peine de ces énormes perroquets incapables de voler. Sans les chats, certains de ces oiseaux auraient pu jouir d'une espérance de vie de quatre-vingt-quinze ans.

En plus de réduire au silence le « chœur de l'aube » des oiseaux des îles, les chats se sont acharnés sur le silencieux sphénodon (ou tuatara), un reptile rare de Nouvelle-Zélande dont les racines sur l'île principale remontent à l'époque de l'apparition des dinosaures. Son règne sur ces terres est désormais révolu, et c'est à cause des chats domestiques.

*

Et puis, il y a le cas de l'Australie, une île qui se trouve également être un continent à part entière. L'Australie affronte de nombreux animaux envahisseurs particulièrement turbulents : des crapauds buffles, des étourneaux, des tritons, des renards roux, des dromadaires, des mûriers, des buffles. Mais parmi tous ces délinquants notoires, nombreux sont ceux qui pensent que les chats domestiques sont les pires de tous, le maillon central de ce que le responsable de la Société australienne pour la protection de la faune sauvage (Australian Wildlife Conservancy) a baptisé « l'axe du mal écologique ».

Il y a environ 3 millions de chats domestiques et à peu près 18 millions de chats en liberté au pays des kangourous, ce qui place plus ou moins à égalité les populations humaines et félines du continent. L'écologue australien Ian Abbott a reconstitué le déroulement probable de l'invasion féline entre 1788, quand les chats ont débarqué après plusieurs incursions sur les côtes, et 1890, date à laquelle le continent tout entier était conquis. Dans une entreprise d'érudition assez héroïque, il s'est plongé dans les journaux de l'époque coloniale pour y repérer des allusions aux chats, en utilisant des mots-clés rarement répertoriés par les historiens qui l'avaient précédé. Au début du XIXe siècle, la plupart des mentions de chats sont relativement anecdotiques : des chats sont répertoriés dans un inventaire de bétail, un chat a traîné une souris marsupiale à pieds étroits jusque dans une maison, un chat a été « mangé à la suite d'un pari », et ainsi de suite. Mais quand on arrive aux années 1880, les témoignages rapportés de l'outback se font plus alarmants : des chats non identifiés commencent à surgir de la pénombre dans les endroits les plus paumés pour s'inviter au feu de camp des baroudeurs du bush. En 1888, un observateur affirmait que les chats « s'étaient répandus dans tout le pays et qu'on en voyait un grand nombre jusque sur le mont Aloysius ». En 1908, un autre explorateur nota qu'on « pouvait voir partout de nombreuses empreintes de chats ».

Les chats semblent avoir emboîté le pas aux mineurs et aux bergers vers l'intérieur du continent, et quand les humains et leur bétail eurent atteint les limites de leur endurance, ils continuèrent bravement. Cependant, il se passa quelques décennies avant que les chats domestiques ne pénètrent au plus profond des espaces sauvages, et au vu de leur phénoménale capacité d'invasion, Ian Abbott s'est demandé pourquoi ils avaient mis autant de temps. Il pense maintenant que c'est parce que l'Australie, contrairement à la plupart des îles, possédait quelques redoutables prédateurs autochtones (comme le dasyure tigre ou l'aigle d'Australie) capables de chasser les chats. Il fallut attendre que nous ayons abattu, affamé ou éradiqué de quelque autre façon que ce soit tous ces carnivores concurrents pour que les chats se multiplient à tout-va.

D'autre part, peut-être à cause de leur ascendance britannique, les Australiens ne cessèrent de lâcher volontairement des chats supplémentaires. Ils déployaient des matous pour protéger les arbres fruitiers des oiseaux et pour empêcher les volatiles marins de se percher sur les caboteurs perliers, mais surtout, la plupart du temps, pour lutter contre les lapins invasifs, qui comme d'habitude avaient filé en quelques bonds loin de leur gamelle et ravageaient la végétation locale, sans parler des récoltes des colons. Avec la Loi d'éradication des lapins de 1884, le gouvernement australien fit officiellement alliance avec les chats et, brusquement, les tuer devint un crime. Le gouvernement lâcha 400 chats dans la station d'élevage Tongo près du fleuve Paroo et « libéra » 200 chats d'Adélaïde dans la nature, aux environs du mont Ragged. Il transporta des chats dans l'ouest de la Nouvelle-Galles-du-Sud et acheta des chats à Perth pour les relâcher à Eucla.

Dans certains endroits, on bâtit de petites maisons pour ces fonctionnaires félins, comme en témoigne encore le nom de certains endroits tels la Cat House Mountain dans l'État du Victoria. Mais, éternellement adaptables, les chats se trouvèrent leurs propres logements. Comme au Pays des merveilles, on trouvait désormais des chats au fond des terriers, à mesure que les félins apprenaient à occuper le logis des lapins qu'ils étaient justement censés éliminer. « Les lapins ont aidé [les chats] à se répandre en leur fournissant de la nourriture, et… des abris », explique le ministère du Développement durable, de l'Environnement, de l'Eau, des Populations et des Communautés (assez débordé, selon toute vraisemblance) dans un mémo qui témoigne d'un certain sentiment de trahison. Au final, non seulement les chats ont échoué à mettre les lapins en déroute, mais ils se sont aussi empiffrés d'animaux autochtones. Dès les années 1920, des naturalistes qui combattaient la « plaie » des lapins ont commencé à mentionner aussi un « fléau » des chats. On raconte même que ces renégats de chats conspirent avec une autre menace environnementale – les feux de brousse – en rôdant dans les zones dévastées par les incendies pour liquider les survivants à bout de forces.

Encore aujourd'hui, on constate que le carnage se poursuit. La plupart des proies des chats sont des animaux de petite taille, discrets, nocturnes et mal connus : des bestioles comme les numbats, les wallabys de rochers pygmées, les gerboises marsupiales des marais et les rats-kangourous (potoroos) à long nez. Le *Leporillus conditor* ou rat architecte, un rongeur qui ressemble assez au rat néotome de Key Largo, disposait autrefois d'un territoire naturel d'un million de kilomètres carrés, avant de se retrouver confiné, en partie à cause des chats domestiques, sur une unique île de cinq kilomètres carrés. Ce qui reste un sort bien plus enviable que celui de son compatriote, le *Leporillus apicalis*, qui a totalement disparu de la surface de la Terre.

Les Australiens ont tenté de rassembler des espèces menacées sur des îles au large, pour les protéger des chats, et ont érigé des barrières anti-chats high-tech, qui sont censées tenir compte des capacités des chats « à tolérer les chocs électriques, creuser, escalader des surfaces verticales, et bondir à au moins 1,80 mètre de hauteur » (de quoi vite déchanter). Dans certains endroits comme la Réserve de faune sauvage de Wongalara, qui accueille les derniers rongeurs réfugiés membres de l'espèce *Rattus tunneyi*, les défenseurs de l'environnement patrouillent pour protéger le périmètre de ces corrals anti-chats, munis de projecteurs et de chiens.

Mais vous savez ce qu'on dit au sujet des plans des souris sauteuses à longue queue (désormais éteintes) et des hommes[1], aussi bien combinés soient-ils.

Parmi les espèces menacées de mammifères australiens, il y a le grand bilby ou bandicoot-lapin, un marsupial gris timide qui ressemble à l'enfant né de l'amour d'une souris et d'un

1. Allusion au poème « To a mouse » de Robert Burns qui inspira le titre du livre de John Steinbeck *Des souris et des hommes* : « Les plans les mieux combinés des souris et des hommes / Tournent souvent de travers / Et ne nous laissent que chagrin et peine / Au lieu de la joie promise. » Traduction de Léon de Wailly, A. Delahays, 1843.

lapin : un peu gauche et doté d'un museau plutôt allongé, il est aussi particulièrement mignon. Son proche parent, le petit bilby ou bandicoot-lapin à queue blanche, est la mascotte de la Société australienne pour la protection de la nature, exactement comme le panda pour le WWF. Malheureusement, le petit bilby s'est éteint dans les années 1960, entre autres à cause de la prédation des chats domestiques. Le grand bilby s'accroche, mais son territoire – qui couvrait autrefois soixante-dix pour cent du continent – a implosé.

Le bilby dispose de son propre fan-club, ce qui n'est pas commun pour un ingrédient de pâtée pour chats, et il y a eu récemment une campagne nationale pour que les Australiens fêtent Pâques avec des bilbys en chocolat enveloppés de papier argenté, en lieu et place de ces friandises à l'effigie des odieux envahisseurs : les lapins. Il y a quelques années, dans le Queensland, le Fonds pour la sauvegarde du bilby (Save the Bilby Fund) a protégé quelques centaines de mètres carrés de leur habitat avec une barrière anti-prédateurs à 500 000 dollars, et y a rassemblé des dizaines de précieux survivants. Pour le plus grand bonheur de tous, ces marsupiaux rares se sont mis à se reproduire et, en 2012, ils avaient engendré plus de cent nouveau-nés – ce qui fait beaucoup de bilbys d'un coup, en tout cas comparés aux populations vivant à l'état sauvage.

Mais, à l'insu des défenseurs du bilby, de fortes pluies et des inondations détériorèrent la luxueuse barrière au point d'y faire un trou. Quand les chercheurs pénétrèrent par la suite dans la réserve profanée, ils y trouvèrent vingt chats, et pas un seul bébé bilby.

*

En Australie comme ailleurs, les écologues remarquent que se focaliser sur la seule prédation par les chats domestiques conduit à minimiser les effets en cascade que ces envahisseurs peuvent avoir sur la transformation des écosystèmes. De nombreuses études suggèrent que la seule présence de chats suffit à empêcher les oiseaux effrayés de se reproduire, ou à les rendre trop stressés pour nourrir correctement leurs petits. Dans les îles Phœnix, les courlis d'Alaska ont appris à éviter complètement le territoire des chats, de façon à pouvoir muer en toute sécurité. Il suffit d'un effluve d'urine de chat pour que la respiration des wallabys de l'île d'Eugène s'accélère.

Les prédateurs rivaux se retrouvent également opprimés. Selon une étude menée dans le Maryland, les chats ont liquidé tellement de tamias que les faucons locaux se sont mis à chasser les passereaux, beaucoup plus difficiles à attraper, ce qui a entraîné une baisse du taux de survie des nichées de faucons. Les chats sont vraisemblablement en train de répandre la leucémie féline chez les dernières panthères de Floride, et ils peuvent également être porteurs de la rage. Et pour une diversité impressionnante d'animaux, des bélougas aux cochons de ferme en passant par les corneilles d'Hawaï (qui n'existent plus dans la nature) et les êtres humains, les chats sont vecteurs d'une maladie dangereuse et parfois fatale, la toxoplasmose.

L'introduction d'un superprédateur félin peut même mettre en danger les plantes. Dans les îles Baléares, la prédation des chats a accéléré la disparition d'un lézard endémique mangeur de graines, qui était le seul agent de dispersion d'un type de plante autochtone devenu tout aussi rare. À Hawaï, les fientes des colonies d'oiseaux marins en péril jouent un rôle crucial comme fertilisant.

La prédation par les chats domestiques est moins bien étudiée dans les régions continentales, en partie parce que le nombre démentiel de chats et de proies potentielles rendrait vite ingérable un tel sujet d'étude. La méta-analyse de la prédation en Amérique réalisée en 2013 par le Smithsonian et d'autres chercheurs travaillant pour le gouvernement a donné lieu à une pétition signée par une foule d'organisations de protection de l'environnement, appelant à l'éradication de tous les chats non identifiés sur le territoire fédéral. À partir de leurs observations (immédiatement remises en cause) sur des zones d'études réduites, les scientifiques extrapolent à l'échelle d'un vaste continent, et les résultats présentent donc « des marges d'erreur et incertitudes conséquentes », selon le *New York Times*. Stanley Gehrt, biologiste à l'université d'État de l'Ohio, m'a raconté plein d'espoir qu'un autre prédateur continental majeur (le coyote, un gros carnivore qui est actuellement en train de repousser les limites de son territoire historique) pourrait davantage contribuer à éliminer les chats que ne l'affirment les chiffres du Smithsonian. Mais la plupart des biologistes spécialistes de la conservation s'accordent sur ces données.

Dans le même temps, les leçons de l'écologie insulaire pourraient s'appliquer de plus en plus au continent américain, dont certains scientifiques affirment qu'il est en voie d'« insularisation ». Avec des températures plus élevées, davantage de luminosité et de bruit, ainsi qu'une abondance de nourriture et d'eau, nos villes et nos villages sont des écosystèmes uniques, quoique très fluctuants, qui diffèrent radicalement des zones environnantes.

De la même façon, à cause de la fragmentation des habitats, les zones naturelles qui restent se transforment elles aussi en îles : elles sont séparées par des routes et des divisions administratives au lieu de fleuves ou d'océans, mais pour les animaux qui y vivent, le résultat est le même.

Dans de nombreux cas, les animaux sauvages qui s'adaptent à la vie continentale au XXIe siècle sont un peu comme des naufragés dans le Pacifique.

*

Incapable de protéger les derniers rescapés isolés de diverses espèces menacées, la communauté mondiale des défenseurs de l'environnement tente carrément le félinicide dans certaines zones. Des gens bombardent les tanières des chats de virus ciblés et de poisons mortels. Ils déchaînent un véritable enfer contre les matous, armés de fusils et accompagnés de chiens de chasse. L'Australie mène la charge. Alors même qu'il y est illégal de faire retirer les griffes de son chat de compagnie, le gouvernement a financé des recherches novatrices sur les poisons pour chats, notamment le développement d'une saucisse toxique à base de kangourou baptisée « Eradicat ». Les Australiens ont également testé le « Cat Assassin » (« assassin pour chat »), un tunnel en métal à l'intérieur duquel on attire le chat sous un prétexte quelconque, et où il leur est vaporisé du poison. Des chercheurs ont même envisagé de lâcher des diables de Tasmanie sur le continent pour qu'ils aillent tailler des chats en pièces.

Le problème, c'est qu'une fois que les chats sont bien installés dans un écosystème, ils sont quasiment impossibles à déloger. Les appâts empoisonnés fonctionnent rarement, car les chats préfèrent manger des animaux vivants. Et grâce à leurs capacités de reproduction à couper le souffle, un seul couple de chats oubliés est capable de se remettre en selle après une guerre biologique et de reconstituer la population.

Il est possible d'interdire les chats sur des îles bien plus petites, même si ça peut coûter jusqu'à 40 000 dollars par kilomètre carré. Voici un aperçu de la marche à suivre : en 1977, pour se débarrasser des milliers de chats qui peuplaient l'île Marion, inhabitée, des chercheurs sud-africains ont introduit un virus mortel pour les félins, nommé panleucopénie. Ce dernier a fait chuter la population à environ 615 individus, ce qui était très loin d'être un chiffre assez bas. Les militants de la croisade anti-chats essayèrent alors différents types de piège, la chasse avec ou sans chiens, le poison, et mitraillèrent les matous de jour comme de nuit. De 1986 à 1990, huit équipes de chasseurs furent déployées au cours de quatre missions d'une durée de huit mois, pour ratisser la toundra. Il fallut au total 14 728 heures pour abattre 872 chats et en attraper 80 de plus dans des pièges. Le dernier fut tué en juillet 1991, mais pour être sûrs, seize chasseurs continuèrent à patrouiller dans l'île pendant deux années de plus. Pour d'autres espèces invasives, tout ça pourrait sembler un peu excessif, mais pas pour les chats.

De la même façon, la bataille gagnée de haute lutte contre les chats de la petite île de San Nicolas, au large de la côte californienne, a représenté un « exploit colossal » pour la marine des États-Unis, selon le commandant en chef de la base d'essais de missiles qui s'y trouve. Il fallut des années de préparation, dix-huit mois de piégeage, et 3 millions de dollars pour en expulser les chats, qui chassaient une espèce endémique de souris sylvestre et une espèce de lézard nocturne protégée au niveau fédéral. Les pisteurs de chats durent prendre garde à ne pas abîmer les sites archéologiques amérindiens et utiliser des canaux radio spéciaux pour éviter de déclencher accidentellement des munitions navales. Pendant ce temps-là, les chats, aguerris au combat, employaient des tactiques de guérilla, esquivant les chiens et les pièges informatisés sur mesure et dédaignant les « sons attractifs pour félidés », c'est-à-dire les enregistrements numériques de miaulements. Enfin, c'est un chasseur de lynx professionnel qui acheva le travail.

Près de cent îles ont ainsi été nettoyées à ce jour, offrant un nouveau départ à l'iguane terrestre des îles Turques-et-Caïques à Long Cay, aux Antilles, et à la souris gantée *Peromyscus pseudocrinitus* de l'île Coronado, dans le golfe de Californie. L'éradication des chats est à présent en cours aux Galápagos. Beaucoup d'autres bestioles en danger critique d'extinction attendent qu'on vienne les sauver, parmi lesquelles le rat-kangourou de l'île Margarita, l'albatros d'Amsterdam, et la souris de San Lorenzo. Dans le même temps, environ vingt pour cent de ces efforts d'éviction à grande échelle ont totalement échoué. Sur l'île de la Petite Barrière en Nouvelle-Zélande, les chats se sont débarrassés comme un rien de la panleucopénie répandue en 1968, et après avoir chuté de quatre-vingts pour cent, leur nombre était revenu à la normale dès 1974. Et parfois, les écosystèmes débarrassés des chats sont si profondément détériorés qu'éliminer les félins fait plus de mal que de bien : quand l'île Macquarie a été purgée avec succès de ses félins en l'an 2000, la population locale de lapins a explosé au point que ces derniers ont dévoré quarante pour cent de la végétation de l'île, provoquant des glissements de terrain qui ont englouti des colonies de pingouins. (Les dégâts sont tels qu'on peut les voir depuis l'espace.)

Mais plus encore que la remarquable résilience des chats eux-mêmes, le principal obstacle à l'éradication des chats, ce sont les gens qui les aiment.

Nos objections à ces efforts sont parfois assez rationnelles et liées à notre intérêt personnel : sur les îles habitées comme sur le continent, les habitants n'ont pas envie de voir leur gibier contaminé par des poisons pour chats répandus par voie aérienne et ne sont pas emballés à l'idée de voir des tireurs d'élite chasseurs de minous se promener avec des armes à feu.

Mais il s'agit surtout d'une question bien plus délicate, que les chercheurs ont baptisée « acceptabilité sociale ». La première fois que j'ai entendu les chats (qui me sont si familiers et font partie intégrante de mon univers personnel depuis que je suis née) qualifiés d'espèce invasive, j'étais relativement outrée. Apparemment, je ne suis pas la seule. En visitant Crocodile Lake, j'ai ramassé une brochure éditée par le gouvernement décrivant les espèces exotiques dangereuses présentes en Floride, comme les « talèves ou poules sultanes exotiques » et les « rats de Gambie allochtones ». Le document ne mentionnait nulle part les chats domestiques qui mettent les rats néotomes en déroute, peut-être parce que le sujet est trop polémique.

Les gens ne veulent tout simplement pas qu'on tue les chats, et imaginer des îles entières pleines de Cheetoh massacrés est suffisant pour donner la nausée (ou la rage) à la plupart des propriétaires de chats. De fait, c'est plutôt la tendance opposée qui domine l'opinion comme les milieux activistes, celle qui consiste à traiter tous ces chats qui pullulent comme s'ils étaient eux-mêmes menacés et avaient besoin de la protection des défenseurs de l'environnement. Ainsi, les chats renégats capturés sur la base navale californienne n'ont-ils pas été gazés, abattus ou gavés de saucisses au kangourou trafiquées, mais confiés à un refuge pour chats sur le continent.

Même ce genre de méthode qui évite les effusions de sang peut susciter de la résistance. « J'ai vraiment l'impression de m'en être pris au lobby pro-armes », déclare Gareth Morgan, un philanthrope qui a lancé une campagne « Cats to go » (« Dehors les chats ») pour débarrasser sa Nouvelle-Zélande natale des chats domestiques abandonnés à eux-mêmes, via la stérilisation et l'érosion naturelle des populations. « Tous les animaux ont leur place dans ce monde, mais celui-là est tellement protégé qu'il a proliféré à l'extrême. »

« Pourquoi accordons-nous tant d'affection et d'attention à certains animaux, alors que nous ne nous soucions nullement du bien-être d'autres espèces ? » m'écrit l'écologue australien John Woinarski. La plupart des Australiens n'ont « aucune affinité » avec la majorité des animaux indigènes de ce pays, « et considèrent donc que leur perte n'aura pratiquement aucune conséquence ».

« Nous ne traitons pas tous les organismes vivants à égalité », me dit le biologiste spécialiste de la conservation Christopher Lepczyk, depuis Hawaï. « Nous sélectionnons ceux qui nous plaisent. »

Et ceux qui nous plaisent, ce sont les chats.

5

Le lobby des chats

Quand j'ai rencontré Annie, elle était recroquevillée dans une barquette de frites, seule tout au fond d'une cage dans un refuge pour animaux. La meute de chats d'appartement de ma mère s'était clairsemée ces dernières années, et j'avais promis de contribuer à la renflouer avec un nouveau chaton. Ce bébé tigré de huit semaines avait des marques façon Cléopâtre au coin de ses lumineux yeux verts, et un petit menton pointu.

« Je vais prendre celle-ci », déclarai-je.

Les employés du refuge échangèrent des regards. « Mais, c'est un chat féral », finit par dire l'un d'eux. Le deuxième sortit une brassée de chatons d'une portée apprivoisée, pour me montrer comme ils étaient plus câlins. Le chaton tigré, pendant ce temps-là, esquivait mes mains et évitait résolument de croiser mon regard. Cette chatte n'était probablement pas une bonne candidate pour l'adoption, m'expliquèrent les employés, car la période optimale pour la socialiser était pratiquement passée. La mère d'Annie, capturée dans un bois voisin dans le même piège de marque Havahart, avait déjà été piquée.

Loin de me dissuader, cette allusion à l'euthanasie était tout ce qu'il fallait pour me motiver, et c'est Annie que je ramenai à la maison dans une boîte en carton perforée de trous pour qu'elle puisse respirer. Près de quinze ans plus tard, elle reste un membre chéri (quoique extrêmement solitaire) de notre famille, et je suis heureuse d'avoir eu l'occasion de la choisir. À l'époque, j'avais considéré cela comme une bonne action.

Et pourtant, vous verrez probablement certains membres de la communauté des défenseurs du bien-être animal secouer la tête en entendant cette histoire. Ces gens pensent que la place des chats domestiques non socialisés est dans la nature, qu'à la base ils n'ont rien à faire enfermés dans un refuge pour animaux, et que la question de l'euthanasie ne devrait même pas entrer en ligne de compte. Dans un monde parfait, on aurait laissé Annie et sa mère vivre ensemble dans la forêt.

Pour comprendre ce point de vue des amoureux des chats, qui semble plutôt contre-intuitif, il faut pénétrer dans un univers où le « camp » imaginaire des chats domestiques comprend non seulement des gens qui les nourrissent et des vétérinaires, mais aussi des avocats et des lobbyistes. Pour tous ces gens, la valeur d'un félin n'est pas déterminée par sa capacité à devenir un gentil animal de compagnie.

Les chats, selon ces militants, attendent mieux que cela de notre affection. Comme le dit l'adage populaire : si tu aimes vraiment quelque chose, rends-lui sa liberté.

*

Le Hilton Crystal City est coutumier de ce genre d'événements : badges nominatifs et micros, ateliers, tables rondes et sessions de networking, salles d'exposition et de réception, et tous les autres attributs d'une conférence professionnelle de haute volée. Sauf peut-être que la queue devant les toilettes des femmes est un peu plus longue que d'habitude. À bien y regarder, il n'y a pratiquement aucun homme dans le coin. L'un des rares en vue s'est réfugié au fond de la salle de bal pleine à craquer, où il essaye désespérément de lancer une vidéo pour la conférence plénière inaugurale, sous les yeux attentifs de nombreuses femmes – sans mentionner tous les regards félins obliques, verts, limpides et hypnotiques qui le fixent du haut des affiches et l'observent depuis les programmes disséminés un peu partout dans la salle.

Soudain, la voix solitaire d'une femme s'élève pour meubler le silence embarrassé : « Doux chaton, adorable chaton ! »

Quand elle atteint le refrain final « Dors, dors, dors ! » de cette chanson sur les chats extraite de la série *The Big Bang Theory*, des centaines de femmes ont joint leurs voix à la sienne.

Et c'est ainsi que s'ouvre la toute première Conférence nationale des Amis des chats de gouttière (Alley Cat Allies). Intitulé « Architectes du changement pour les chats », l'événement a attiré des centaines de défenseuses du chat domestique venues de tout le pays, du Canada et d'Israël, à l'occasion de ce week-end d'automne prolongé à Arlington, en Virginie, juste de l'autre côté du fleuve en face de Washington. Le choix du lieu est peut-être à la fois une démonstration de force politique et un gage d'approbation : ces dernières années, notre capitale fédérale a acquis la réputation d'abriter des colonies de chats par centaines et d'appliquer des politiques globalement très libérales à l'égard de ces animaux.

Les Amis des chats de gouttière et leurs adhérents sont connus sous le nom de « lobby des chats », et s'appellent parfois entre eux la « mafia des chats ». Les défenseurs et défenseuses des chats viennent de tous les milieux : nonnes ou étudiant(e)s membres d'associations universitaires, amiraux à la retraite ou gardien(ne)s de prison. Certains sont bénévoles occasionnels. D'autres bâtissent des carrières à plein temps dans ce domaine. Tous ne sont pas adhérents des Amis des chats de gouttière, mais l'organisation peut se targuer d'avoir des milliers de soutiens et une influence à l'échelle nationale. Elle a, par exemple, pu compter sur le soutien de stars comme Portia de Rossi, Angela Kinsey (la célèbre dame à chats de la série *The Office* sur NBC) ou encore Tippi Hedren, l'actrice victime d'attaques aviaires dans *Les Oiseaux* d'Alfred Hitchcock (et qui a ensuite fondé une réserve naturelle pour grands fauves).

Les Amis des chats de gouttière militent pour les droits de tous les chats domestiques, mais tout particulièrement pour ceux des chats errants qui vivent en liberté. Des images de ces animaux sans propriétaire sont accrochées un peu partout dans l'hôtel, la plupart avec la pointe de l'oreille gauche coupée, un défaut qui ne fait curieusement que souligner leur « symétrie meurtrière[1] ».

Plusieurs millions (peut-être même 100 millions) de chats vivent actuellement en liberté en Amérique, soit pratique-

1. Allusion au célèbre poème « Tyger Tyger » de William Blake (ici dans la traduction d'A.Z. Foreman, 2012).

ment le pendant exact de la population de chats ayant un propriétaire. Ces félins s'installent un peu partout, des parkings aux réserves naturelles. Les chiens errants ont pour la plupart été éliminés du paysage américain contemporain, et il en va de même dans la majeure partie du monde développé, mais le traitement à réserver aux chats vagabonds (que nous avons ignorés pendant la majeure partie de notre histoire commune) est un sujet de plus en plus controversé. Ces chats devraient-ils être traités comme des animaux sauvages puisqu'ils se comportent comme tels, ou comme les créatures domestiques qu'ils sont en réalité ?

En quête de crème pour mon café, je ne trouve que du lait de soja : dans cette convention d'ultra-carnivores, le régime réservé aux humains est strictement végan. Dans le hall, des femmes portant des tee-shirts *Ask me about my colony* (« Posez-moi des questions sur ma colonie ») chuchotent dans leur téléphone pour prendre des nouvelles de leurs nombreux chats restés à la maison. Un authentique beau gosse à chats traîne quelque part dans le coin : John Fulton, animateur de l'émission *Must Love Cats* (*Pour l'amour des chats*) sur Animal Planet. Sur le programme de la conférence, il pose aux côtés d'un chaton dont les yeux ont exactement la même teinte noisette que les siens. Apparemment il se montre assez peu, ce qui est sans doute plutôt sage, tandis que les femmes discutent de pièges Tomahawk et des mérites comparés des appâts au thon ou au maquereau.

La conférence aborde de nombreuses questions pratiques de ce genre, avec, par exemple, des conseils pour survivre à la saison des chatons, et des informations sur le Centre national d'assistance pour les chats et le programme Purrfect Pals

(« Copains Ronrons ») mis en place dans les prisons. Mais tous ces petits tuyaux, ces bavardages, ces rires et parfois ces larmes vont de pair avec une entreprise de stratégie politique extrêmement déterminée. Les gens parlent de « révolution », de « mission », du « mouvement », d'un « changement de paradigme », du risque de « perdre de vue les objectifs », d'« essoufflement », ou encore de « vision ». Les participantes potassent la Déclaration des droits et apprennent comment transformer des vétérinaires en activistes, convaincre des conseils municipaux et influencer des maires.

Le principal objectif des défenseurs des chats est de réformer le système des refuges animaliers des États-Unis et de mettre fin à l'euthanasie des félins. Les chats se révèlent aujourd'hui si doués pour la survie que nous nous sommes mis à en exécuter quotidiennement. Notre pays tue chaque année des millions de chats en bonne santé mais sans domicile fixe – soit presque la moitié de l'ensemble des chats domestiques qui arrivent dans les refuges, et près de cent pour cent des chats non socialisés, qui sont particulièrement difficiles à placer dans un foyer.

Quelle serait la meilleure solution, selon le lobby des chats ? Laisser simplement ces chats dans la nature… mais en les empêchant de se reproduire à un rythme aussi effarant. Bien que les intervenants de la conférence recommandent d'éviter le recours aux acronymes pour communiquer avec le grand public, entre eux ils appellent cette stratégie le TNR : *Trap, neuter and release*, c'est-à-dire « capturer, stériliser et relâcher », ou plutôt (comme la plupart de ces gens préfèrent dire) « réintégrer ». Les chats vagabonds, que ces militants appellent parfois « chats de la communauté » ou « chats sauvages », sont capturés dans des pièges, neutralisés sur le plan sexuel (on leur coupe la pointe de l'oreille pour le signaler), puis relâchés pour retourner vivre leur vie là où est leur « place », en tant que « partie intégrante du paysage naturel ».

Cette méthode consistant à stériliser puis remettre en liberté est en train de conquérir l'ensemble du pays et a été adoptée ces dernières années par de nombreuses municipalités d'envergure : en plus de Washington, c'est le cas de New York, Chicago, Philadelphie, Dallas, Pittsburgh, Baltimore, San Francisco, Milwaukee, Salt Lake City ainsi que de nombreuses autres villes. Il existe aujourd'hui environ 250 ordonnances pro-TNR à l'échelle du pays, un chiffre multiplié par dix entre 2003 et 2013 selon les Amis des chats de gouttière, et quelque 600 organisations à but non lucratif se sont créées et enregistrées officiellement pour mener à bien ce travail, même si elles sont encore bien plus nombreuses à capturer, stériliser et réintégrer en dehors de tout contrôle des autorités. À l'étranger, des pays entiers (comme l'Italie) ont adopté cette stratégie.

L'une des cofondatrices des Amis des chats de gouttière est Becky Robinson, une femme menue d'âge moyen, avec une coupe à la garçonne et un pas souple qui donne inévitablement envie de se lancer dans des comparaisons entre espèces. Lors de la conférence, Becky Robinson fait encore plus sensation que le beau gosse à chats : je ne l'aperçois que de loin, en permanence assaillie par la foule, mais j'ai l'occasion de l'entendre s'exprimer à de nombreuses reprises pendant le week-end : elle raconte l'histoire de Sugar Bear et de Gremlin, les chatons férals qu'elle a découverts lors de sa première expédition dans une ruelle il y a plus de vingt-cinq ans, mais discourt aussi sur la vérité et la justice.

« Le plus important, déclare-t-elle lors de la séance plénière inaugurale, c'est que nous sommes des êtres humains. Nous ressentons des émotions fortes. Nous avons un sens moral. » Quand il s'agit des chats, les gens « veulent faire ce qui est juste, mais ils ne savent pas ce qui est juste ».

« Et c'est cela que nous devons leur montrer. »

*

Le mouvement moderne pour le bien-être animal est né dans l'Angleterre victorienne, à une époque où les migrants quittaient leurs communautés agricoles pour les villes. De plus en plus détachés des périls du monde sauvage comme des réalités de la ferme – où les étables abritent de véritables ménageries, et où la vie et la mort font l'objet de calculs quotidiens –, les gens se sont mis à voir les animaux sous un nouveau jour.

Alors même que les Britanniques massacraient les tigres outremer, et semaient des félins exotiques prêts à en découdre dans le Pacifique, ils cultivaient chez eux une vision sentimentale de la domesticité : « l'Éden domestique », comme l'appelle l'historienne Katherine Grier. En plus d'épouses bien élevées, cette écosphère idéale comprenait les animaux du foyer, qu'il fallait impérativement traiter avec bonté afin que la respectabilité du gentleman de la maisonnée ne puisse être mise en doute. Ces idées traversèrent bientôt l'Atlantique pour atteindre l'Amérique, où les guides pour jeunes mères se mirent à mettre en avant la nécessité d'apprendre aux enfants à se montrer gentils envers les animaux : un manuel particulièrement sinistre avertissait ainsi ses lectrices : le petit Benedict Arnold[1] adorait « torturer de gentils animaux domestiques ».

En Amérique, explique Katherine Grier, les premières organisations de défense des droits des animaux se sont constituées peu de temps après la guerre de Sécession. Mais le principal sujet de préoccupation de ces pionniers n'était pas les chats, ni même les chiens : la Société américaine pour la prévention de la cruauté envers les animaux, par exemple, fut fondée en 1866 pour protéger les chevaux d'attelage.

Il est difficile de dire où se situaient au juste les félins dans ce « splendide nouveau monde » du bien-être animal, en partie parce qu'en Occident, les chats (bien qu'associés de l'humanité depuis des millénaires) n'étaient pas encore considérés alors comme des compagnons à part entière, ce qui était de plus en plus le cas pour d'autres animaux. Katherine Grier raconte l'histoire d'une famille du XVIIIe siècle à Philadelphie, qui choisit d'emmener son chat de compagnie au moment de fuir une épidémie de fièvre jaune, mais la plupart des matous domestiques auraient été abandonnés à leur sort. Les chats avaient notre bénédiction, mais ils faisaient également partie du décor, et nous ne tentions aucunement de nous immiscer dans leur vie : un chat était plus une présence qu'un animal familier. Les chats étaient souvent exclus des premiers guides pratiques américains consacrés à l'entretien des animaux de compagnie, mais c'est peut-être parce qu'ils n'avaient pas

1. Benedict Arnold (1741-1801) est un général américain connu pour avoir voulu livrer le fort de West Point aux Anglais durant la guerre d'Indépendance (1775-1783). Il incarne la figure du traître dans l'histoire des États-Unis.

besoin de beaucoup d'attention, puisqu'ils passaient l'essentiel de leur vie (voire toute leur existence) dehors. Ils étaient également sous-représentés dans les catalogues de vente d'animaux familiers du XIXe siècle : l'un d'entre eux proposait, par exemple, trente-quatre races de chiens et sept sortes d'écureuils, quatre types de singes mais seulement deux races de chats. C'est peut-être parce que les chats étaient déjà si nombreux que l'idée de dépenser de l'argent pour en avoir encore plus pouvait paraître dingue.

Les gens avaient tendance à utiliser des noms génériques pour désigner leurs chats, comme « matou » ou « minou », tandis que les chiens étaient dotés de prénoms distinctifs et même assez grandiloquents, comme « Pompée ». Les propriétaires d'animaux prenaient aussi beaucoup plus de photos de leurs chiens. D'autre part, l'animal familier le plus populaire en Amérique au début du XIXe siècle n'était apparemment ni le chien ni le chat, mais l'oiseau en cage, dont le chant était une distraction appréciée des ménagères esseulées.

Puisque les félins de compagnie chouchoutés par leurs maîtres étaient l'exception, et que la majorité des chats vivaient plus ou moins sans attaches, au début du XXe siècle la plupart des municipalités se contentèrent d'ignorer les populations de chats errants, qui prospérèrent en même temps que les nouvelles mégapoles, et plus tard, les banlieues. Alors que les villes embauchaient du personnel pour attraper les chiens et développaient des réglementations antinuisances pour se débarrasser des chiens férals, nul ne s'occupait de capturer les chats, parce que les félins en liberté étaient beaucoup moins visibles et beaucoup moins dangereux que les chiens, sans parler du fait qu'ils étaient beaucoup plus difficiles à appréhender. (Leur réputation d'exterminateurs bénévoles ne devait sans doute pas faire de mal non plus.)

Les gens qualifiaient les chats errants de « clochards ». Alors que leur nombre ne faisait qu'enfler, il y eut tout de même quelques vagues de panique dans certaines métropoles sujettes aux pandémies. Les chats furent accusés à tort de transmettre des maladies comme la polio, et en 1911, au cours d'un épisode d'affolement collectif de ce genre, la SPCA de New York gaza 300 000 matous.

Et pourtant, à l'époque, de nombreux amoureux des chats soutenaient ces exécutions. La militante contre l'esclavage et pionnière de la lutte pour les droits des animaux Harriet Beecher Stowe noyait elle aussi les chatons à la pelle : exterminer les chats indésirables était, déclara-t-elle un jour, un exemple de « véritable courage humain ». Tout au long de l'ère des droits des animaux au sens moderne du terme, des gens ont massacré des chats de gouttière au nom de l'intérêt supposé de l'animal lui-même, peut-être convaincus qu'une vie en dehors de la sphère domestique récemment hissée au rang d'idéal n'était pas une vie du tout. Dans les années 1930, des bandes de dames bien intentionnées écumèrent les rues de New York, ramassant les chats pour les envoyer à la chambre à gaz par pure bonté d'âme. C'était tout simplement la tendance de l'époque en matière de bien-être animal.

Quelques-uns de ces premiers fans de chats se mirent en quête d'autres moyens que l'asphyxie pour venir en aide aux animaux errants. En 1948, Robert Kendell, président de la Société féline américaine (American Feline Society), dévoila un plan de génie : il s'agissait d'expédier par avion des cargaisons entières de chats américains excédentaires pour combattre les problèmes de rats rencontrés par l'Europe de l'après-guerre. (Kendell imaginait que la guerre avait décimé la population de chats du Vieux Continent, hypothèse pourtant présomptueuse… on pense d'ailleurs que certaines des premières colonies de chats de Londres remontent en fait à l'époque du Blitz, parce que les chats, eux, n'évacuent pas.) Quand le Département d'État refusa de financer cette initiative « Des Chats pour l'Europe », les puissances étrangères ne s'en plaignirent pas.

La problématique de la surpopulation des chats s'aggrava au cours de la seconde moitié du XXe siècle, quand la popularité de ces félins comme animaux de compagnie décolla vraiment. La technologie a peut-être accéléré ce changement : en 1947, l'invention de la litière pour chats permit à ces animaux d'adopter un mode de vie en intérieur avec un peu plus d'élégance, et de devenir des compagnons permanents plutôt que des visiteurs occasionnels. (Du point de vue des Amis des chats de gouttière, l'avènement de la litière pour chats marque un changement d'ère radical, de la même façon que l'invention du bronze ou celle de la roue.) À peu près à la même époque, des poisons anti-rats efficaces libérèrent également pour de bon les chats des devoirs qui étaient censés être les leurs en matière de chasse aux rongeurs, et ils étaient sans doute aussi bien qu'ailleurs au coin de nos cheminées pour prendre leur retraite.

Mais des changements sociaux plus profonds impulsèrent également cette tendance. L'urbanisation en cours, avec de nouveaux gratte-ciel s'élevant à plus de cent étages au-dessus du parc pour chiens le plus proche, firent des chats des animaux de compagnie de plus en plus attractifs. L'entrée des femmes dans la population active, qui signifiait que plus personne ne restait à la maison pour nourrir Lassie, a représenté une bénédiction supplémentaire pour les félins, tout comme le vieillissement rapide de la population du monde occidental. (Même les petites mamies sont capables d'ouvrir une boîte de Friskies.) Depuis les années 1970, le nombre de chats de compagnie s'est envolé.

Ces chanceuses bestioles ont aujourd'hui accumulé des droits légaux considérables : les chats domestiques peuvent hériter de biens dans de nombreux États, et un vétérinaire ou un voisin peut dans certains cas être poursuivi pour atteinte aux membres félins de la famille. Mais dans le même temps, la hausse du nombre d'animaux de compagnie en général implique celle des chats surnuméraires, et des chatons non désirés. Des campagnes rigoureuses de stérilisation des animaux familiers et des programmes d'adoption dans les refuges ont contribué à atténuer la flambée de la population : actuellement, quelque chose comme quatre-vingt-cinq pour cent des chats appartenant à quelqu'un sont stérilisés ou castrés. Malheureusement, seuls deux pour cent des chats en liberté le sont. L'euthanasie a longtemps été la solution de l'Amérique au problème de la surpopulation féline : la seule Californie tue environ 250 000 chats par an, et dans certaines juridictions il paraît que ces chiffres sont en hausse.

Une alternative moderne « plus humaine » consiste à entreposer les chats indésirables dans des refuges pour animaux où on ne les tue pas. Il est cependant compréhensible que les amoureux des chats ne voient pas cela comme une bonne solution pour leurs compagnons adorés. Les refuges de grande capacité, souvent surpeuplés, bruyants, et exhalant une puissante odeur de croquettes et de désinfectant, sont pour la plupart des reliques du XXe siècle, conçus au départ pour les chiens, dont le tempérament est à de nombreux égards l'opposé de celui des chats.

Développée dans l'Angleterre de l'après-guerre, la stratégie TNR est la troisième voie la plus crédible qui se soit présentée. Alliant le sentiment de responsabilité planétaire du genre humain à notre désir de ne pas tuer des chats mignons, sa logique semble assez sensée : stériliser les chats pour tuer le problème dans l'œuf, puis vivre et laisser vivre. Cette méthode est souvent présentée comme une « réintégration » pour nous aussi : un retour à une façon ancestrale de gérer les chats, meilleure et plus naturelle, ces derniers pouvant aller et venir dans et en dehors de la civilisation humaine, et fréquenter les marges de notre monde sans aucune obligation de devenir des animaux familiers.

« Permettre à un chat ou à tout être vivant d'exister dans un environnement auquel il est adapté, affirme la vétérinaire Kate Hurley dans un séminaire en ligne consacré à ce type de politiques, n'est pas de l'abandon, de même que nous n'abandonnons pas les lièvres. »

En 1993, San Francisco fut la première grande ville à adopter une politique publique de gestion des colonies de chats, mais le véritable changement de fond est intervenu seulement ces dernières années. Les lois sont variables – certains gouvernements locaux tolèrent à peine les colonies contrôlées de chats, tandis que d'autres contribuent à financer ce travail. Mais aujourd'hui, même dans les villes qui n'ont pas officiellement adopté ce type de législation, les colonies sont partout : derrière les supermarchés, près des rails de chemin de fer, dans les chantiers maritimes et les arrière-cours. À Washington, il y a des centaines de colonies contrôlées. À Oakland, en Californie, une femme en supervise vingt-quatre à elle toute seule.

L'objectif officiel de la gestion des colonies est la stérilisation de masse, mais en réalité ceux qui s'en occupent ont toutes sortes d'interactions avec les chats. Certains peuvent stériliser les animaux et les relâcher le lendemain, pour ne jamais les revoir. Mais d'autres attribuent des noms aux félins et restent en contact avec eux au quotidien.

Les défenseurs des chats affirment que les bêtes qui vivent en plein air devraient avoir le droit de vivre et de mourir selon la volonté de Mère Nature. Mais de la même façon que les chats domestiques errants ne sont pas réellement des animaux sauvages, puisque les effets de la domestication restent toujours gravés dans leur corps, leur cerveau et leur ADN, on ne laisse jamais totalement le champ libre à Mère Nature dans le modèle TNR. En plus de la nourriture, les gens qui gèrent les colonies peuvent apporter aux chats des soins vétérinaires d'urgence, des abris avec une isolation, des refuges pour échapper aux coyotes, et d'autres commodités rarement accessibles à ces lièvres que mentionnait Kate Hurley. Sous les climats les plus rudes, les personnes qui s'occupent de ces chats fournissent parfois des aérateurs pour que les sources d'eau ne gèlent pas, et même des paniers pour chats d'intérieur.

Ce qui ne veut d'ailleurs pas dire qu'on accorde moins d'attention aux chats vivant sous des climats plus chauds : récemment, dans mon hôtel de Miami Beach, les chats errants qui se doraient la pilule au soleil sur la promenade (sur laquelle on avait pris grand soin de placer des panneaux INTERDIT AUX ANIMAUX) se sont vus servir un petit déjeuner en plein air sur de grosses feuilles tropicales froufroutantes, une présentation plus festive que celle du brunch proposé par le restaurant de l'hôtel.

Et quand la météo est moins clémente, comme en cas d'ouragan ou de tornade, les Amis des chats de gouttière aident à coordonner les secours dédiés aux félins au niveau national et forment même les personnes qui s'occupent de colonies côtières à abriter leurs chats en cas de risques de submersion. Tant pis pour les colères de Mère Nature.

*

Tandis que la nouvelle législation sur les colonies de chats gagne du terrain, la communauté des défenseurs du bien-être animalier est profondément divisée par rapport à cette stratégie. L'association PETA (People for the Ethical Treatment of Animals) pour un traitement éthique des animaux s'oppose aux colonies contrôlées, s'inquiétant de l'absence d'accès régulier à des soins vétérinaires, et d'autres problématiques relatives au bien-être des chats. (D'autres critiques des colonies de chats, cependant, affirment que la qualité de vie des chats férals est en fait très bonne – voire trop bonne.) La Humane Society of the United States (l'une des plus grosses organisations de protection des animaux au niveau mondial) se prononce en faveur des colonies, moyennant quelques restrictions visant à minimiser leur impact écologique. L'Association américaine des vétérinaires n'a pas tranché la question.

« La profession peine à se positionner sur cette problématique », m'explique le vétérinaire Bruce Kornreich, directeur associé au Centre de santé féline de Cornell. « Les partisans de l'approche TNR sont de vrais passionnés. En termes d'intentions, ceux qui pratiquent le TNR sont des gens très humains, pleins d'amour. »

Au sein de l'univers des amoureux des animaux, les plus farouches opposants sont sans surprise les « fanas d'oiseaux ». Dès qu'on parle des chats d'extérieur, les deux camps se prennent le bec au moins depuis 1870, quand une Armée auto-proclamée des défenseurs des oiseaux demanda aux écoliers américains d'apposer leur nom sur un « registre d'appel » réclamant « une paix totale pour les oiseaux », et suggéra de droguer les chats domestiques vagabonds ou de les abattre. Et si, depuis cette époque, une certaine bestiole poilue et autoritaire a certes fait dégringoler les oiseaux de leur perchoir d'animal de compagnie préféré de l'Amérique, les observer dans la nature est un passe-temps de plus en plus populaire, avec près de 50 millions d'amateurs rien qu'aux États-Unis. À travers leurs jumelles, les ornithologues amateurs constatent fatalement que les chats stérilisés d'aujourd'hui ont un avantage évident par rapport aux félins euthanasiés d'hier : ils continuent à chasser.

Pour combattre cette marée montante de chats, la société de protection des oiseaux American Bird Conservancy mène un programme intitulé « Cats indoors » (« Les chats à l'intérieur »), dont l'unique employé est un jeune homme nommé Grant Sizemore. « J'ai du mal à expliquer mon boulot aux gens », me raconte-t-il quand je le rencontre dans son bureau exigu de Washington. En guise de geste diplomatique, Grant

Sizemore pose sur le site internet du Conservatoire en compagnie de son propre chat d'intérieur, Amelia Bedelia. (« Techniquement, c'est le chat de ma copine. Elle est, disons, pas facile, mais elle m'adore. ») Il me raconte un peu ce à quoi le programme « Cats indoors » est confronté. « Il y a beaucoup de gens qui aiment vraiment vraiment beaucoup les chats, et à la moindre suggestion qu'on puisse faire quoi que ce soit qui les prive de leur animal… c'est un peu comme les armes à feu, en quelque sorte. »

La mission de Grant Sizemore consiste notamment à faire la tournée des popotes à l'occasion de la Journée de sensibilisation sur les espèces invasives, à réaliser des vidéos pour faire passer des messages d'intérêt général, et à diffuser des informations contre les chats d'extérieur. Il me remet deux brochures « Cats Indoors », qui semblent destinées à des publics bien distincts. Dans le premier, un dessin façon *cartoon* montre un personnage féminin en talons hauts rouges avec ses trois chats, en train d'observer une mangeoire à oiseaux par la fenêtre. « Le monde de l'autre côté de votre porte d'entrée peut être brutal pour vos animaux adorés, est-il écrit. Il y a des gens cruels qui veulent faire du mal aux animaux. Chaque année, les refuges pour animaux et les vétérinaires soignent des chats qui ont reçu des balles, des coups de couteau ou auxquels on a même mis le feu… »

L'argumentaire de l'autre tract pour « Cats Indoors » est loin d'être aussi tendre. Pas de jolis souliers rouges, ni le moindre dessin : on y trouve des photographies d'oiseaux massacrés, de lapins mutilés et de prédateurs félins en train de s'en mettre plein la panse.

Grant Sizemore lui-même me donne le sentiment d'être

un peu surmené, et pas radical pour un sou, mais les fanas d'oiseaux en sont parfois venus à des extrémités assez choquantes. Ces dernières années, le responsable de la Société ornithologique de Galveston a été accusé d'avoir tiré sur un chat qui vivait dehors, et un chercheur du Centre des oiseaux migratoires du Smithsonian a été condamné pour avoir tenté de massacrer toute une colonie de chats. Un journaliste du magazine *Audubon* a déclenché un tollé en publiant une tribune suggérant le recours à un antidouleur d'usage courant pour empoisonner facilement les chats.

Un autre groupe de chercheurs spécialistes de la faune sauvage a écrit dans une revue scientifique quelque chose que beaucoup de spécialistes de l'environnement n'osent murmurer qu'à l'abri des oreilles : gérer les colonies de chats équivaut à souffrir du « syndrome de Noé[1], sans les murs ».

Bruce Kornreich, le vétérinaire de Cornell, formule ces objections avec un peu plus de délicatesse. « Les modèles mathématiques et les études suggèrent que ce n'est pas toujours la meilleure solution », déclare-t-il.

*

Le problème, bien sûr, c'est que les chats sont tout simplement trop doués pour la survie. Pour que la stérilisation entraîne une réduction effective du nombre de chats errants,

1. Le syndrome de Noé (*animal hoarding* en anglais) touche des personnes, souvent des femmes âgées, qui éprouvent le besoin irrépressible d'adopter toujours plus d'animaux de compagnie, y compris au détriment de leur santé.

on estime qu'il faudrait capturer et opérer soixante et onze à quatre-vingt-quatorze pour cent d'une population donnée, et surtout pratiquement toutes les femelles. En dessous de ce seuil, les colonies ne diminuent pas : les chats intacts peuvent tout simplement accélérer leur reproduction jusqu'à ce qu'il y ait de nouveau autant de chats que l'environnement est capable d'en supporter.

« Les chats sont de véritables machines à se reproduire, explique Robert McCarthy, vétérinaire à l'université Tufts. Tout ce qu'il vous faut, ce sont des mâles et des femelles au même endroit. Je suis allé chercher toutes les études. Il n'existe pas de données (zéro !) qui indiquent que le TNR fonctionne. Cela n'atteint tout simplement pas le niveau nécessaire pour avoir des résultats. Si vous prenez cent chats et que vous en stérilisez trente, vous n'améliorez pas le problème à hauteur de trente pour cent. Il ne se passe rien. Vous n'avez fait aucun progrès. L'amélioration est de zéro pour cent. »

Il est possible de réussir avec un ou deux chats errants qui traînent dans votre jardin, ou même, moyennant une assiduité extrême, dans des zones plus vastes mais bien délimitées, comme un campus universitaire. La vétérinaire Julie Levy pratique sans relâche le TNR sur un terrain d'un demi-hectare de l'université de Floride à Gainesville depuis près de vingt ans. Grâce à un afflux constant de bénévoles, à l'énergie qu'elle a mise à les encadrer, à des opérations de stérilisation gratuites et des campagnes proactives d'adoption, elle est parvenue à réduire la population de chats du campus et a publié quelques-unes des rares études consacrées au TNR qui montrent des résultats positifs.

« Si vous faites l'effort de travailler consciencieusement, un demi-hectare ne pose pas de problème, explique-t-elle. Notre problème se situe plutôt à l'échelle de villes entières. » La clinique qu'elle a montée pour le campus réalise environ 3 000 opérations par an, mais elle estime qu'il y a environ 40 000 chats férals à Gainesville et dans le comté environnant. Ce qui veut dire que malgré les résultats impressionnants obtenus, au niveau régional cela n'a probablement aucun impact et demeure bien en dessous des objectifs fixés par les écologues.

Même pour une petite ville comme Gainesville, ces objectifs sont presque certainement hors de portée. Il s'avère tout simplement trop difficile et coûteux en termes d'argent et de temps d'attraper et de castrer de telles quantités de chats, et les félins stérilisés meurent au fur et à mesure tandis que de nouveaux chats intacts font leur entrée dans le système en continu. (Cette ville de Floride possède également 70 000 chats de compagnie, et même si on estime que quatre-vingt-cinq pour cent de ces derniers sont stérilisés, selon la moyenne nationale, cela représente toujours plus de 10 000 reproducteurs potentiels à ajouter à l'ensemble.) Imaginez maintenant ce scénario dans une métropole bien plus étendue. Julie Levy évalue le nombre de chats en liberté en divisant la population humaine par six (d'autres organisations divisent par quinze), ce qui donnerait environ 1,4 million de matous rien que pour New York. Il faudrait piéger et stériliser plus de un million de chats dans tout Gotham et son agglomération pour que cela ait un effet perceptible.

Les sceptiques soutiennent également que stériliser puis remettre en liberté les chats pourrait en fait aggraver la surpopulation. Les chats stérilisés voient leur équilibre hormonal perturbé, ce qui modifie leur comportement. De retour dans les rues, les mâles sont plus calmes et les femelles ne sont plus soumises en permanence au stress de l'accouplement. Quand des chatons finissent inévitablement par naître dans des colonies comprenant ces chats stérilisés moins agressifs, ils ont de meilleures chances de survie. De plus, les personnes qui nourrissent les colonies apportent une manne nutritionnelle à tous les chatons et chats du coin, qu'ils soient stérilisés ou pas. (Certains supposent également que la mise à disposition de nourriture gratuite sert parfois d'excuse aux propriétaires insatisfaits qui préfèrent abandonner leur chat, contribuant ainsi à augmenter la population de chats d'extérieur par d'autres moyens que la reproduction.)

De même que le taux de survie des chatons d'une colonie peut augmenter, les chats stérilisés eux-mêmes ont tendance à vivre plus longtemps : maintenant qu'ils se fichent du sexe, ils se bagarrent beaucoup moins souvent. Dans son article sur la question, Robert McCarthy, de Tufts, exprime l'impact environnemental de la stratégie TNR en augmentation du nombre total de « jours chats » vécus. Pour les défenseurs des chats, la perspective d'une augmentation du nombre de « jours chats » est tout à fait séduisante : les Amis des chats de gouttière vantent souvent la longévité de leur première colonie, composée de 54 chats de gouttière noir et blanc, dont les trois derniers représentants ont vécu jusqu'à quatorze, quinze et dix-sept ans, bien au-delà de l'espérance de vie moyenne d'un chat errant, qui ne dépasse guère quelques années.

Mais bien sûr, quand bien même ils auraient perdu de vue

pour toujours certains de leurs autres désirs, les chats stérilisés continuent à chasser jusqu'à la fin de leur vie.

Pour appréhender la réalité de la situation, j'ai suivi les Amis des chats de gouttière dans plusieurs expéditions de stérilisation. La première, un après-midi de froid hivernal, fut un véritable triomphe, notamment parce que nos cibles étaient parfaitement circonscrites : une famille de banlieue du Maryland nourrissait une bande de chatons férals duveteux déjà à moitié adultes, dans leur jardin, autour de la piscine. Les chats se servaient de cette dernière un peu comme d'un point d'eau dans le Serengeti. Quelques mois plus tôt, ces chatons auraient pu être socialisés et envoyés à l'adoption, mais ils étaient désormais trop farouches et pratiquement prêts à se mettre à leur tour à faire des petits. Les membres des Amis des chats de gouttière posèrent une demi-douzaine de pièges Tomahawk, puis nous nous réfugiâmes dans la chaleur de la véranda pour observer, avec le couple et leurs siamois. « J'espère qu'ils reviendront manger ici ! » s'inquiétait Madame, tandis que nous attendions. Le crépuscule s'installa, les fausses fleurs plantées autour de la piscine se mirent à luire d'une lumière artificielle, et un par un, les pièges se refermèrent en claquant. « Allez, amène tes petites fesses poilues ! » murmura l'un des trappeurs avec jubilation quand le dernier chat rampa à l'intérieur.

La seconde expédition de piégeage de chats avait lieu dans le centre-ville de Baltimore : un effort groupé sur plusieurs jours, impliquant plusieurs refuges, et qui ciblait une zone urbaine correspondant à tout un code postal. Je rejoignis une équipe qui ressortait juste de la maison d'une amatrice de chats atteinte du syndrome de Noé, où ils avaient dû découper un canapé pour extraire deux chatons. Nous roulâmes ensemble jusqu'à l'un des quartiers les plus glauques de la ville, où les regards se tournaient pour suivre notre caravane composée d'une Volvo, d'une Prius et d'un panier à salade pour chats jaune vif parfumé au maquereau en saumure, qui s'engageait dans une ruelle jonchée d'ordures.

Nous étions là pour ramasser des chats errants sur lesquels veillait un homme âgé nommé Mohawk. Il ne savait pas pour combien de chats il faisait frire des steaks ces derniers temps… une douzaine, peut-être ? Il les avait tous nommés Fi-Fi, à part un énorme matou gris qu'il appelait Fatty (« Grassouillet »). Mal en point quand il était chaton, Fatty devait beaucoup à Mohawk, qui lui avait fait téter du lait en poudre infantile Blédilait. (À Baltimore, j'ai découvert de nombreuses façons créatives de nourrir les chats, comme la gastronomie chinoise, les restes de Thanksgiving et les céréales Croque-Cannelle.)

La ruelle de Mohawk s'enfonçait jusqu'à un dépôt de bois clôturé par du grillage, qui ressemblait un peu à une forêt. On y trouvait des serpents et des faucons, nous raconta-t-il. Il faisait un froid glacial dehors, mais j'aperçus plusieurs chats qui surveillaient les environs du sommet d'une poubelle pleine à ras bord, que j'avais d'abord prise par erreur pour une congère souillée. Mohawk fit du bruit en secouant un paquet de Doritos, et de nombreux autres chats arrivèrent en courant : Fatty, le frère de Fatty, l'autre frère de Fatty et des tas et des tas de Fi-Fi.

« Je crois que vous avez peut-être plus de chats que ce que vous pensiez, dit l'un des volontaires.

– Vous avez du pain sur la planche », acquiesça Mohawk.

Les gars chargèrent les chats dans le fourgon. « Vous allez les ramener, hein ? demanda Mohawk. Ils font un peu partie de ma famille. » Les volontaires promirent de le faire, et aussi de revenir avec des pizzas végétariennes et d'autres pièges. Plusieurs heures plus tard, après une dispute houleuse avec un voisin au sujet d'un chat de compagnie nommé Boule de neige que les piégeurs tentaient d'embarquer de force et de stériliser quand même, un bon nombre de chats était en garde à vue, même s'il n'y avait aucun moyen de savoir combien d'autres associés de Mohawk restaient tapis derrière la clôture.

La population de la ville de Baltimore représente plus de 600 000 personnes – cela fait environ 100 000 chats errants, selon le calcul de Julie Levy. Malgré ce jackpot dans une seule allée, où les chats avaient été entraînés de façon fort pratique à accourir au bruit d'un paquet de Doritos qu'on froisse, l'opération de ramassage dans son ensemble, avec de nombreux acteurs mobilisés sur plusieurs jours (représentant au total des dizaines de « jours humains » de dur labeur) permit de stériliser seulement une petite centaine de chats.

*

Si stériliser les colonies de chats ne fonctionne pas toujours aussi bien qu'annoncé, pourquoi est-ce que les principales municipalités américaines et même des nations tout entières adoptent cette pratique un peu partout ? Cela a sans doute à voir, entre autres, avec l'opinion publique. Selon un sondage de l'Associated Press en 2011, sept propriétaires américains d'animaux de compagnie sur dix préféreraient qu'on euthanasie uniquement les animaux « malades » et « agressifs ». Cette préférence a des conséquences pratiques : le TNR et l'euthanasie sont tous deux des méthodes coûteuses, mais le travail bénévole est vital pour l'un comme pour l'autre, et les amoureux des animaux sont bien plus susceptibles de s'engager au service de scénarios de contrôle des populations dans lesquels les chats s'en sortent vivants. D'autre part, les hommes politiques ne veulent pas introduire de législation anti-chats ni risquer de froisser leurs défenseurs de quelque manière que ce soit. Plus de 40 millions de ménages américains possèdent des chats, et avec leur capacité de levée de fonds et leur solide ancrage populaire, les fanas de chats ne sont pas du genre à tourner autour du pot de lait. Les mécènes au portefeuille bien garni de la stratégie TNR comprennent les organisations caritatives PetSmart Charities ainsi que le Fonds Maddies, un réseau de refuges qui ne pratique pas l'euthanasie, fondé en l'honneur du chien Schnauzer d'un milliardaire. Le budget annuel des Amis des chats de gouttière est de 9 millions de dollars environ, ce qui finance – entre autres services – une équipe juridique composée de plusieurs personnes, un service de création graphique internalisé, une personne en charge des relations publiques et une directrice des médias sociaux.

Après avoir assisté à la conférence, j'ai souscrit aux alertes e-mail des Amis des chats de gouttière. Très vite, ces courriers ont figuré en bonne place parmi mes correspondances favorites. La plupart des e-mails venaient de Becky Robinson en personne et étaient signés tout simplement « Pour les chats ». Certains messages étaient pleins de tendresse, d'autres tragiques, et tous affichaient une détermination sans faille. J'ai lu des « conseils de sécurité urgents pour les chatons », et de nombreuses, très nombreuses demandes d'argent : « C'est le seul moyen pour nous d'être présents partout pour les chatons. Cliquez ici pour donner trente-cinq dollars ou davantage. » Quand plus d'une vingtaine de chats furent retrouvés pendus à un arbre à Yonkers, dans l'État de New York, les Amis des chats de gouttière distribuèrent des roses blanches à l'occasion d'une veillée commémorative « pour symboliser l'innocence des chats », et je reçus une rose blanche électronique que je pouvais faire suivre à mes contacts.

Bien que souvent critiqués pour leur sensiblerie excessive, les Amis des chats de gouttière et autres groupes de défense des chats ne reculent pas devant la confrontation. Ils ont demandé le renvoi de Ted Williams, le journaliste d'*Audubon* qui avait écrit la tribune sur l'empoisonnement des chats (il a été suspendu, puis réintégré). Après la publication par le groupe d'ornithologues du Smithsonian de leur méta-analyse consacrée à la prédation des chats en Amérique continentale, Becky Robinson en personne a manifesté contre « la science de pacotille » sur le National Mall et a présenté une pétition signée par plus de 55 000 personnes en colère.

Les militants jouent aussi de leur influence contre les entreprises privées et les citoyens dont les tentatives pour gérer les populations de chats hors de contrôle ne correspondent pas aux idéaux des Amis des chats de gouttière. En 2008, après avoir pratiqué pendant cinq ans la méthode TNR à Chantilly, en Virginie, une communauté de mobile-homes tenta de se débarrasser pour de bon de sa colonie toujours florissante de 200 chats. Le *Washington Post* fut appelé sur place, et après trois jours de mauvaise « publicité locale et nationale », les gestionnaires cédèrent, et les chats « sauvages » (ainsi qu'on les appelait dans les gros titres) retournèrent faire leurs crottes dans les plates-bandes de mufliers du parc de mobile-homes. « Nous avons reçu des messages haineux de partout, et même d'Europe », m'a raconté l'homme derrière le comptoir des gérants immobiliers du site, quand je me suis rendue sur place.

Parmi les autres acteurs qui se sont attirés l'ire du lobby des chats figurent des résidences pour personnes âgées, des usines de béton, ou encore la chaîne hôtelière Loews à Orlando, non loin de l'endroit où les chercheurs Disney avaient mis à l'abri leurs rats néotomes voués à la disparition.

Si les groupes privés refusent de plier, les défenseurs des chats contactent souvent des représentants élus. Les politiciens prennent ce genre de sollicitations très au sérieux, et la conférence des Amis des chats de gouttière insistait particulièrement sur la nécessité d'agir sur les bons canaux politiques : le site internet propose un kit d'outils développés à cette fin. Ce ne sont pas forcément des problématiques de petites villes : récemment, la femme de Stephen Harper (alors Premier ministre du Canada) a pris la parole lors d'un dîner de charité au profit des chats. « Madame Harper, sensibiliser au bien-être des chats sert l'image de votre mari pour sa prochaine campagne, a crié un manifestant – un défenseur des humains, cette fois – au milieu de son discours. Ne pensez-vous pas que ce serait encore mieux pour son image de vous prononcer en faveur d'une enquête sur les femmes autochtones disparues et assassinées dans ce pays ?

– C'est une cause très importante, a répondu Mme Harper qui, paraît-il, portait des oreilles de chat à ce moment-là, mais ce soir nous sommes réunis pour les chats sans abri. »

Cependant, parce qu'aux États-Unis les lois qui concernent les chats sont généralement définies au niveau de la ville ou du comté, les organisations nationales comme les Amis des chats de gouttière trempent souvent dans des enjeux politiques très locaux, et se heurter au lobby des chats peut être une expérience mémorable pour un politicien de petite localité.

Je me suis entretenue avec Michael Taylor, alors maire par intérim de Sterling Heights, Michigan. Âgé d'à peine plus de trente ans, et tout frais émoulu de sa section des Jeunes Républicains, Taylor a l'habitude de gérer des problématiques aussi sensibles que les achats de livres pour les bibliothèques et les réparations de nids-de-poule. Il possède également lui-même un chat. Mais quand le refuge pour animaux de Macomb County a annoncé son intention d'adopter désormais le modèle TNR, Michael Taylor et les autres membres du conseil municipal n'ont pas réfléchi bien longtemps avant de faire appel à un autre refuge, prêt à les débarrasser pour de bon des chats contrevenants. En fait, la première impulsion de Michael Taylor était un pur réflexe politique : il anticipait un retour de bâton de la part des électeurs si un « chat qui terrorisait le quartier » était ramassé, stérilisé puis promptement relâché dans ledit quartier pour toujours. Ensuite, le conseil municipal et lui ont examiné les éléments scientifiques en faveur de la stérilisation de masse, et ça ne les a guère convaincus. « Il n'y avait aucune preuve, dit-il. En fait, ce que j'ai découvert, c'est que c'était purement émotionnel, tout ça. »

Après avoir envisagé la question et entendu les arguments de défenseurs des chats locaux, le conseil « a dit non, nous ne remettrons en circulation aucun chat féral », se souvient-il. Il ne fallut pas longtemps pour qu'une alerte surgisse dans ma boîte mail (chez moi, à des centaines de kilomètres de là) au sujet d'un « carnage de chats férals » en cours. « Vous nous connaissez, aux Amis des chats de gouttière, affirmait un autre e-mail. Nous ne reculerons jamais tant que les chats seront en danger, à Macomb County et partout ailleurs dans le pays. Nous serons là, et nous nous battrons pour leur vie et leur sécurité. »

Un accrochage sur Twitter s'ensuivit entre Michael Taylor et certains défenseurs des chats, au cours duquel il qualifia imprudemment ces derniers de « troll(s)… Je plaisante ! » Une chaîne de télévision locale fut informée qu'un « représentant élu harcelait les défenseurs des chats, raconte Michael Taylor. Bien sûr, le journaliste a bondi sur l'occasion. » L'histoire se répandit, et le jeune maire reçut bientôt des e-mails débordant de rage venus de tout le pays et même au-delà, dont certains signés par des chats en personne. « J'ESPÈRE sincèrement que le KARMA vous RENDRA exactement ce que vous avez semé ! LA MORT ET LA DESTRUCTION ! » lui écrivit une femme.

Sur Internet, les gens souhaitaient que Michael Taylor attrape le sida. Une électrice l'informa personnellement qu'elle préférait mourir elle-même plutôt que de voir son chat saisi par la fourrière, dans une municipalité tueuse de chats. On menaça Michael Taylor de le révoquer, et on l'informa qu'un comité d'action politique était en cours de constitution pour empêcher sa réélection, et qu'une campagne de boycott du tourisme à Sterling Heights serait bientôt lancée.

« Parfois, la réalité dépasse la fiction, raconte Michael Taylor. Je n'y aurais jamais cru s'ils ne s'en étaient pas pris à moi avec toutes les armes dont ils disposent. Je crois qu'ils ont dû se dire : "Ils finissent tous par craquer", que j'allais jeter l'éponge. »

Sterling Heights n'a pas cédé, bien que plusieurs municipalités voisines l'aient fait – au grand dam de Michael Taylor. « Je leur ai dit : "Ne lâchez rien !" mais la pression était tout simplement trop forte. Si vous disposez d'assez de monde, comme c'est le cas des Amis des chats de gouttière, vous pouvez exercer une très grande influence sur les représentants élus. En grignotant progressivement un quartier après l'autre, vous pouvez faire passer la législation que vous voulez, ville par ville. Je reconnais qu'ils sont très forts. »

Le scandale des chats de Sterling Heights a éclaté début 2014. Le 14 février, un autre e-mail est apparu à la suite de tous ceux qui s'étaient accumulés dans la boîte de Taylor : « Quelqu'un des Amis des chats de gouttière vous a envoyé une carte numérique ! » disait l'objet du message.

C'était une carte de Saint-Valentin. Sous la photo d'un chat blanc au pelage duveteux en train de se prélasser dans un rosier rouge, la légende disait : « S'il te plaît ne me tue pas ! Tout ce que je veux c'est vivre :) Miaou ? »

*

Le siège des Amis des chats de gouttière, dans le centre-ville chic de Bethesda, dans le Maryland, occupe un étage et demi d'un immeuble de bureaux, un contraste saisissant avec le box solitaire de Grant Sizemore à l'American Birds Conservancy. L'entrée est ornée de plaques de cuivre à la mémoire de Tuffy Beige, de Dark Vador, de Timide et d'autres chats vraisemblablement décédés. (« À Zane Gray, Bonne nuit, doux Prince », « Blackjack Hartwell, Mon Roi ».) À l'intérieur, les bureaux sont pleins à craquer de meubles pour chats avant-gardistes, manifestement dédaignés par la Famille royale, ainsi que sont désignés les trois chats qui vivent là : aujourd'hui, ils nichent dans des boîtes de classement. Des sacs semblables à des taies d'oreiller sont suspendus à distances régulières dans les bureaux. En cas d'incendie, tous les membres du personnel ont été formés à capturer la Famille royale dans ces sacs de toile, et à les transporter en lieu sûr. Ce qui n'est pas chose facile, même sans la fournaise. Socialisés peu de temps après la période optimale, les trois membres de la Famille Royale restent rétifs et très indépendants.

Je suis ici pour rencontrer Becky Robinson.

Avec plus d'une heure de retard, elle arrive en veste fluide couleur mandarine. Elle a l'air sur la réserve, fatiguée, élégante. Elle me propose de l'eau, puis des pastilles à la menthe, ce qui me stresse un peu. Je me rends vite compte que c'est l'une des personnes les plus charismatiques que j'aie jamais rencontrées. Elle a un rire sonore et un peu ridicule, des yeux bruns étincelants, et une excellente élocution.

Elle a insisté pour que je lui envoie une liste de questions à l'avance, mais nous ne les abordons pas. Pas tout de suite, en tout cas. Becky Robinson veut parler de son enfance. Elle a grandi dans la campagne du Kansas rural. Sa mère est partie quand elle était petite, et son père s'est remarié. Elle est plus ou moins restée au même endroit, avec parfois une grand-mère ou une tante pour s'occuper d'elle. Une authentique enfance en plein air, avec de longues heures passées à scruter les terriers des chiens de prairie et à observer les faucons en train de chasser.

Les Robinson étaient des piliers de leur communauté : représentants paroissiaux, bénévoles à l'hôpital. C'était le genre de personnes qui veulent toujours tout sauver, jusqu'au vieil opéra de la ville. Ils capturaient les serpents à sonnette avant la battue annuelle, et les gardaient à l'abri jusqu'à ce que le danger soit passé.

Sa tante avait le cœur particulièrement tendre. Quand elle emmenait les enfants Robinson faire les courses en ville, ils commençaient toujours par passer au Duckwall, le bazar discount. « C'était un petit magasin sur Main Street, raconte Becky Robinson, et à votre avis, que vendaient-ils dans l'arrière-boutique ? » Elle m'adresse un petit sourire. « Des animaux. Ils vendaient des animaux de compagnie. Ils avaient des oiseaux, des rats et des souris. Et bien sûr, c'est là qu'on s'arrêtait en premier tous les jours. On avait sûrement une liste de courses, mais elle restait au fond de la poche tant qu'on n'était pas passés dans l'arrière-boutique du Duckwall, et c'était l'odeur qui vous parvenait en premier. » À chaque fois, la tante de Becky Robinson demandait à voir le responsable. Elle insistait pour que les cages soient nettoyées et les animaux nourris. « Et après les animaux, nous arrosions aussi toutes les plantes, se souvient Becky, parce que ce sont des êtres vivants aussi. »

Becky Robinson a fini par obtenir un diplôme d'assistante sociale et a été embauchée dans le système de protection sociale, mais elle s'est sentie dépassée face à l'horreur des violences subies par les enfants.

« C'était trop pour moi, tout simplement, explique-t-elle.

Je n'aurais pas pu continuer à être assistante sociale. Je suis partie, j'ai démissionné. » Elle a rejoint des organisations de défense des droits des animaux, déménagé à Washington et créé les Amis des chats de gouttière en 1990, lançant un mouvement national pour populariser l'approche TNR. Elle appelle cela « l'œuvre de sa vie ».

Quand on lui demande de défendre sa méthode face aux nombreuses critiques, Becky Robinson remarque qu'il est un peu absurde de sévir contre les chats domestiques au nom des problèmes environnementaux de la planète, compte tenu de la manière dont les humains ont dégradé le monde. En parallèle, elle défend avec vigueur l'argument de la dignité humaine. Elle m'oriente vers une présentation en ligne où je découvre un peu plus tard une image qui va me hanter pendant des jours : un monticule poilu et multicolore de cadavres raidis de chats et de chatons, représentant une matinée de travail dans un seul refuge de Californie. La principale menace à laquelle est confronté notre animal de compagnie préféré n'est pas la maladie, mais nos poisons et nos crématoriums. Beaucoup de fourrières actuelles ne sont pas mieux que des abattoirs, du point de vue de Becky Robinson. Les Américains sont un peuple charitable, affirme-t-elle, et ne devraient pas avoir à financer une violence institutionnalisée dont la plupart n'ont même pas pleinement conscience. « C'est pour cela que nous existons, explique-t-elle à propos de son organisation. Il fallait qu'on fasse éclater cette question au grand jour. Il fallait qu'on dise : laissez les chats tranquilles, laissez-les vivre dehors. Ce sont des familles ! Il n'y a pas qu'une seule manière de vivre pour les chats. » Le minimum, déclare-t-elle, serait que les organismes locaux soient obligés de rendre public le nombre d'animaux qu'ils tuent.

Mais son argument le plus puissant, c'est que même si la stérilisation des colonies de chats ne tient pas toujours ses promesses, l'euthanasie ne fonctionne pas non plus. Certains critiques s'accordent parfois sur ce point : s'il est impossible de capturer et stériliser assez de chats pour modifier les populations, il est tout aussi difficile de les capturer pour les tuer. Un modèle montre que l'abattage ne s'avère le meilleur outil de contrôle qu'à la condition d'atteindre le chiffre monstrueux de quatre-vingt-dix-sept pour cent de chats éliminés. L'écrasante majorité des chats errants d'Amérique n'aura jamais de contact avec les services de contrôle des animaux. « Ils ne parviendront *jamais* à capturer tous les animaux, déclare Becky Robinson d'une voix plus forte. Il y a des millions et des millions de chats ! »

« Que ça vous plaise ou non, continue-t-elle, que vous l'acceptiez ou non, et peu importe si vous avez des chats ou si vous les aimez, ils font partie de l'environnement. C'est comme ça et pas autrement. Et c'était le cas avant. Rien que l'idée de prétendre changer tout ça… nous, les humains, nous avons cette lubie, cette arrogance, de croire qu'on peut changer les choses je ne sais comment du jour au lendemain, et se débarrasser de tous les chats : pour être tout à fait franche, c'est grotesque. Il y aurait plutôt de quoi en rire. »

*

La stratégie TNR subit actuellement un retour de bâton, et des procédures judiciaires dénonçant son impact sur l'environnement sont en cours à Los Angeles et à Albuquerque. Même Washington (le centre névralgique des Amis des chats de gouttière) a récemment remis en cause ses politiques pro-colonies et vient de proposer un Plan d'action pour la faune sauvage qui assimile les chats domestiques errants à d'autres espèces invasives redoutées, comme les poissons à tête de serpent.

Les militants du bien-être animal, les vétérinaires et les scientifiques continuent de chercher d'autres solutions pour contrôler les populations. Une des solutions proposées consiste à pratiquer des vasectomies et des hystérectomies sur les chats qui n'ont pas de propriétaire, plutôt que de les stériliser : bien que les vasectomies coûtent plus cher et soient plus complexes, ces procédures n'auraient pas d'impact hormonal et pourraient peut-être permettre de neutraliser l'avantage que la stérilisation donne aux chats pour survivre. Cette méthode, selon les explications du vétérinaire Robert McCarthy, a été envisagée pour la région de Fukushima, au Japon, où des colonies de chats se sont apparemment mises à prospérer à la suite du tsunami meurtrier et de l'accident nucléaire.

Le Graal serait un vaccin contraceptif, peut-être du même type que ceux qu'on utilise parfois pour les cervidés, mais le bas-ventre des chats domestiques est sacrément bien cuirassé. Bloquer un seul circuit endocrinien ne semble pas suffire à limiter les appétits sexuels des félins, d'après la vétérinaire pro-TNR Julie Levy, qui a travaillé sur le développement de cette technologie. « Toute la biologie repose sur la reproduction, explique-t-elle. Nous essayons vraiment de venir à bout de quelque chose qui est le moteur même de la vie. »

Alors que différents scénarios contraceptifs sont envisagés, certaines organisations de défense du bien-être animal ont tenté de s'associer à des spécialistes de la faune sauvage pour étudier l'impact sur les populations. Mais ce genre de partenariat s'avère souvent semé d'embûches, en partie parce que beaucoup de chercheurs continuent à se demander si les militants pro-chats ont vraiment envie de réduire les populations félines.

Ce qui est d'ailleurs compréhensible. Selon la logique qui préside à la stratégie TNR, tout nouveau chaton, preuve poilue de l'échec du mouvement, devrait être une vision décourageante. Or bien sûr, pour de nombreuses personnes, et surtout pour les défenseurs des chats, un chaton est aussi la chose la plus mignonne du monde. Je ne suis pas surprise d'entendre des histoires de militantes prêtes à tout pour sauver même les chatons les plus malades, qui les couvent dans leur soutien-gorge et rafraîchissent leurs oreilles enfiévrées en les frictionnant à l'alcool.

À la conférence des Amis des chats de gouttière, j'assiste à une présentation extrêmement technique qui détaille le système de déclenchement des pièges Tomahawk, la vérification postopératoire de la température, et d'autres rouages de l'approche TNR. Alors que s'achève la présentation PowerPoint, très sobre, l'intervenante passe soudain une diapo d'un adorable nouveau-né félin : « Et voici Rex, mon chaton ! » dit-elle. Explosion de cris perçants dans la salle.

C'est un peu comme si on terminait une intervention sur la guerre contre la drogue avec une photo de pipe à crack allumée… d'autant plus qu'il existe en fait des preuves indiquant que les chats, comme les drogues dures, ont perturbé chimiquement notre cerveau.

6

Le chat passe au scanner

Une fois, j'ai moi-même failli servir de repas à un félin.

C'était en Tanzanie, en 2009. Je venais de passer une semaine géniale en mission pour un magazine, à me balader dans une Land Rover qui faisait un bruit de ferraille en compagnie de chercheurs de ce fameux projet Lions du Serengeti. Malgré tous mes efforts pour essayer de rester strictement professionnelle, et m'empêcher de pousser des cris aigus à la vue des animaux sublimes qu'ils étudiaient, quelques soupirs m'avaient échappé. Mais j'étais parvenue à rester tranquille et silencieuse la majeure partie du temps, tandis que nous comptions les taches de vibrisses sur leurs museaux et surveillions les points d'eau, à l'abri dans le véhicule.

Le dernier soir de mon séjour, nous avons abandonné la Land Rover pour grimper sur un gros monticule de rochers au milieu de la prairie. Nous voulions admirer le vaste panorama sur la savane avant le coucher du soleil, et inspecter un vieil arbre grisâtre dont les lions se servaient pour faire leurs griffes depuis des siècles.

Mais une fois au sommet du kopje[1], nous avons découvert quelque chose de bien plus spectaculaire : dans un creux entre les rochers étaient blottis deux minuscules lionceaux, restés sans surveillance. Nous étions tombés malencontreusement sur une tanière de lions… et la mère n'était nulle part en vue.

Bon, pas besoin d'avoir un doctorat en biologie, ni même une expérience de reportage sur la faune sauvage, pour comprendre que cette situation n'était sûrement pas sans danger : si la plupart du temps les lions du coin traitaient les chercheurs avec un dédain blasé, s'immiscer entre une lionne et ses petits vulnérables est le genre d'erreur qui peut se révéler fatale. Il aurait été sage de retourner à la Land Rover sur la pointe des pieds, et vite, avant qu'une mère tapie dans l'ombre ne déboule en furie. Nous n'avions pas d'armes, même pas le parapluie que les chercheurs brandissent parfois au nez des lions trop hardis.

Et pourtant, je n'étais pas du tout pressée de partir. Une étrange euphorie m'envahit, tandis que la perspective de tomber nez à nez avec une lionne la bave aux lèvres ne m'inquiétait pas le moins du monde. Je posai entre les rochers pour des clichés soigneusement étudiés, avec les lionceaux qui pointaient leur museau par-dessus mon épaule, à quelques mètres à peine. Je suppliai les chercheurs pour que nous nous attardions encore un tout petit peu. C'était presque comme si j'avais envie de me faire manger.

On associe depuis toujours des pouvoirs hypnotiques à la

1. Terme d'origine afrikaans désignant une colline rocheuse se dressant au milieu de la savane africaine.

famille des félins : de même que les mystérieux chats domestiques sont un élément incontournable des coutumes et superstitions liées à la sorcellerie en Occident, dans de nombreuses traditions africaines les lions sont des chamans, en Amazonie les jaguars sont des prophètes déguisés, etc. Les félins semblent parvenir d'une façon ou d'une autre à court-circuiter notre logique. S'ils ont liquidé tant de membres du genre humain au cours des millénaires, tout en profitant largement de nous, c'est peut-être parce qu'ils sont capables de nous ensorceler, un peu comme des magiciens.

Ou peut-être que la science a une explication. Le souvenir de l'expérience assez singulière qui m'a conduite à flirter avec la possibilité d'être tuée par un lion m'est revenu d'un coup la première fois que j'ai lu quelque chose au sujet de *Toxoplasma gondii*, également connu sous le nom de parasite du chat. Ce micro-organisme mystérieux est transmis par les félins, et on estime qu'il est présent actuellement dans le cerveau d'une personne sur trois dans le monde, parmi lesquelles 60 millions d'Américains. Chez les rongeurs, le parasite semble déclencher des comportements bizarres, puisque les animaux infectés perdraient leur peur innée des chats, voire développeraient une « attirance » pour eux et auraient donc davantage de chances de leur servir de proie. Certains chercheurs estiment que le parasite a le même genre d'effets bizarres sur les gens : il nous prédisposerait à prendre des risques, augmenterait nos chances de succomber à une mort violente, voire nous rendrait fous.

En réfléchissant à mon imprudence au Serengeti, j'ai commencé à m'interroger : une maladie féline que m'aurait transmise Cheetoh au sein de ma propre tanière avait-elle pu m'attirer jusque dans celle d'un chat autrement plus gros, pour lui servir de dîner ? Et d'autre part, la présence d'un insecte dans mon cerveau pouvait-elle expliquer aussi certains aspects par ailleurs incompréhensibles de l'« attirance » que j'avais toujours ressentie pour les chats (par exemple, ce penchant qui me pousse à faire réaliser des portraits officiels de Cheetoh, ou cette habitude excentrique que j'ai de rester éveillée la nuit, à m'interroger sur le montant de la rançon que je pourrais payer si jamais il se faisait kidnapper) ?

Il s'avère que je suis loin d'être la seule à entretenir de tels soupçons. Beaucoup d'amateurs de chats, gambergeant sur le dévouement aveugle qu'ils manifestent à l'égard d'un petit animal sauvage ultra-carnivore, se demandent en leur for intérieur s'ils n'auraient pas un petit grain. Et voilà qu'ils entendent une bribe d'info au journal du soir ou sur une chaîne de radio publique, qui évoque un organisme omniprésent mais invisible transmis par les chats, logé en ce moment même à l'intérieur du crâne d'un grand nombre de personnes. Les gros titres peuvent faire penser à des films d'horreur, allant jusqu'à insinuer que les chats domestiques « contrôleraient les esprits ».

Aucun doute sur le fait que l'explosion mondiale du toxoplasme (probablement à l'heure actuelle le parasite le plus prospère que le monde ait jamais connu) est le fruit le plus bizarre de la relation que l'humanité entretient avec le chat domestique. Mais les théories relatives à l'impact du parasite sur le comportement humain sont-elles basées sur des éléments scientifiques valables ? Ou ne s'agit-il que d'une énième vaine tentative pour trouver un sens rationnel au pouvoir énigmatique qu'exerce le chat domestique ?

De telles questions occupent les pensées d'un bon nombre

de chercheurs dans tout le pays… ne serait-ce que parce que le parasite lui-même vit souvent dans leurs propres cerveaux.

*

Juste au-delà des limites de l'agglomération embouteillée de Washington, se trouve un petit bout d'Amérique profonde : des hectares de champs de maïs, des silos, des vaches. Ce panorama pittoresque appartient au centre de recherche du ministère de l'Agriculture des États-Unis au Maryland, où je découvre le laboratoire de J.P. Dubey, le principal expert mondial du parasite du chat.

J.P. Dubey est un homme sémillant d'âge mûr, qui s'exprime avec un léger accent indien. Il étudie le toxoplasme depuis les années 1960. À l'époque, les chercheurs connaissaient l'existence du parasite, déjà tristement célèbre pour les malformations congénitales qu'il provoque chez les humains, mais ils n'avaient aucune idée de la façon dont il pouvait se transmettre. Dubey faisait partie de l'équipe scientifique internationale qui a identifié pour la première fois le chat comme étant le vecteur du parasite.

Si *Toxoplasma* peut infecter n'importe quel type d'animal à sang chaud, il se reproduit dans les intestins des chats, et uniquement à cet endroit. Tous les « hôtes secondaires » du parasite, des chameaux aux moufettes en passant par les baleines à bosse et les êtres humains, ne représentent que des arrêts au stand entre deux chats. Seuls les intestins des félins infectés sont le théâtre de gigantesques orgies parasitaires, des accès de frénésie reproductive qui engendrent un milliard de nouveaux exemplaires de *Toxoplasma*, lesquels sont ensuite déversés dans les écosystèmes via les crottes de chats.

N'importe quel type de chat fait l'affaire : toutes les espèces de félins, des tigres aux ocelots, sont les « hôtes définitifs » de cet organisme unicellulaire. Mais la domestication et la prolifération du chat domestique à l'échelle mondiale ont sans doute joué un rôle-clé dans l'expansion vertigineuse de *Toxoplasma*. Aujourd'hui, c'est probablement le parasite le plus cosmopolite de la planète, et il infecte des oiseaux et des mammifères partout, de l'Amazone à l'Antarctique. Il y a bien plus de gens qui ont la toxoplasmose (ainsi que l'on appelle la maladie associée au parasite) que de gens qui possèdent des chats.

Presque cinq décennies plus tard, J.P. Dubey enquête toujours sur le rôle du parasite dans la chaîne alimentaire à laquelle nous appartenons. *Toxoplasma* emprunte deux principales voies de transmission : en plus d'être libéré par milliards dans les excréments de chats, qui sont ensuite ingérés accidentellement par des gens ou des animaux, il se transmet également quand nous mangeons la viande infectée d'un hôte secondaire. La première méthode est de loin la plus efficace : un milliard de parasites peuvent théoriquement contaminer un milliard de nouveaux animaux, tandis que la consommation de viande ne fait que transférer la maladie d'un unique animal de proie vers son prédateur. (C'est un peu comme la différence entre une mitrailleuse automatique et une baïonnette.) Mais en œuvrant de concert, les multiples modes de transmission du toxoplasme le rendent très difficile à étudier, et encore plus à enrayer.

« C'est un parasite très intelligent », explique J.P. Dubey avec un sourire lointain. Il est lui-même infecté depuis 1969.

Les parasites qui nichent dans le cerveau sèment pratiquement toujours la dévastation, comme cette amibe rare dévoreuse de matière grise qui hante les bassins de baignade du sud des États-Unis et tue des gens tous les étés. Le toxoplasme a l'air tout aussi effrayant : il forme des kystes incurables dans le cerveau et les tissus musculaires des animaux, et en plus de nuire au bétail, il est potentiellement fatal pour de nombreuses espèces d'animaux sauvages, des corneilles aux wallabys.

Il n'y a pas de traitement pour la toxoplasmose, et une fois que l'infection initiale a disparu d'elle-même, les kystes dans nos cerveaux et nos corps ne s'en vont jamais. Chez les êtres humains adultes en bonne santé, cependant, cette maladie ultra-répandue est depuis longtemps considérée comme bénigne. La phase aiguë de l'infection ne cause généralement qu'un inconfort léger évoquant la mononucléose, ou souvent pas de symptômes du tout, avant de s'installer dans son état de dormance. Le plus grand danger connu a toujours concerné le fœtus humain en développement, qui ne dispose pas d'un solide système immunitaire : c'est pourquoi on recommande aux femmes enceintes de ne pas s'approcher des litières. Un simple test sanguin (et je vais bientôt en faire un) peut indiquer si vous avez la maladie, mais la plupart des gens en bonne santé ne se donnent même pas la peine de vérifier.

Récemment, cependant, des chercheurs ont développé des soupçons au sujet de ce parasite censé être bénin, et on tente de savoir si une infection à long terme du cerveau peut altérer l'état neurologique et le comportement humains.

J.P. Dubey n'attendra pas les résultats de ces études. Son objectif est de stopper le parasite dans l'œuf. Il me fait visiter son propre laboratoire, noir de monde, où je rencontre des chercheurs invités venus d'Espagne, d'Inde et du Brésil. À l'échelle de la planète, les taux d'infection varient selon le climat et la culture locale : par exemple, on est presque sûr que certaines habitudes alimentaires, comme le fait d'avoir développé un goût pour la viande crue ou saignante (porc et mouton en particulier), favorisent la propagation du parasite. On trouve les taux les plus élevés en Amérique latine, dans le sud de l'Europe et dans certaines régions d'Afrique, avec quatre-vingts pour cent de la population infectée dans certains pays. Le taux d'infection américain se situe quelque part entre dix et quarante pour cent, et la Corée du Sud est sans doute le pays où la toxoplasmose est la moins présente, et concerne moins de sept pour cent des gens.

Sur un plan de travail sont posés des mixeurs contenant ce qui semble être un délicieux smoothie banane-fraise. Ce sont des cœurs de poulet, importés par avion de la Grenade et broyés sous forme de soupe rose dans laquelle le laboratoire va rechercher des signes de la présence du parasite. J'aperçois aussi la silhouette écartelée d'une souris écorchée. Le cerveau de ce rongeur positif à la toxoplasmose a déjà été prélevé, m'explique J.P. Dubey, et sera bientôt donné à manger à un chat de laboratoire. D'ici quelques jours, ce chat nouvellement infecté, mais par ailleurs en pleine santé, se mettra à déféquer des millions et des millions de *Toxoplasma* invisibles, sous forme d'oocystes, qui ressemblent à des œufs et que J.P. Dubey et son équipe pourront récolter et étudier.

Je m'adresse à J.P. Dubey : « Puis-je voir vos chats ?

– Je ne préfère pas, répond-il. Nous avons des consignes de sécurité très strictes en ce qui les concerne. Il faut changer de vêtements. Ces organismes, les oocystes, sont hautement infectieux et très résistants. On ne peut pas les tuer. Vous pouvez les mettre dans de l'eau de Javel, il ne se passera rien. Ils survivront sans souci. »

Même dans le laboratoire lui-même, les protocoles sont extrêmes. « Tout ici doit être incinéré », explique Dubey en pointant du doigt le cadavre de la souris, les serviettes en papier froissées. « Tout ce qui sort d'ici. Tout ça doit être brûlé. »

*

En 1938, des pathologistes de l'Hôpital des bébés de New York examinèrent une petite fille qui avait développé des crises de convulsions à l'âge de trois jours. Grâce à un ophtalmoscope, ils observèrent des lésions dans les yeux du bébé. Elle mourut un mois plus tard, et l'autopsie révéla des lésions similaires qui couvraient son cerveau.

C'était peut-être le tout premier diagnostic de toxoplasmose humaine posé par la communauté médicale. Il s'agissait de la forme congénitale si redoutée, qui reste la plus connue et la plus dévastatrice de la maladie, et qui est transmise du chat à la femme enceinte puis au bébé à naître, provoquant des avortements spontanés, des enfants mort-nés, et de graves complications comme la cécité ou le retard mental. Mais il allait se passer des décennies avant que nous ne comprenions comment on contracte la maladie… et ce qui la transmet.

Dans les années 1950, les scientifiques en étaient venus à soupçonner un lien avec les carnivores : ils remarquèrent que les cochons qui mangeaient de la viande peu cuite provenant de poubelles présentaient des taux d'infection plus élevés. En 1965, les chercheurs décidèrent de tester cette idée dans un sanatorium parisien. On fit manger des côtelettes d'agneau à peine cuites à des centaines de jeunes patients atteints de tuberculose. (Le régime à base de viande crue étant également considéré comme un remède pour la tuberculose, l'expérience fut – du moins à l'époque – considérée comme éthique.) Il devait y avoir des tissus infestés de kystes dans cette viande, car les taux de toxoplasmose explosèrent parmi ces enfants malades. Mais l'identité de l'espèce qui constituait la pierre angulaire du schéma de transmission demeurait un mystère.

Une découverte capitale advint enfin quand un parasitologue écossais troqua, sur un coup de tête, l'étude des chiens pour celle des chats et tomba justement sur *Toxoplasma,* qu'il repéra dans les crottes de ses sujets félins. J.P. Dubey et d'autres chercheurs s'emparèrent de cette piste providentielle, et, en 1969, plusieurs groupes aboutirent à la conclusion convergente que le chat était l'hôte définitif du parasite, et que son abdomen servait de centre de commandement.

Les inquisiteurs de l'époque médiévale étaient loin de disposer de preuves aussi accablantes contre les chats : si, jadis, on les avait parfois accusés de voler le souffle des bébés, il existait désormais des preuves tangibles qu'ils étaient capables de les rendre aveugles et de détruire leur cerveau avant même leur naissance. Quand le journal *Science* publia les résultats, « il y eut de nombreux chats tués parce que les gens n'en comprenaient pas le sens », se souvient J.P. Dubey.

Le fait que les chats aient été capables de surmonter ce désastre en termes de relations publiques, et même d'accélérer leur ascension dans les années 1970, est encore une preuve supplémentaire de leur emprise peu commune sur notre cœur. Mais nous savons désormais aussi que dans certaines conditions, notamment si on le garde à l'intérieur, posséder un chat n'est pas si dangereux. En fait, on ne constate même pas de taux d'infection inhabituels chez la plupart des propriétaires de chat. Les chats d'intérieur mangent principalement de la nourriture industrielle (qui a été congelée, cuite à haute température, ou a subi d'autres traitements industriels pour tuer le parasite) et ils n'ont pas beaucoup de contacts avec des animaux vivant en plein air. Ils ne contractent que rarement l'infection.

Ce sont les chats vivant en extérieur, qui chassent et mangent des proies infectées, qui transmettent généralement *Toxoplasma* aux êtres humains. Les chats déposant des oocystes invisibles, leurs propriétaires peuvent contracter accidentellement ces organismes en changeant une litière, ou un voisin peut en ingérer en travaillant un sol contaminé dans son jardin. Il est aussi possible que ce soit un autre animal figurant dans notre chaîne alimentaire (un agneau, par exemple) qui ingère ces organismes, et nous attrapons alors le parasite en mangeant du steak d'agneau, un hôte secondaire consommant l'autre. (Les chats de ferme, en plus de ne pas attraper suffisamment de souris, peuvent aussi transmettre la toxoplasmose au bétail, et J.P. Dubey conseille de les tenir aussi loin que possible des cochons, qui sont particulièrement sensibles à la maladie.)

Les chats sont généralement infectés une seule fois dans leur vie, et la phase de libération d'oocystes ne dure que quelques semaines avant que le parasite n'entre en dormance. Mais à tout moment, les chercheurs estiment que un pour cent des chats et chatons de la planète est en train de transmettre le parasite, ce qui est plus qu'il n'en faut pour saturer les écosystèmes. Aux États-Unis, environ quatre-vingts pour cent des ours noirs de Pennsylvanie (qui mangent toutes sortes d'ordures, et ne sont pas vraiment connus pour bien cuire leur viande) sont contaminés. Une autre étude a montré que près de la moitié des cervidés d'Ohio ont la toxoplasmose : ils l'attrapent probablement en broutant de l'herbe souillée par des crottes de chats.

Les humains sont plus portés sur l'hygiène que les cerfs ou les ours, mais il est plus difficile qu'on ne l'imagine de se protéger de la toxoplasmose. Par exemple, l'un des principaux avantages de la grossesse de nos jours est d'avoir une excuse médicale, pendant neuf mois bénis, pour ne pas avoir à ramasser les crottes dans la litière de minou. Mais si vous avez un chat d'intérieur, comme moi, cette mesure n'a pratiquement aucun intérêt, puisque les véritables dangers qui vous guettent sont ailleurs.

S'abstenir de manger de la viande saignante est sans doute plus efficace. Pourtant les végétariens ne sont en aucun cas à l'abri de la maladie. Quand John Boothroyd, un microbiologiste de l'université de Stanford, donne des conférences sur la toxoplasmose pour le grand public, « au début les végétariens font les malins. Puis je leur montre une photo de carotte ».

Les légumes couverts de terre peuvent être pleins d'oocystes déposés par des chats. Une étude indienne a montré que les végétariens et les consommateurs de viande présentaient en fait des taux d'infection similaires.

En réalité, les gens peuvent tomber malades rien qu'en buvant de l'eau. Une épidémie bien connue a éclaté quand plus de cent personnes ont bu l'eau d'un réservoir canadien contaminé, et les réserves d'eau infectées par les excréments d'un chat peuvent représenter un important mécanisme de transmission, en particulier dans les pays en voie de développement. Respirer l'air n'est pas forcément plus sûr. Une autre épidémie de toxoplasmose abondamment étudiée s'est déclenchée quand des gens ont tout simplement inhalé de la poussière dans une écurie qui abritait des chats à Atlanta, en Géorgie.

Personne ne sait avec certitude quand et pourquoi les chats et *Toxoplasma* ont uni leurs forces pour la première fois, mais cette relation est sûrement assez ancienne. Parce que les lions, les léopards et autres chats sauvages dominaient autrefois une très grande partie de la planète, le parasite était sûrement déjà bien distribué des lustres avant que *Felis silvestris lybica* n'envahisse pour la première fois un village humain. En fait, des signatures présentes dans notre ADN suggèrent que *Toxoplasma* a eu une influence sur l'évolution des primates : pour nous aider à mieux affronter l'infection, l'un de nos gènes semble avoir cessé de fonctionner, devenant un « gène mort » non exprimé, toujours présent aujourd'hui dans nos cellules.

Mais c'est la relation très contemporaine et radicale du point de vue de l'évolution entre les humains et les chats domestiques qui a rendu le parasite omniprésent. Dans la nature vierge, les chats étaient plutôt rares (plus encore que d'autres animaux qui trônaient au sommet de la chaîne alimentaire), ce qui limitait la prévalence qu'un parasite qui en dépendait pouvait atteindre. Puis la civilisation humaine arriva, entassant des milliers de matous de compagnie par kilomètre carré en zone urbaine. Et à chaque fois que nous et nos chats avons visité un nouvel écosystème, *Toxoplasma* nous a emboîté le pas. On retrouve aujourd'hui ce parasite jusqu'au nord du cercle arctique, chez les bélougas et d'autres bestioles, et il fait tout particulièrement des ravages dans les régions dépourvues d'espèces félines autochtones, comme l'Australie. Les kangourous et autres animaux qui n'ont pas co-évolué avec les chats meurent souvent de la toxoplasmose, car leur système immunitaire est incapable d'affronter cette maladie exotique.

En trimballant nos chats domestiques à droite et à gauche, nous avons aussi certainement modifié le fonctionnement biologique du parasite. Les colons européens qui faisaient voile vers le Brésil, par exemple, débarquèrent avec les chats qui étaient à bord de leurs navires, lesquels eurent certainement l'occasion de contracter des souches exotiques transmises par les jaguars ou les pumas. Si certains de ces chats étaient déjà porteurs de souches européennes au moment où ils firent l'acquisition des parasites brésiliens, cela représentait une occasion inédite pour les deux variétés de se mélanger dans les intestins du matou, donnant naissance à de nouvelles mutations potentiellement ultrarésistantes.

Pourquoi les intestins des chats sont-ils aussi accueillants pour ce parasite ? « C'est probablement tout un ensemble de choses, de la température de leur corps à leur régime alimentaire, en passant par les autres microbes qu'on y trouve», explique John Boothroyd. Et les mutations qui se sont sûrement produites au cours des longues années de présence du parasite, souligne-t-il, ont pu aider encore davantage celui-ci à « s'adapter à la perfection » à l'hôte félin.

Des organismes similaires à *Toxoplasma* peuplent les intestins de nombreux autres animaux : on trouve dans les déjections de poules un parasite similaire parfaitement adapté aux entrailles des gallinacées. Mais ce parasite ne vit que chez les poules : il ne peut investir d'autres animaux de ferme, et encore moins les humains. Le fait qu'un même parasite parvienne à infecter un si vaste réseau d'animaux secondaires, en plus de son hôte définitif, est assez extraordinaire.

La clé de cet effet de réseau est peut-être le carnivorisme sans compromis qui caractérise la famille des félins.

Imaginez qu'une souris ingère accidentellement le parasite dans une déjection de poule, et que ce parasite de la poule trouve le moyen de survivre à l'intérieur de la souris. C'est déjà un sacré pas en avant (« c'est le genre de truc qui n'arrive pas souvent, Dieu merci », remarque John Boothroyd), mais dans ce cas précis, ça ne sert absolument à rien. Parce qu'une fois dans la souris, le parasite du poulet est coincé : aucune autre poule ne viendra manger la souris, et il n'a donc aucun moyen de regagner son paradis, l'estomac de la poule, et de se répliquer par milliards en intégrant cette ingénieuse mutation souris-compatible.

Un parasite présent dans les crottes de chats, avec une mutation similaire et se retrouvant dans la même souris, disposera au contraire de beaucoup plus d'options. « Parce que les chats sont carnivores, il y a une chance que la souris finisse par se faire manger par un chat, et revienne là où le parasite a besoin d'être», pour se répliquer à l'infini, explique John Boothroyd. Au lieu d'une impasse, la souris devient une opportunité.

Certains hôtes secondaires de *Toxoplasma* sont de véritables culs-de-sac parasitaires : les baleines à bosse peuvent être porteuses du parasite, alors que même les lions ne les chassent pas. Mais le parasite a tout intérêt à ratisser large, parce que les chats consomment toutes sortes de viandes différentes. Quelques touches pour des milliards de coups dans l'eau suffisent à sa réussite.

Ainsi, comme le chat domestique lui-même, *Toxoplasma* est adapté à la perfection mais néanmoins flexible, fine bouche mais également prêt à sauter sur tout ce qui bouge. Alors que d'autres parasites unicellulaires s'emploient à détruire un type donné de cellule humaine (comme le parasite cousin de la malaria, qui traque les globules rouges), *Toxoplasma* réquisitionne pratiquement tous les types de cellules de notre corps : celles de l'estomac et du foie, les neurones, les cellules du cœur. En regardant un film à fort grossissement montrant *Toxoplasma* en action, je trouve même qu'il ressemble un peu à mon Cheetoh. Le petit parasite grassouillet, qui a la forme d'un motif style cachemire, se faufile lestement jusqu'à une cellule humaine, bien plus massive, et sa façon de se mouvoir me rappelle la manière dont les chats se frottent à vos chevilles pour réclamer à manger. Et puis soudain, le parasite fonce sur la cellule et se contorsionne pour s'y introduire, comme une bombe à eau comprimée pour passer dans un œilleton.

Il est même capable d'envahir des cellules immunitaires, qu'il semble utiliser pour se faufiler à l'intérieur de notre cerveau, lieu impénétrable pour la plupart des parasites. Ce qui est une excellente chose, car le cerveau est sans doute notre organe le plus vital et le plus vulnérable : les réponses immunitaires y sont inhibées parce qu'elles provoquent de l'œdème, qui peut se révéler fatal dans l'espace confiné du crâne. La meilleure stratégie, c'est d'empêcher dès le départ les envahisseurs d'entrer. La barrière entre le cerveau et le corps est gardée de près par des cellules sanguines spécialement prévues à cet effet, et elle est presque impossible à franchir.

Mais il se peut que *Toxoplasma* utilise les propres cellules immunitaires du corps, en qui celui-ci a confiance, en guise de cheval de Troie pour passer en douce à travers la barrière. Et une fois qu'il est à l'intérieur, le cerveau ne peut plus faire grand-chose. Le parasite s'installe pour de bon. En hibernation dans ses kystes tissulaires blindés, il attend patiemment d'être dévoré par un chat.

*

Mais peut-être que le parasite ne se contente pas d'attendre son heure à l'intérieur de notre corps. Peut-être tire-t-il les ficelles en coulisses, et pipe-t-il les dés à son avantage, pour augmenter ses chances de figurer au menu d'un félin. Voilà l'idée qui a servi de point de départ à une série d'expériences sensationnelles réalisées dans les années 1990, au cours desquelles des chercheurs de l'université d'Oxford ont exposé des rats positifs au *Toxoplasma* à de l'urine de chat.

Bien qu'ils soient assez nuls pour la chasse aux rats, les chats ont un atout maître dans le domaine de la lutte contre les nuisibles : il n'y a pas d'odeur plus horrible au monde pour un rongeur que celle de leur urine. Même un rat de laboratoire, dont les ancêtres ont été élevés en captivité depuis des dizaines de générations, loin des griffes du moindre matou, fuira l'odeur du pipi de chat.

Du point de vue d'un parasite transmis par les excréments de félins, cette terreur innée face au pipi de chat représente un « obstacle considérable pour la transmission », explique Joanne Webster, qui dirigeait l'étude menée à Oxford. « Nous voulions voir si le parasite était capable d'atténuer cet effet. »

Ce qu'ils ont observé, c'était plus que de l'atténuation : le parasite semblait inhiber totalement l'instinct de peur des rats. Les rongeurs infectés cessaient d'éviter l'urine de chat. « En fait, ça les attirait », précise Joanne Webster. Les rats qui se vautraient douillettement dans le pipi de chat ne semblaient pas modifier leur comportement social, ni cesser de se méfier d'autres éléments dissuasifs identifiés. Ils perdaient seulement toute crainte vis-à-vis de l'urine de chat. Les chercheurs ont inventé une formule, celle de l'« attraction fatale » exercée par les félins, pour le plus grand régal des journaux.

Ce résultat, reproduit depuis dans de nombreux autres laboratoires, collait avec l'intérêt croissant des scientifiques pour l'hypothèse dite de la manipulation. Il a été démontré que certains parasites jouent les marionnettistes pour modifier le comportement de leurs hôtes à leur propre avantage sélectif : parfois le malheureux animal hôte est même incité à se sacrifier lui-même. Voici un exemple bien connu : la douve parasite infecte une fourmi, puis pousse cette fourmi à escalader un brin d'herbe où elle a plus de chances d'être mangée par un mouton ou une vache, les hôtes favoris de la douve.

Les chercheurs supposent désormais que le comportement téméraire des rats infectés par *Toxoplasma* (ce courage fraîchement acquis face à l'urine de chat, combiné à une activité plus intense également relevée par les chercheurs) pourrait être conçu pour accroître la prédation par les chats.

Si c'est vrai, alors ces découvertes sont encore plus dingues qu'elles n'en ont l'air. La plupart des cas classiques mettant en jeu l'hypothèse de la manipulation concernent des organismes très simples, comme ces malheureuses fourmis. Chez les mammifères, il n'existe aucun autre exemple de parasite manipulant son hôte de façon aussi radicale.

Ce qui nous ramène à ma propre enquête personnelle : si ce parasite du chat utilise les souris comme des marionnettes, les gens pourraient-ils également devenir ses pions ? Avais-je été incitée au niveau neurologique à me « sacrifier » dans la tanière du lion ? Avec une fascination morbide, j'ai lu une étude consacrée à nos plus proches cousins primates, selon laquelle les chimpanzés infectés par la toxoplasmose sont attirés par l'urine de leurs principaux prédateurs, les léopards.

Malheureusement, les scientifiques ne se sont pas encore attelés à évaluer le nombre de malheureuses victimes humaines d'attaques de lion qui seraient positives à la toxoplasmose. Il y a eu cependant des travaux intrigants sur le parasite et les comportements à risque chez les personnes infectées, qui semblent plus susceptibles de mourir de mort violente, pour différentes raisons.

Par exemple, les personnes atteintes de toxoplasmose ont un taux de suicide plus élevé, et les pays où les taux d'infection sont plus forts présentent aussi des taux de suicide et d'homicide plus importants. Le même pic apparaît dans les statistiques d'accidents de voiture, et les gens porteurs de la toxoplasmose ont deux fois plus de chances d'être impliqués dans ce genre d'incident.

Se planter en Jaguar est-il l'équivalent moderne de se faire dévorer par un jaguar ? C'est possible. « Si vous prenez un humain infecté par la toxoplasmose, explique le neurobiologiste de Stanford Robert Sapolsky dans une interview en ligne, il est possible qu'il se mette à avoir une propension à faire des trucs stupides, le genre de choses qui devraient normalement nous inspirer une réticence innée, comme par exemple se faire propulser dans l'espace en faisant subir une accélération intense à son corps. »

Mais certains chercheurs pensent plus probable que ces mauvais conducteurs (ainsi que les autres personnes et animaux infectés) souffrent d'un phénomène bien moins extraordinaire que la manipulation parasitaire, qui s'apparenterait à une réponse immunitaire refoulée mais persistante, qui s'exprime bien au-delà du bref épisode de maladie que la plupart des gens connaissent. Ces individus particulièrement touchés pourraient avoir un système immunitaire plus faible ou plus sensible au départ et, après avoir contracté la toxoplasmose, ils ne seraient plus jamais tout à fait dans leur assiette. Dans le cas des automobilistes enclins aux accidents, c'est peut-être leur temps de réaction qui est ralenti, et ils ont plus de mal à éviter les dangers sur la route.

Cette deuxième hypothèse est étayée par une autre donnée sanglante : les loutres de mer positives à la toxoplasmose de la baie de Monterrey ont trois fois plus de risques d'être massacrées par des super-prédateurs, mais ces derniers n'appartiennent pas à la famille des félins. Les loutres infectées ont plutôt tendance à servir de proie aux grands requins blancs. L'idée que le parasite du chat puisse manipuler ses victimes de façon à ce qu'elles soient « attirées » d'une façon ou d'une autre par des poissons géants semble un peu bizarre : il est plus probable que les loutres malades soient simplement un peu sonnées et désorientées, ce qui fait d'elles des proies plus faciles.

En parlant de proies faciles, à chaque fois que je mentionne ma petite hypothèse personnelle au sujet de l'épisode de la tanière du lion, les scientifiques rient de bon cœur. Ils soupçonnent que le parasite est capable de s'adapter pour vivre au sein de certaines espèces d'hôtes secondaires, mais probablement pas chez les humains. Ce genre d'adaptation n'aurait de sens que pour des espèces beaucoup plus accessibles et faciles à chasser, comme les souris ou les pigeons. De fait, peu de gens se font manger par des félins de nos jours, que ces derniers soient grands ou petits, et s'il avait existé une souche de *Toxoplasma* conçue pour attirer les journalistes imprudentes dans le repaire des lions, elle aurait probablement disparu il y a bien longtemps. Pour un parasite qui se compte par milliards, la population humaine ne représente que du pipi de chat.

Mais cela ne signifie pas cependant qu'il n'ait aucune incidence sur *nous*. Le consensus selon lequel seules les femmes enceintes avaient des raisons de craindre la toxoplasmose a été sérieusement remis en cause dans les années 1980, au moment de l'épidémie de VIH. Les systèmes immunitaires submergés des patients atteints du sida se laissent totalement malmener par le parasite, qui créée des lésions cérébrales de la taille d'une balle de tennis. Jusqu'à trente pour cent des malades du sida dans certains pays européens (et dix pour cent aux États-Unis) sont morts des suites de l'infection. Le micro-organisme s'est d'ailleurs imposé comme un sujet brûlant dans les débats de la campagne présidentielle américaine en 2016, quand un fabricant de médicaments contre la toxoplasmose a brutalement décidé de faire flamber le prix de certains traitements vitaux pour les personnes immunodéprimées.

Même chez les personnes dotées d'un système immunitaire en bonne santé, les chercheurs relèvent à présent des corrélations entre le parasite et une liste interminable d'affections : la maladie d'Alzheimer, la maladie de Parkinson, la polyarthrite rhumatoïde, l'obésité, le cancer du cerveau (le lien avec ce dernier est particulièrement contesté), les migraines, la dépression, les troubles bipolaires, l'infertilité, la hausse de l'agressivité, et les troubles obsessionnels compulsifs. Une étude récente de l'université de Chicago a remarqué un lien avec des cas d'agressivité au volant.

Et puis, il y a des recherches encore plus édifiantes. Un scientifique tchèque nommé Jaroslav Flegr pense que le parasite contribue à façonner la personnalité des individus. Selon ses études, les personnes infectées ont davantage tendance à se sentir coupables que les autres, les hommes contaminés se montrent plus suspicieux et dogmatiques, tandis que les femmes sont plus sociables et s'habillent de façon plus tape-à-l'œil. Il était sans doute inévitable que Jaroslav Flegr expose ses sujets humains à de l'urine de chat… Il a constaté que les hommes contaminés appréciaient plutôt l'odeur, tandis que les femmes non.

Et c'est très loin d'être ce qu'il y a de plus bizarre dans cette branche de la science. Un autre chercheur travaillant sur la toxoplasmose avance l'hypothèse que l'infection pourrait expliquer notre goût pour le sauvignon blanc, dont les effluves rappellent ceux de l'urine de chat. (Comme on pouvait s'y attendre, l'un de mes crus préférés s'appelle effectivement « Pipi de chat dans un groseillier ».) La Nouvelle-Zélande est spécialisée dans ce genre de vins, et il se trouve justement que c'est le pays du monde qui présente le plus fort pourcentage de gens possédant des chats… et le taux de toxoplasmose au niveau national atteint les quarante pour cent.

Même si ces découvertes étonnantes résistaient à un examen plus approfondi, comment nos habitudes de consommation et le contenu de nos caves à vin pourraient-ils augmenter le taux de prédation par les chats ? Ce n'est probablement pas le cas. Il se pourrait que le parasite déclenche toute une série de changements comportementaux chez ses nombreux hôtes secondaires, dont il suffit que quelques-uns avantagent l'envahisseur.

Mais parce que le cerveau humain est un organe sans équivalent dans le règne animal, les êtres humains peuvent souffrir d'effets subtils qui ne concernent pas les autres espèces hôtes comme les loutres de mer ou les wallabys. La mieux étudiée de ces complications possibles de la toxoplasmose est plutôt du genre préoccupant, c'est le moins qu'on puisse dire : il existe un lien récurrent entre le parasite et la schizophrénie.

*

E. Fuller Torrey est directeur associé à l'Institut de recherche médicale de Stanley, le plus gros sponsor privé de la recherche sur la schizophrénie et les troubles bipolaires en Amérique. Des tapisseries africaines décorent son bureau spacieux à Chevy Chase, dans le Maryland, un clin d'œil aux années qu'il a passées dans les Peace Corps en tant que médecin. Un tableau représente un troupeau d'éléphants, mais je ne vois aucun lion. Il y a cependant une petite image de chat barrée d'une croix.

E. Fuller Torrey ne possède pas de chats, et les membres de sa famille qui en souhaiteraient un en sont sûrement pour leurs frais. « La raison pour laquelle ma petite-fille n'a pas de chat, c'est parce que j'ai fortement recommandé à ma fille de ne pas lui en acheter un, explique le chercheur en psychiatrie. Et je ne recommanderais à personne ayant des enfants en bas âge de posséder un chat qui va dehors. Ni de jouer dans un bac à sable à moins que celui-ci ne soit couvert vingt-quatre heures sur vingt-quatre. »

À l'inverse, Robert Yolken de l'université John Hopkins, virologue pédiatrique et collaborateur régulier de E. Fuller Torrey, possède deux chats d'intérieur, Cannelle et Tibby. Pour la blague, Robert Yolken a déjà utilisé Tibby comme serre-livres dans sa bibliothèque remplie des nombreux ouvrages écrits par E. Fuller Torrey.

Malgré les relations personnelles différentes qu'ils entretiennent avec les félins, ces deux hommes sont tous deux très inquiets de voir le chat domestique conquérir le monde et, par extension, le *Toxoplasma* aussi. « De telles quantités de chats sont sans précédent dans l'histoire », écrivaient-ils dans un article récent pour *Trends in Parasitology* (*Actualités de la parasitologie*), citant un bond de cinquante pour cent du taux de possession de chats entre 1986 et 2006. Nous commençons peut-être tout juste à en comprendre les conséquences.

Torrey pense que la schizophrénie est une maladie dont l'origine est récente, et qui n'existait pratiquement pas avant le début des années 1800, quand elle a commencé à être mentionnée dans des documents historiques. Il estime qu'elle pourrait être provoquée ou exacerbée par différents aspects de la vie moderne. Mais il s'est progressivement intéressé en particulier à une tendance bien spécifique apparue au XIXᵉ siècle : le fait que les gens possèdent de plus en plus de chats. Comme on l'a vu, les années 1800 correspondent à la période où le chat a commencé à se frayer progressivement un chemin jusqu'à sa place de membre choyé de la maisonnée. Parmi cette première vague d'amateurs de chats, il y avait beaucoup d'artistes, remarque-t-il, une population pas particulièrement connue pour sa bonne santé mentale.

« En fait, l'ascension du chat comme animal de compagnie, écrit Torrey dans son livre *The Invisible Plague* (*Le Fléau invisible*), suit de très près la courbe des troubles mentaux. »

Yolken et Torrey introduisirent cette idée d'un « Mistrigri Typhoïde[1] » auprès de la communauté médicale dans un

1. Il s'agit d'une référence à « Marie Typhoïde » (« Typhoid Mary »). Mary Mallon (1869-1938) a été la première personne identifiée aux États-

numéro daté de 1995 de *The Schizophrenia Bulletin* (*La Gazette de la schizophrénie*), allant chercher très loin des exemples choquants de phénomènes tels que cette flambée de schizophrénie chez les gens nés pendant l'« hiver de la faim » en Hollande en 1944-1945, au cours duquel des femmes enceintes affamées auraient mangé des chats.

De façon sans doute plus convaincante, ils présentèrent une étude concluant que cinquante et un pour cent des sujets adultes atteints de troubles mentaux avaient eu un chat domestique dans leur enfance, contre trente-huit seulement pour les gens en bonne santé. (La seule autre différence majeure constatée pendant l'enfance était le taux d'allaitement maternel.) « Le chat domestique, concluait leur article, pourrait être un facteur environnemental important dans le développement de la schizophrénie. »

Plus tard, les chercheurs ont reproduit cette étude, cette fois en vérifiant le nombre de gens qui avaient eu des chiens pour être sûrs que les enfants schizophrènes n'étaient pas plus susceptibles d'avoir eu des animaux de compagnie en général. Ils ont de nouveau constaté que les schizophrènes avaient plus de chances d'avoir eu un chat dans leur enfance, tandis qu'ils étaient autant à avoir eu des chiens que chez les personnes en bonne santé.

Quand les deux scientifiques ont émis pour la première fois l'idée d'un lien entre les chats et la folie de stade cli-

---

Unis comme porteuse saine de la fièvre typhoïde. Cuisinière, elle contamina plusieurs dizaines de personnes. Par extension, une « Marie Typhoïde » désigne une personne qui répand une maladie ou un parasite sans le savoir.

nique, « tout le monde a pensé que c'était une idée complètement dingue », se souvient Torrey. Au départ, Yolken et lui se sont demandé si les rétrovirus félins pouvaient être les agents de la schizophrénie. Mais l'étude en plein essor de *Toxoplasma* a mis au jour des liens plus étroits avec la maladie.

La schizophrénie est une maladie dévastatrice, que la médecine ne parvient pas à expliquer et qui affecte environ un pour cent de la population américaine, avec notamment comme symptômes des hallucinations et des accès de paranoïa. Bien sûr, la vaste majorité des gens porteurs de la toxoplasmose – c'est-à-dire un tiers de la population totale – ne souffre pas de schizophrénie, et les recherches pointent de plus en plus le rôle crucial de la génétique dans ce trouble. Mais Yolken et Torrey pensent que la toxoplasmose, associée à d'autres facteurs environnementaux et génétiques, peut être un facteur de risque qui fait basculer les personnes prédisposées dans la maladie mentale pleinement déclarée.

Chiffre convaincant, les personnes infectées par la toxoplasmose ont trois fois plus de risques que les personnes non contaminées d'être diagnostiquées schizophrènes. Pourtant, même ce constat n'est pas aussi tranché qu'il y paraît. Il n'y a en règle générale aucun moyen de déterminer quelle maladie la personne a développée en premier, la toxoplasmose ou la schizophrénie. Les critiques suggèrent que les schizophrènes sont peut-être plus susceptibles d'attraper le parasite parce qu'ils négligent leur hygiène à cause de leur maladie psychiatrique.

Mais si Yolken et Torrey reconnaissent volontiers que leur théorie n'est pas exempte de tensions, ils citent une vaste gamme de corrélations concordantes. Outre cette apparition apparemment soudaine de la schizophrénie dans les années 1800, la maladie a une dimension saisonnière assez déroutante, tout à fait inhabituelle pour un trouble mental. Les schizophrènes ont tendance à naître l'hiver et au début du printemps. Torrey suppose que les chats qui vivent à la fois dehors et dedans, s'ils chassent toujours activement, passent plus de temps dans la maison au cours des mois les plus froids, et ont peut-être plus de chances d'infecter les bébés nés en hiver ou au début du printemps, au cours du dernier trimestre de gestation, quand *Toxoplasma* a des effets particulièrement profonds. Plusieurs études suggèrent que les femmes enceintes sont plus souvent infectées par *Toxoplasma* en hiver.

Il y a d'autres fragments de preuves dispersés çà et là. Comme les femmes en phase aiguë de toxoplasmose, les schizophrènes ont tendance à accoucher plus fréquemment de bébés mort-nés, et personne ne sait pourquoi. Dans certains endroits où les chats sont historiquement absents (et par extension *Toxoplasma*), comme les montagnes de la Papouasie-Nouvelle-Guinée, la schizophrénie est apparemment plutôt rare. Comme la schizophrénie, la toxoplasmose a tendance à être partagée au sein d'une même famille (pas à cause de la génétique, mais parce que la famille est exposée à la même nourriture, aux mêmes sources d'eau et aux mêmes chats) et ce qu'on a pris pour le caractère héréditaire de la schizophrénie correspond peut-être au schéma de transmission de *Toxoplasma*, sous une forme déguisée. La schizophrénie est, pour des raisons inconnues, plus courante dans les foyers pauvres où s'entassent beaucoup de gens.

C'est aussi le cas de la toxoplasmose. Enfin, certains patients atteints de toxoplasmose développent des symptômes psychotiques, et (même en l'absence de ce type de symptômes) certains médicaments antipsychotiques conçus pour traiter les troubles mentaux se sont révélés curieusement efficaces dans la lutte contre la prolifération du parasite, avant qu'il ne passe en mode dormant.

Chez beaucoup de chercheurs qui travaillent sur la toxoplasmose, les théories relatives à la schizophrénie suscitent *a minima* de la curiosité. Il existe cependant des contre-arguments. Alors que l'on pense que la schizophrénie touche plus fréquemment les personnes qui ont grandi en ville, la toxoplasmose serait plus répandue dans les zones rurales. Dans les pays où les taux de toxoplasmose atteignent des sommets, comme l'Éthiopie, la France ou le Brésil, il n'y a pas de prévalence plus forte de la schizophrénie. De la même manière, malgré tous les nouveaux chats en circulation, le taux d'infection par la toxoplasmose a récemment chuté dans certaines régions du monde développé, y compris aux États-Unis, peut-être grâce à la congélation de la viande et à l'amélioration des pratiques agricoles… Par contre, le nombre de diagnostics de schizophrénie n'a pas reculé.

Les indicateurs sont difficiles à démêler, notamment parce que la toxoplasmose est universellement répandue. Certaines incohérences exaspérantes des données pourraient être résolues, selon Yolken et Torrey, grâce à de meilleurs outils de diagnostic, capables d'identifier la souche de parasite (certaines sont beaucoup plus virulentes que d'autres), ou ses déplacements précis au sein du corps (un kyste au foie a sûrement moins d'incidence qu'un kyste au cerveau, sur le plan neurologique).

Plus important encore peut-être, les tests pour la toxoplasmose ne disent pas quand l'infection a eu lieu. La schizophrénie se manifeste généralement dans les premières années de l'âge adulte, et Yolken et Torrey pensent que le parasite pourrait faire particulièrement de dégâts sur les cerveaux en plein développement – pas seulement chez les fœtus, mais aussi les bébés et les petits enfants. (Des souris infectées à l'âge de quatre semaines ne s'en tirent pas du tout de la même manière que celles qui le sont à neuf semaines, par exemple.) Ils se concentrent de plus en plus sur les infections au cours de la petite enfance.

Bien sûr, il est également possible que les capacités de réflexion des chercheurs qui travaillent sur la toxoplasmose soient aussi compromises que celles de leurs rats de laboratoire… parce que Torrey, Dubey, Jaroslav Flegr et les autres stars de la discipline sont eux-mêmes infectés par *Toxoplasma*, et qu'ils le savent. Même si ce n'est pas une manipulation parasitaire qui télécommande leurs travaux de recherche, le biais de l'observateur joue peut-être un rôle. Passé un certain point, envisager la vie humaine à travers le prisme d'un parasite des crottes de chats peut prendre un tour pathologique.

En ce qui me concerne, il a fallu non pas un mais deux tests sanguins négatifs pour que je dise adieu à l'idée qu'un micro-organisme m'avait embobinée et poussée à aller me vautrer dans les pattes des lions. Encore aujourd'hui, pour être tout à fait honnête, je ne suis pas totalement convaincue. Comme le disent Yolken et Torrey, les tests sanguins peuvent se révéler peu précis.

Certains neurologues craignent que tout le battage autour de la recherche sur la toxoplasmose ne favorise la désinformation, non seulement des propriétaires de chats, qui risquent de s'emballer, mais aussi des personnes qui sont vraiment malades. « Le lien entre toxoplasmose et schizophrénie est vraiment ténu, explique Anita Koshy, chercheuse de l'université d'Arizona qui travaille sur *Toxoplasma* et soigne également des malades. Et c'est un vrai crève-cœur. La schizophrénie est une maladie terrible, vraiment, et j'ai l'impression que vous lancez de faux espoirs. »

*

Pendant ce temps-là, de nouvelles théories sur la toxoplasmose ne cessent d'émerger. Une tribune récente suggérait que certains pays, comme le Brésil, doivent leur culture machiste caractéristique et leurs prouesses en Coupe du Monde à un taux élevé d'infection chez les hommes. (En matière de football, plus de prises de risque et d'agressivité est une bonne chose.)

Ou peut-être que le parasite a influencé toutes les cultures humaines, point barre, par l'intermédiaire de la première des grandes civilisations.

Comme chacun le sait, les anciens Égyptiens avaient beaucoup de chats domestiques, et les élevaient même à échelle industrielle. De façon peu surprenante, *Toxoplasma* est un problème majeur dans l'Égypte contemporaine – en fait, Torrey et Fuller ont récemment participé à une étude là-bas, et ils s'intéressent particulièrement à la menace représentée par les eaux du Nil contaminées par la toxoplasmose.

Aujourd'hui, un jeune chercheur de l'université de Stanford nommé Patrick House traque le parasite dans les momies égyptiennes : plus précisément, les momies égyptiennes au rabais, auxquelles des embaumeurs tire-au-flanc ont laissé le cerveau. « J'ai compilé la liste de toutes les momies de tous les musées que je connais, précise-t-il. J'ai fait une feuille de calcul sur Excel. »

À supposer qu'il puisse trouver le parasite, il veut découvrir s'il était répandu parmi les populations de l'Antiquité, de quelles souches les gens étaient porteurs, et comment ces souches ont évolué. C'est assez fascinant de se demander si une épidémie de toxoplasmose aurait pu influencer le comportement des anciens Égyptiens. « Pour moi, cela pourrait en quelque sorte réécrire l'histoire de l'humanité », déclare Patrick House.

Un tel projet me semble tout d'abord assez tiré par les cheveux… voire un peu dingue.

Avant de découvrir qu'une autre équipe de chercheurs, sondant la chair de momies vieilles de plusieurs millénaires, a déjà identifié *Toxoplasma*.

7

La litière de Pandore

Le Prince Percy Dovetonsils[1] était un siamois lyrique qui miaulait des arias quand on lui servait son petit déjeuner, comme pour manifester sa reconnaissance. Percy passa les dix-sept années de sa vie auprès de notre famille (une période qui correspond pratiquement à toute mon enfance) et suivait toujours nos regards avec enthousiasme, avec ses yeux bleu ciel qui louchaient légèrement, monopolisant nos genoux dès qu'il le pouvait et guettant à la porte quand nous quittions la maison.

Tout le monde connaît un chat de ce genre, qui semble adorer sa vie de famille et ses humains. On dit souvent de ce genre de chats qu'ils « se comportent comme des chiens ». Mais il y a aussi tous ces chats, nombreux, qui se comportent comme des chats : insaisissables et enjôleurs… ou névrosés et bizarres.

---

1. Percy Dovetonsils était un personnage créé par le comédien de télévision Ernie Kovacs dans les années 1950, et qui reste une référence dans le domaine de la comédie. Artiste maniéré et loufoque, Percy déclamait des poèmes sur un ton affecté.

Prenez Fiona, la chatte de ma sœur, qui passe toutes ses journées cachée sous le lit au milieu des boîtes à chaussures, dans un minuscule recoin officiellement dénommé « le bureau de Fiona ».

Ou Annie, toujours à moitié sauvage, qui vomit au moindre changement dans son train-train quotidien, obligeant ma mère à la suivre partout avec une spatule spéciale dégueulis.

Ou mon propre Cheetoh adoré, qui a tendance à planter ses crocs dans les invités les plus distingués, en particulier s'ils tentent de le caresser.

Nous avons vu que les chats domestiques peuvent s'épanouir dans les environnements naturels les plus sauvages. Mais comment ces magnifiques prédateurs s'en sortent-ils en tant qu'animaux domestiques, dans le confort de nos maisons ? Que savons-nous de la vie intime de ces animaux d'intérieur, de leurs relations avec nous, et de la manière dont ils perçoivent l'environnement que nous partageons ? Aiment-ils être lavés avec du shampoing pour chaton qui ne pique pas les yeux ? Apprécient-ils leurs repas de poulet élevé en plein air au fromage, papaye et algues ? Et cette cohabitation a-t-elle du bon pour l'une et l'autre de nos espèces ?

La vérité, c'est que la persévérance avec laquelle les chats restent se faire dorloter entre nos murs lisses et peints est une prouesse de l'évolution tout aussi radicale que leur survie sur des îles subantarctiques balayées par le vent ou sur des pics volcaniques. Et s'il y a effectivement des chats domestiques qui rendent fous certains humains, il se peut que le problème soit réciproque.

*

C'est en quête de l'âme de ces reclus des temps modernes que je me rends au Salon international des animaux de compagnie (Global Pet Expo), qui se tient dans un vaste centre de congrès dépourvu de fenêtres à Orlando : on ne peut pas faire plus intérieur. Errant dans l'enfilade interminable de stands de produits dédiés aux chats sur cette foire commerciale (la plus grande qui existe pour le marché des animaux de compagnie, qui pèse 58 milliards de dollars), j'examine des capuchons protège-griffes coloris noir gothique, des cure-dents pour chat, et des poussettes pour chat avec des roues à démontage rapide. Je découvre que la citrouille est un remède naturel contre les boules de poils, que le Matatabi (également appelé « vigne argentée ») est la nouvelle herbe à chats, et que le marché de la nourriture pour matous connaît actuellement un engouement pour les « protéines exotiques » dont devraient peut-être s'inquiéter les buffles et les kangourous de la planète. Je dois régulièrement refuser poliment des échantillons de nourriture pour chats de qualité propre à la consommation humaine. Je m'arrête pour observer un homme adulte tester la résistance d'un arbre à chat en forme de séquoia en grimpant au sommet, où il lève les bras en signe de victoire sous la clameur de la foule.

Il n'y a pas si longtemps, il n'existait pas vraiment de « produits » pour chats, et encore moins de forêts de faux arbres, de tipis cousus main et de crèmes solaires à l'avoine. Nos matous se débrouillaient la plupart du temps avec les médicaments développés pour les chiens, et même les articles de base comme les paniers de transport n'étaient pas très répandus – quand il fallait immobiliser un félin, on le fourrait parfois dans une vieille chaussure. La nourriture industrielle pour chiens fut inventée dans les années 1860, mais celle destinée aux chats ne se vendait pas très bien avant la fin de la Seconde Guerre mondiale : on pensait, de façon tout à fait justifiée, que les chats étaient capables de se nourrir tout seuls.

Encore jusque dans les années 1960, la nourriture, les jouets et tous les autres trucs pour chats ne représentaient que huit pour cent du marché des produits pour animaux de compagnie, un chiffre incroyablement bas, largement à la traîne derrière non seulement les chiens (quarante pour cent), mais aussi leurs anciens rivaux, les oiseaux (seize et demi pour cent) et même du menu fretin comme les reptiles et les petits mammifères.

Aujourd'hui, cependant, les chats se sont taillé une énorme part du marché et gagnent du terrain sur la tête de peloton canine. Les Américains dépensent aujourd'hui 6,6 milliards de dollars par an rien qu'en nourriture pour chats, et les seuls achats de litière représentent 2 milliards de dollars.

Qu'est-ce qui a changé ? Les couches pour chats, les boissons félines énergisantes aux extraits de thé vert, et les coussins apaisants qui ronronnent sont des innovations toutes plus remarquables les unes que les autres. Mais aucune d'entre elles n'existerait sans l'invention du chat d'intérieur.

Garder les chats uniquement en intérieur est un arrangement très récent. Dans son traité classique de 1920 sur les chats domestiques, *The Tiger in the House* (*Le Tigre dans la maison)*, Carl Van Vechten décrivait un mode de vie félin tout en fluidité, et qui faisait la part belle au plein air : il n'y a même pas un siècle, c'était l'usage, jusqu'au cœur de Manhattan. « On a déjà vu des chats persans abandonner les soieries et satins du boudoir pour une vie de liberté sur les toits, écrivait-il. Un matou ordinaire, qui jouit au sein du foyer domestique d'une excellente situation auprès de la famille, peut fréquenter les toits et les clôtures, [et s'y tailler] une solide réputation de boxeur professionnel. »

Mais de nos jours, plus de soixante pour cent des chats que possèdent les Américains vivent toute leur existence en intérieur, et des millions d'autres y passent la majeure partie de leur temps, ou tout au moins leurs nuits. Cette transition vers une vie sous plutôt que sur nos toits ne s'est opérée qu'au cours de ces cinquante dernières années, à peu près. D'abord impulsée par l'urbanisation, elle a été favorisée par la stérilisation (les matous entiers et les femelles en chaleur ne font pas des colocataires très prévenants). Tandis que notre propre espèce abandonnait la nature conquise pour la ville, puis pour les cieux dans des étages de plus en plus élevés, de nombreux chats ont suivi le mouvement.

Pour le chat d'intérieur, cette mutation représentait un défi, puisqu'elle le privait en règle générale de l'opportunité de s'adonner à ce qu'il sait le mieux faire : le sexe et la chasse. Mais à l'échelle de l'espèce et de sa conquête du monde, rentrer dans la maison était un brillant stratagème. Bien qu'ils ne représentent qu'une petite part de l'ensemble des chats de la planète, les chats du dedans sont des ambassadeurs essentiels pour leurs semblables. Sans la diplomatie de l'intérieur, les chats de gouttière n'auraient sans doute pas autant d'« amis » humains, et d'un point de vue politique, ce serait beaucoup plus facile de purger les écosystèmes fragiles de leurs félins. Il est probable que l'engouement contemporain pour les chats n'aurait pas pris la même ampleur.

Dans le monde naturel et aux lisières de celui-ci, les félins sont des animaux invisibles. C'est seulement quand il est coincé à l'intérieur que le chat domestique se métamorphose de présence capricieuse en véritable animal de compagnie, avec son élégante léthargie et son indolence magnifique, et toutes ses petites manies secrètes et charmantes soudain exposées au grand jour vingt-quatre heures sur vingt-quatre. Dans le périmètre restreint de nos foyers, l'admiration que l'humanité voue depuis toujours à ces bestioles prend vite une dimension plus obsessionnelle. Nous devenons gagas. Et les études les plus récentes suggèrent que si les gens gardent leurs chats en intérieur, ce n'est probablement ni pour sauvegarder la faune sauvage du voisinage, ni pour préserver leur maisonnée de la toxoplasmose, mais plutôt pour protéger leurs chats bien-aimés, qui risqueraient sinon de servir de proie aux ratons laveurs ou aux Cadillac.

Cet amour obsessionnel, bien sûr, coûte aux chats non seulement leurs gonades et (parfois) leurs griffes, mais souvent également leur dignité. Quand la porte se referme ou que l'ascenseur monte, ces superprédateurs deviennent absolument dépendants, et ils ont besoin de nous pour tout : un endroit où faire leurs besoins, de quoi s'occuper, et beaucoup, beaucoup de nourriture.

Au Salon international des animaux de compagnie, les chats domestiques sont souvent présentés non comme des tueurs suprêmes, mais comme des glandeurs mignons et incapables, gavés de bananes à l'herbe à chat et de Miaoujitos goût menthe-poisson blanc. Le rayon des chatières est franchement triste. Au lieu de s'ouvrir sur la splendeur verdoyante d'un jardin, de plus en plus souvent ces petites trappes ne mènent qu'à la litière placée au sous-sol.

Et pourtant, c'est peut-être là, enfin, dans ce lien intense que les propriétaires tissent avec leurs animaux de compagnie, que le genre humain peut enfin tirer à son tour quelque chose de significatif de cette alliance que nous entretenons depuis plusieurs millénaires avec les chats. Peut-être que le plaisir que ces chats nous offrent justifie enfin notre mystérieuse fixette sur les félins.

L'Association américaine des produits pour chats (American Pet Products Association) aimerait sans doute bien que nous adhérions à cette idée. Cette organisation commerciale a récemment entrepris de financer le champ de recherche connu sous le nom d'« interactions humains-animaux », c'est-à-dire l'étude spécifique de la façon dont les gens et leurs bestioles s'influencent réciproquement. Ces chefs d'entreprise ont même financé une organisation à but non lucratif pour quantifier les bénéfices induits par la possession d'animaux de compagnie, et pour promouvoir ces derniers « comme facteur bénéfique pour la santé humaine et animale ». La science n'est pas vraiment censée prendre parti, mais ici l'accent est vigoureusement mis sur le positif : « Les animaux de compagnie nous rendent heureux », proclame le site internet de l'organisation. « Les animaux de compagnie nous font du bien. »

Au moment du Salon, cette organisation scientifique à but non lucratif est en plein processus de sélection pour allouer ses premières bourses de recherche, mais j'apprendrai plus tard avec déception que quatre sur cinq ont été attribuées aux chiens. (Les études canines sont un champ de recherche relativement saturé de nos jours, en partie parce que le gouvernement américain et d'autres acteurs continuent à chercher de nouvelles façons utiles d'exploiter ces animaux si pratiques.) La cinquième bourse est attribuée à un projet de thérapie par le cheval. Et voilà que tous ceux qui aspiraient à enquêter sur l'animal de compagnie le plus populaire d'Amérique se retrouvent les mains vides.

Mais, en réalité, quelques spécialistes ont déjà examiné de près les relations humains-chats dans l'espace restreint du domicile… et d'après leurs observations, celles-ci sont loin d'être uniquement tendres et câlines.

*

Le père de la recherche sur les liens entre humains et chats domestiques est un biologiste américain nommé Dennis Turner. Il a commencé sa carrière scientifique dans les années 1970 avec un tout autre sujet animal : la chauve-souris vampire, dont il étudiait « la sélection des sources de sang » et autres habitudes dans les jungles du Costa Rica. Turner a lui-même été sélectionné comme source de sang à plusieurs reprises, et suite à la morsure d'un vampire enragé, il a dû subir cette fameuse et atroce série de 21 injections vaccinales pour sauver sa peau.

C'est peut-être cette expérience de terrain périlleuse qui a poussé Dennis Turner à prendre la décision de se tourner vers l'étude d'une bestiole plus affectueuse. Une fois rentré, bien en sécurité dans son salon, il a envisagé divers animaux possibles, et a même songé un temps à accepter la direction du fameux projet sur les lions du Serengeti.

« Précisément au moment où j'envisageais de reprendre le projet lions, se souvient Turner, mon chat domestique est sorti de sous la table et s'est mis à miauler. Je lui ai dit pour rire : "Ce sera toi, mon lion." Et là, ça a fait tilt. »

Quelques chercheurs travaillaient déjà sur les vagabondages en plein air des chats et sur leurs habitudes de chasse. Mais Turner s'intéressait davantage aux relations interspécifiques de plus en plus intimes qui se jouent en intérieur. Il y avait décidément matière à gamberger : des problèmes de thermorégulation expliquent-ils pourquoi certains chats fuient nos genoux ? Le sexe du propriétaire détermine-t-il la dynamique de jeu ? Il publia des articles avec des titres intrigants, quoique énigmatiques, tels que « Conjoints et chats et leurs effets sur l'humeur humaine ».

Plusieurs autres laboratoires dans le monde emboîtèrent le pas à Dennis Turner, et bientôt des doctorants chanceux câlinaient des chatons avec la plus grande rigueur pour leurs projets de recherche. Leurs efforts collectifs ont abouti à l'émergence d'un secteur de recherche à la production restreinte mais dynamique : dans le cadre d'une étude récente, des chercheurs ont placé au sol « un bébé hibou en peluche avec de gros yeux en verre » et observé les réactions des chats de la maison, consignant des comportements tels que se lécher les babines et onduler de la queue, ainsi que des « événements », comme, par exemple, quand les chats se mettent à courir « au galop », ou à « ouvrir des yeux plus grands que d'habitude (yeux écarquillés) ».

Par chance, les efforts de ces spécialistes des chats

convergent avec la récente expansion d'un tout nouveau champ de recherche consacré aux interactions humains-animaux. Alors que l'agriculture et l'élevage disparaissent peu à peu de notre quotidien, il est tout naturel de vouloir mieux comprendre les liens de plus en plus forts que nous entretenons avec ces nouvelles bêtes de somme dont la charge est émotionnelle : les animaux de compagnie. Et puisque nous sommes des créatures nombrilistes, les humains se sont en particulier intéressés à l'impact quantifiable que ces animaux ont sur notre santé.

L'étude révolutionnaire dans ce domaine a été publiée en 1980, quand une chercheuse nommée Erika Friedmann s'est mise en quête des facteurs jouant sur le taux de survie après une crise cardiaque, et a constaté que quatre-vingt-quatorze pour cent des patients possédant un animal de compagnie avaient survécu l'année suivante, contre seulement soixante-douze pour cent de ceux qui n'en avaient pas. Le mantra qui en découle s'est enraciné depuis : « les animaux de compagnie nous font du bien ». Dans son livre *The Healing Power of Pets* (*Le Pouvoir de guérison des animaux de compagnie*), le célèbre vétérinaire et invité régulier de l'émission *Today* Marty Becker résumait ainsi le point de vue en question : « Un animal de compagnie peut constituer un médicament miracle, qui vous garde en meilleure santé, vous permet de rester chez vous au lieu d'être hospitalisé, et réduit le risque de crise cardiaque [...] avec un coup de langue, un battement de queue ou un ronronnement rythmé [...] et ça ne vous coûtera même pas une fortune, seulement le prix d'une boîte de Whiskas ou de Friskies. »

Quand je rencontre Alan Beck, spécialiste de l'écologie

animale de l'université de Purdue qui participe à la supervision des nouvelles aventures scientifiques de l'industrie des animaux de compagnie, je viens de finir de lire un résumé de recherche intitulé « L'attachement aux chèvres : implications sur le bien-être humain. » (« Quand ma chèvre préférée est morte, j'ai éprouvé davantage de regrets que lorsque j'ai perdu ma mère », racontait un des sujets de l'étude.) Je sais qu'Alan Beck lui-même a étudié les cochons d'Inde et l'autisme, les aquariums et la maladie d'Alzheimer, et quelque chose en lien avec les chevaux de race Clydesdale. Je commande un grand café et me prépare à une avalanche de découvertes étourdissantes sur les félins. C'est pourquoi, quand je lui demande en quoi les chats nous font du bien, je suis surprise d'entendre au lieu de cela un long silence.

« Dès qu'on commence à dire du mal de telle ou telle espèce, déclare-t-il, et croyez-moi, j'ai vécu ça avec les pitbulls, les ennuis commencent. Mais… »

Et c'est là que je dresse vraiment les oreilles.

« Mais la vérité, c'est qu'il y a moins d'éléments attestant des effets bénéfiques des chats sur la santé. »

Ce n'est pas parce que les gens n'aiment pas les chats, s'empresse-t-il de m'assurer. « Simplement, je crois que les gens n'utilisent pas les chats d'une façon susceptible de se prêter à des résultats thérapeutiques. »

La thérapie par les chats est effectivement une pratique qui a une existence officielle : « des chats de réconfort » spécialement dressés pour se faire caresser ont, par exemple, été déployés pendant les examens de fin d'année à l'Université luthérienne du Pacifique, et dans d'autres facultés. Mais cela a clairement ses limites. Beaucoup de gens (presque vingt pour cent, selon une enquête) n'aiment tout simplement pas les chats, les phobies des chats d'ordre clinique sont étonnamment répandues, et des études suggèrent que ces bestioles cherchent parfois à faire des mamours à des gens qui les détestent. (C'est essentiellement en prison que semble se pratiquer la thérapie par les chats, contexte dans lequel, peut-on supposer, aucune des deux parties en présence n'a les moyens de s'y soustraire.) Pour cette raison, les guérisseurs félins peuvent très vite s'avérer contre-productifs.

Mais même pour les gens subjugués par leurs animaux de compagnie, les chats ne semblent pas avoir le genre d'effets bénéfiques sur la santé auxquels le mantra « les animaux nous font du bien » pourrait laisser croire. C'est tout le contraire. Quand Erika Friedmann a reproduit son étude sur les crises cardiaques en 1995, en se focalisant davantage sur le type d'animal familier que sur la possession d'animaux en général, elle a confirmé qu'avoir un chien relevait effectivement le taux de survie des patients… mais constaté que posséder un chat le faisait légèrement baisser. Une étude de suivi plus récente réalisée par une autre équipe a épinglé les chats comme facteur de risque cardiaque significatif : par rapport aux gens qui avaient des chiens, ou même à ceux qui n'avaient pas d'animaux du tout, la possession de chats était « associée de façon significative à un risque accru de décès ou de réhospitalisation », écrivaient les auteurs.

D'autres chercheurs ont publié le même genre de résultats morbides. Si une étude américaine des dossiers Medicaid a montré que les propriétaires de chiens allaient moins souvent chez le médecin, ce qui suggère qu'ils seraient en meilleure santé, les propriétaires de chats consultent aussi souvent que n'importe qui d'autre. Par la suite, une étude hollandaise a conclu que les propriétaires de chats avaient plus souvent recours à certains types de soins : à savoir ceux qui relèvent de la santé mentale. Un autre groupe de scientifiques a constaté que les propriétaires de chats présentent une pression artérielle plus élevée. Une étude norvégienne particulièrement accablante a confirmé cette augmentation de la pression artérielle et également montré que les propriétaires de chats étaient plus gros, et témoignaient d'un moins bon état de santé général.

« Plus la fréquence des exercices physiques est faible, plus la personne est susceptible d'avoir un chat », avertissent les auteurs norvégiens. Prenant acte de la progression des taux de possession de chats en Europe, ils appellent à une surveillance scientifique approfondie des propriétaires de félins, pour déterminer si « le chat les pousse à rester à l'intérieur, avec comme résultat un état de santé dégradé ».

Les chats d'intérieur enferment-ils réellement les humains tombés sous leur charme, se pelotonnant contre nous jusqu'à ce que nous prenions du poids et que notre pression artérielle grimpe ? Est-ce qu'en vérité le retour sur investissement que nous obtenons en échange de cette « boîte de Whiskas ou de Friskies » mentionnée par Marty Becker, c'est un arrêt cardiaque ? Ces découvertes ont refroidi pour un temps mon propre cœur d'amoureuse des chats, et j'ai donc été ravie d'apprendre qu'il existe plusieurs explications moins sinistres à ce qui se passe. Le seul rituel de la promenade du chien explique une partie des différences d'état de santé entre propriétaires de chiens et de chats : une étude suggère que les propriétaires de chiens ont soixante-quatre pour cent de chances supplémentaires de marcher au moins un peu par rapport à ceux qui n'ont pas d'animaux, tandis que les propriétaires de chats marchent neuf pour cent moins, même par rapport aux gens sans animaux. Les gens qui ont des chats forment peut-être également un groupe « auto-sélectionné », moins enclin à marcher ou souffrant de problèmes de santé préexistants, ce qui est peut-être la raison qui les a fait choisir un chat plutôt qu'un chien en premier lieu.

Il y a encore une autre possibilité : outre l'exercice supplémentaire, les propriétaires de chien profitent peut-être d'avantages sociaux bons pour la santé, parce qu'ils croisent d'autres êtres humains au parc à chiens ou sur le trottoir. En revanche, le fait d'avoir un chat n'incite pas vraiment à de fréquentes incursions dans la vie publique.

Ceci étant dit, certaines de ces expériences ont vérifié au moins une partie de ces variables, et il y a peut-être quand même une différence fondamentale dans la façon dont les chiens et les chats influencent les gens. « C'est ce qu'on appelle la théorie du soutien social, explique Alan Beck. Nous voulons être avec d'autres gens, nous nous sentons moins seuls, nous trouvons du réconfort à nous toucher, nous nous servons les uns des autres pour rester dans l'instant présent, et nous faisons cela aussi avec nos animaux de compagnie. Malheureusement, nous le faisons davantage avec les chiens qu'avec les chats. » À une époque marquée par l'éclatement familial, l'isolement géographique et l'ennui généralisé, les chiens semblent être de meilleurs substituts à une présence humaine.

Beaucoup de propriétaires de chats se hérisseront bien sûr en entendant cette critique, et on peut les comprendre. Je peux citer moi-même de nombreux moments où les chats m'ont apporté du réconfort : quand j'ai quitté la maison après l'université, par exemple, j'ai emmené un chat grassouillet appartenant à la famille, nommé Coby, que je serrais contre moi toute la nuit comme un ours en peluche vivant. (Même si plus je repense à ce souvenir, moins il me réconforte : dans le décor tristounet de mon premier appartement, Coby s'est rapidement mis à déprimer et a commencé à perdre du poids, à tel point que j'ai dû finir par capituler et le rendre à ma mère.)

Une partie du problème vient peut-être du fait que même avec des chats de compagnie cloîtrés dans nos maisons, nous avons tout de même beaucoup plus de contacts avec nos chiens. Une étude indique qu'à peine sept pour cent des propriétaires d'animaux familiers passent toute la journée auprès de leurs chats, tandis que la moitié reste vingt-quatre heures sur vingt-quatre avec leurs chiens. Une autre a montré que sur 210 minutes d'observation, les chats et les humains ne se rapprochaient à moins d'un mètre les uns des autres que pendant six minutes, et que les échanges réciproques duraient généralement moins d'une minute. Une étude japonaise a démontré, en analysant les mouvements d'oreilles des félins, qu'en réalité ces derniers reconnaissent la voix de leur maître, mais choisissent tout simplement de ne pas répondre quand on les appelle.

Et quand ils se décident à approcher, la façon dont les chats interagissent avec nous est généralement assez éloignée des modes de communication humains. Récemment, le vétérinaire britannique Daniel Mills a tenté de reproduire une série d'expériences classiques des années 1970, conçues pour tester l'attachement des enfants à leurs parents – sauf qu'au lieu d'enfants et de parents, il a utilisé des chats et leurs propriétaires. Il avait déjà fait le test avec des chiens, qui avaient montré un comportement très proche de celui des enfants humains, cherchant à être rassurés, évitant les inconnus quand ils exploraient une nouvelle pièce. Au moment où nous avons pu échanger, Daniel Mills n'avait pas encore publié ses résultats sur les félins, mais quelqu'un avait trouvé les vidéos de ses expériences assez choquantes pour les faire « fuiter », et c'est ainsi qu'elles ont fait sensation sur Internet. Dans une des vidéos, non seulement le chat semble se ficher que sa maîtresse quitte la pièce, mais en plus il la snobe avec application pour faire du gringue à un inconnu. Daniel Mills en conclut que les chats placés dans un environnement étranger ne cherchent pas la sécurité auprès de leurs propriétaires comme le font les chiens, et sont ravis de jouer avec des personnes qu'ils ne connaissent pas.

L'étude a « généré beaucoup d'e-mails haineux qui m'étaient adressés », raconte Daniel Mills. Mais « ça ne me pose aucun problème d'affirmer qu'en matière de sûreté et de sécurité, les chats ne sont pas attachés à nous ».

Comme beaucoup de choses concernant les félins, le mode d'interaction des chats, ou plutôt le peu d'interactions qu'ils ont avec nous, est lié aux protéines, et à la manière de se les procurer. Et encore une fois, la meilleure manière de comprendre ce déficit est de comparer avec les chiens. Anciens loups, l'évolution a fait des chiens des chasseurs vivant en société. Leur survie dépendait de leurs efforts communs pour abattre du gibier. La communication et la coopération font autant partie de l'arsenal de survie des chiens que leurs crocs.

Les humains descendent plus ou moins de la même école en matière d'évolution, façonnés par la vie en groupe. Au cours de ces dizaines de milliers d'années passées ensemble, nous avons peut-être même co-évolué avec les chiens : d'après les conclusions récentes de chercheurs japonais, si les loups évitent tout contact visuel direct, les chiens auraient adopté il y a bien longtemps les échanges de regards intensifs qu'affectionne le genre humain, au moment de leur domestication. Se regarder a fini par devenir un élément tellement central de notre langage commun que lorsqu'un chien capte le regard de son maître, il est récompensé par une décharge d'ocytocine, et le maître reçoit lui aussi un afflux de cette hormone du plaisir en regardant son chien. (Les parents humains entretiennent des liens similaires avec leurs enfants.) Les chiens et les humains sont ainsi devenus des « partenaires sociaux ». Et aujourd'hui, après des millénaires de sélection artificielle et de dépendance constante aux humains, il ne fait aucun doute que les chiens sont plus que jamais en phase avec notre présence et avec les signaux que nous envoyons. (Au Salon international des animaux de compagnie, j'ai vu une machine capable d'émettre une odeur à distance dans le tiroir à chaussettes d'un maître absent : apparemment, cela plaît autant aux chiens qu'une friandise.)

Mais les chats, comme nous l'avons vu, sont des solitaires consommés. Presque tous les félins sauvages vivent et chassent en solo, sillonnent un bout de territoire qui leur appartient exclusivement et ne croisent que rarement les membres de leur propre espèce. Toute coopération est à peu près impossible (même les lions qui vivent en groupe ne travaillent pas vraiment de concert quand ils chassent) et les hiérarchies de statuts n'ont tout simplement pas cours. Reclus de la nature, les chats n'ont jamais développé de capacités d'expression en évoluant, parce qu'il n'y avait pas d'autres chats dans le coin pour les déchiffrer : d'où l'attitude impassible caractéristique de la famille des félins. Les chats ne remuent pas la queue, ne dressent pas les oreilles, ne font pas les yeux de chien battu, et ils ne sont pas non plus capables d'interpréter de tels indicateurs. Les rares signaux visuels clairs qu'émettent les chats interviennent généralement dans les situations de vie ou de mort, quand ils font le dos rond et se gonflent comme des poissons-globes. Le chat, prédateur embusqué pour qui l'important est de rester furtif, n'utilise pas beaucoup non plus les signaux vocaux. Le principal mode de communication du chat, ce sont les phéromones, des messages à l'odeur âcre qui peuvent être émis ou reçus sans aucun face-à-face indésirable.

Pour résumer, en raison de leur mode de communication, les chats domestiques sont peut-être les animaux les moins bien armés pour jouer le jeu social du donnant-donnant auquel les humains aspirent. Les chats veulent de l'espace, pas de la compagnie, et des protéines, pas des compliments. Les humains et les chats forment un couple très mal assorti d'un point de vue biologique.

« Les chats semblent très peu, voire pas du tout capables d'apprécier instinctivement le comportement des humains, ou la meilleure manière d'interagir avec eux », souligne le spécialiste du comportement des chats John Bradshaw dans son livre *La Vie secrète des chats*. « Entretenir une relation affectueuse avec des gens n'est pas la principale raison de vivre de la plupart des chats. »

Tout cela ne nous empêche pas, nous les humains, en bons communicants compulsifs que nous sommes, de faire tout notre possible pour comprendre ces animaux impénétrables. Ce qui explique peut-être pourquoi des scientifiques se retrouvent à écrire des communications pour des conférences avec des titres comme : « Attitudes affectives des enfants et des adultes en lien avec le diamètre de la pupille d'un chat : données préliminaires. » Même pour les spécialistes distingués du comportement des chats comme John Bradshaw, une activité féline comme le fait de se frotter à nos jambes représente un mystère tenace. « Malgré des années de recherche, se lamente ce dernier, je ne sais toujours pas avec certitude si la partie du corps à laquelle l'animal a l'habitude de se frotter a une signification quelconque. »

Pour rendre justice aux chats, des indicateurs montrent qu'ils font un effort sincère pour communiquer avec nous grâce à leur répertoire d'expressions limité, fondé sur les odeurs, en vaporisant de l'urine ou en épelant des messages plus subtils sur nos jambes au moyen de glandes situées sur leur face et au niveau de leur derrière. Mais les humains sont souvent trop obtus pour enregistrer ces signaux : en fait, notre odorat est particulièrement peu aiguisé. (Une étude a montré que les propriétaires de chats n'étaient même pas capables de reconnaître à l'odeur leur propre animal lors d'une séance d'identification, et encore moins de reconnaître la signification plus profonde de tel ou tel effluve.)

Cette incapacité réciproque à communiquer place les chats d'intérieur dans une situation précaire, puisqu'une fois enfermés hermétiquement dans nos maisons, ils ne peuvent survivre sans la protection des humains. Pour compliquer les choses, en raison de ce que John Bradshaw appelle leur « défaut de compétences sociales », les chats sont pratiquement insensibles aux punitions, la seule récompense qui les obsède est la nourriture, et ils sont donc très difficiles à dresser. Nous ne pouvons pas leur enseigner nos façons de faire.

C'est là que la recherche sur les interactions entre chats et humains prend un tournant fascinant : comme ils l'ont fait si souvent au fil de leur relation avec le genre humain, les chats prennent l'initiative et nous dressent. Piégé dans la maison, sans aucun autre recours, tout chat de compagnie entreprend la lourde tâche de mettre au pas son gros nigaud d'humain. Cette besogne dépassant largement le cadre normal de la vie (anti-)sociale des félins, le chat se voit contraint de partir plus ou moins de rien et de réaliser ce qui s'apparente à une série de tests sur des sujets humains. De fait, il s'avère que ce que nous prenons pour de l'affection ou de l'amour à notre égard de la part des chats est non seulement tout sauf inconditionnel, mais carrément une manière de nous conditionner. Les chats sont les concepteurs de l'expérience. Nous sommes les chiens de Pavlov.

Une partie de ce conditionnement est évidente, et même jouissive, aux yeux des amateurs de chats. « Honeybun déborde tellement d'amour », raconte une propriétaire citée dans une étude. « Elle réclame de l'affection et donne des coups de patte aux gens pour qu'ils la caressent ou continuent à la caresser. » Mais l'essentiel du processus de dressage nous échappe.

Par exemple, beaucoup de chats se rendent compte d'une manière ou d'une autre que les humains réagissent bien au son. Prenez l'agréable roucoulement d'un ronron. Entre chats, ce bourdonnement tonal des cordes vocales n'a pas de signification fixe : cela peut vouloir dire n'importe quoi, depuis "Je suis content" jusqu'à "Je vais mourir". Mais pour les humains, c'est un son agréable et même plutôt flatteur. Quand ils sont à portée de nos oreilles, beaucoup de chats, semble-t-il, réorchestrent donc leur ronronnement qui n'avait pas de finalité au départ, de façon à y inclure un signal à peine audible, très agaçant et insistant, une plainte (qui vise généralement à obtenir de la nourriture) semblable aux vagissements d'un bébé. « Le fait d'intégrer une plainte dans une forme d'expression que nous associons normalement au contentement est une façon pour le moins subtile d'obtenir une réaction », déclare la chercheuse Karen McComb, qui travaille sur le ronronnement. Elle décrit ce « ronronnement de sollicitation », que les gens perçoivent inconsciemment, comme « moins harmonieux et auquel il est donc moins facile de s'habituer », et affirme que les chats intensifient ce comportement quand ils comprennent qu'il permet d'obtenir des résultats.

Miauler peut être tout aussi manipulateur. Dans la nature, ce cri rarement utilisé n'a pas énormément de signification, et pourtant de nombreux propriétaires de chats ne se trompent pas en interprétant les miaulements de leurs animaux comme des ordres précis. Car non seulement les chats de compagnie miaulent plus souvent – et plus doucement – que les chats férals et sauvages, mais au sein de chaque maisonnée, le chat développe un langage unique à base de miaulements pour donner des instructions à son maître. Ces signaux sont uniques et ne se traduisent pas d'une maison à l'autre : un propriétaire de chat saura prêter attention aux directives particulières de son animal, mais pas forcément à celles du chat des voisins. Plutôt que d'« apprendre une règle commune », suggère une étude, « pour classifier les miaulements de chats, il faut apprendre à reconnaître les vocalises de chaque individu ». Et comme d'habitude, c'est l'humain qui prend des notes, et non le chat.

Programmés comme nous le sommes pour l'hypercommunication, nous les humains sommes des cibles de choix pour ce genre d'exploitation. Une enquête a même montré, grâce à l'imagerie par résonance magnétique fonctionnelle, que le schéma de la circulation sanguine dans notre cerveau évolue en fonction de la tonalité de la voix féline.

*

Si les analyses en bonne et due forme de la vie humaine sous influence féline restent rares, nous en savons encore moins sur la vie intime de nos animaux de compagnie. Il semble que, comme toujours, ces hypercarnivores asociaux se débrouillent du mieux qu'ils peuvent pour s'en sortir dans ces conditions nouvelles, déployant diverses stratégies de survie plus ingénieuses les unes que les autres. Par exemple, les chats domestiques sont capables de renoncer à leur mode de vie nocturne pour coller au rythme circadien de leurs maîtres. Ils se débrouillent avec un territoire dix mille fois plus petit que celui de certains de leurs frères férals. Ils renoncent à s'accoupler. Et pour l'essentiel, ils renoncent à tuer, le passe-temps qui définit le félin dans toutes les fibres de son être.

Mais cela suffit-il ? Comme le souligne John Bradshaw, les membres de la famille des félins sont connus pour faire de piètres captifs – dans les zoos, il n'y a que les ours, autres carnivores solitaires, pour être aussi malheureux. Là où les grands fauves font les cent pas, les chats domestiques s'adonnent à ce que l'on qualifie de « repos apathique », une description qui sonne particulièrement juste : je revois ce mastodonte roux de Cheetoh, échoué sur le lit pendant des heures. Comment un tueur sans égal est-il censé passer le temps, autrement ? Il a été démontré que les chats d'intérieur interagissent davantage avec leurs maîtres, sûrement parce qu'il y a peu d'alternatives, mais il existe également une étude qui fait froid dans le dos intitulée « Perceptions de ce que les chats d'intérieur font "pour s'amuser", selon les gens qui s'occupent d'eux. » Apparemment, plus de quatre-vingts pour cent de nos chats passent jusqu'à cinq heures par jour à regarder fixement par la fenêtre : des carillons à vent, des papillons, et parfois « rien » du tout.

Ce n'est pas simplement qu'on s'ennuie dans nos confortables demeures. Il y a des éléments qui, pour ces animaux nerveux, chasseurs à demi domestiqués, peuvent être stressants à un point difficile à imaginer pour les humains. Apparemment, nos réfrigérateurs, ordinateurs et autres gadgets émettent d'horribles sons à haute fréquence que les chats sont bien obligés de supporter (au Salon international des animaux de compagnie, j'ai rencontré une femme qui avait composé une « symphonie » pour chats, avec profusion de flûtes et de harpes, pour masquer cette cacophonie). La poussière des maisons et certaines toxines, en particulier le tabagisme passif, peuvent rendre les chats malades et leur donner de l'asthme, ou pire. Et nos fêtes ne sont pas franchement un motif de célébration pour les félins : nous ramenons des lys de Pâques empoisonnés, tirons des feux d'artifice assourdissants, et allumons des chandeliers à sept branches capables de mettre le feu aux longs poils des petits curieux.

Pour certains chats, cependant, ce qu'il y a de plus déplaisant dans nos foyers, ce sont sans conteste les autres occupants.

La plupart des foyers dotés de chats en possèdent plus d'un, tandis que les chiens, qui seraient vraiment capables d'apprécier un peu de compagnie, sont plus fréquemment l'unique animal de la maisonnée. Par définition, les chats méprisent généralement leurs semblables, et ne seraient pas prêts à partager volontairement leur territoire, même de plusieurs kilomètres carrés. Pourtant, parce que nous prenons le tempérament solitaire des félins pour de la solitude, nous insistons avec perversité pour rameuter d'autres superprédateurs armés jusqu'aux dents et les inviter à se blottir auprès du premier. De nombreux chats interprètent le contact visuel direct comme une menace, et ne supportent littéralement même pas de se regarder : selon une étude, les chats d'une même maisonnée restent soigneusement hors de vue les uns des autres pendant cinquante pour cent du temps, même s'ils ne sont souvent qu'à quelques dizaines de centimètres l'un de l'autre.

Bien sûr, les chats sont également des créatures à la capacité d'adaptation remarquable, et nous avons tous connu ou vu dans des vidéos des chats « faire ami-ami » les uns avec les autres, de même qu'avec des chiens, ou même des hamsters. Mais si de tels scénarios nous interpellent, c'est surtout parce qu'ils sont exceptionnels.

Et si certains chats semblent aussi apprécier certaines personnes, un peu comme par sentiment de propriété, d'autres sont littéralement allergiques à nous et se mettent à respirer bruyamment et à éternuer. Même ceux qui sont capables de tolérer nos pellicules peuvent trouver notre compagnie exécrable. Certains chats domestiques, en plus d'éviter le regard de leurs congénères, n'aiment pas non plus croiser celui des humains. D'autres détestent qu'on les caresse. En étudiant leur stress, grâce à des mesures du taux de cortisol dans les excréments de chats, des chercheurs ont constaté que certains chats plutôt farouches semblent mieux s'en sortir dans les foyers possédant plusieurs chats (malgré l'ignominie de devoir partager leur territoire), peut-être parce qu'il y a d'autres félins pour se coltiner les caresses de leurs maîtres à leur place.

Il n'est donc pas surprenant que les chats d'intérieur puissent développer le genre de troubles du comportement qui assurent le succès d'émissions comme *My Cat From Hell* (*Mon diable de chat*). Un de ces phénomènes, connu sous le nom « d'agressivité redirigée », se déclenche, par exemple, quand quelque chose (ce peut être n'importe quoi) agace le chat, et qu'il passe sa frustration sur les humains qui se trouvent à proximité. « Par exemple, quand deux chats d'une maisonnée en viennent aux griffes, le perdant, encore énervé, va parfois s'en prendre à l'enfant de la famille », explique un site internet consacré au bien-être animal.

L'agresseur félin le plus célèbre de ces dernières années est un himalayen complètement dérangé nommé Luxe, qui a mordu un bébé de sept mois à Seattle avant de pourchasser toute sa famille et de la contraindre à se réfugier dans une chambre pour composer le 911. Un enregistrement de l'appel a fait le buzz sur Internet.

« Pensez-vous que le chat peut essayer de s'en prendre aux policiers ? demande le répartiteur d'urgence.

– Oui », répond sans équivoque le propriétaire de Luxe, tandis qu'on entend feuler derrière son chat de compagnie de 10 kilos.

En 2008, un article du *New York Times*, consacré aux antidépresseurs pour animaux de compagnie, faisait le portrait d'un chat nommé Bobo, décrit par son maître comme « un genre de mini-cougar psychopathe, qui vous traque sans relâche ». En ayant principalement recours à la violence, Bobo avait conditionné son propriétaire, Doug (un riche homme d'affaires qui n'avait pas voulu donner son nom de famille par crainte de potentielles répercussions professionnelles) à se laver les mains et parfois à se nettoyer tout le corps quand il avait eu des contacts physiques avec un autre être humain, en particulier toute femme portant du parfum.

Et cela ne suffisait pas. Les attaques à coups de griffes et de crocs s'intensifiant, Doug s'était résolu à porter des pantalons « qu'il avait doublés avec du nylon pare-balles ultra-épais ».

Les chats aussi violents que Bobo et Luxe sont peut-être des cas extrêmes, mais chez les félins la déviance n'a absolument rien d'exceptionnel. D'autres chats de compagnie qui ont fait la une après avoir perdu les pédales ont dû être repoussés à coups d'aspirateur ou aspergés de thé. Selon une étude, presque la moitié des chats ont déjà mis des coups de griffes ou de dents à leurs propriétaires (imaginez si les chiens faisaient pareil), le courroux des chats étant « le plus souvent associé à des situations de caresses ou de jeux ». Outre l'« intolérance aux caresses », parmi les autres facteurs environnementaux déclencheurs, figurent la stérilisation, l'accès à l'extérieur, la présence de visiteurs dans la maison ou d'un autre chat, les taux de plomb dans l'environnement, les sons aigus, les odeurs inhabituelles... et ainsi de suite. Une étude intitulée « Signalements de morsures de chats à Dallas : caractéristiques des chats, des victimes et des attaques » a déterminé que la victime type est une femme âgée de vingt et un à trente-cinq ans, le matin, en été. La plupart des morsures étudiées avaient été infligées par des chats errants, mais ceux vivant dans une maison avaient tendance à faire plus de dégâts : les morsures de chats d'intérieur étaient plus susceptibles d'être « portées au visage ou à de multiples endroits », et la victime risquait davantage de finir aux urgences.

Outre les problèmes de gestion de la colère, parmi les nouvelles pathologies d'intérieur figure le syndrome dit de Tom et Jerry, un trouble mystérieux proche de l'épilepsie, apparu récemment en Angleterre. Caractérisé par des collisions avec les meubles et des convulsions, cet étrange comportement félin est presque toujours déclenché par des bruits domestiques ordinaires, y compris le froissement « des journaux et des paquets de chips », selon un témoignage, ou encore « le clic d'une souris d'ordinateur », « le fait de sortir des pilules de leur plaquette », « le bruit d'ongles qui tapotent », et « le bruit du maître se donnant une claque sur le front ».

Dans les villes, il y a aussi le syndrome des gratte-ciel, qui voit des chats tomber des étages supérieurs de tours résidentielles (et parce que ce sont des chats, ils survivent souvent à un plongeon de dix étages ou plus). Parqués dans leur penthouse, certains de ces matous deviennent tellement abrutis d'ennui qu'ils finissent par tomber par la fenêtre sans le faire exprès. (Il y a aussi des cas où ils essayaient d'attraper un pigeon contemplé avec convoitise.)

Mais la maladie la plus grave qui touche le félin moderne, c'est la cystite idiopathique féline – ou, comme on l'appelle parfois, le syndrome de Pandore.

*

Le principal symptôme du syndrome de Pandore est une miction sanglante ou douloureuse, souvent en dehors de la litière. Il s'agit d'un problème extrêmement commun et qui coûte très cher, généralement classé en tête des frais vétérinaires remboursés par les assurances. Des épisodes épidémiques touchent parfois des villes entières. Selon Tony Buffington, vétérinaire de l'université d'État de l'Ohio qui a consacré sa carrière à étudier cette affection, celle-ci a longtemps été une des premières causes de mortalité féline. La maladie en soi n'est pas mortelle, mais des millions de propriétaires (lassés de trouver leurs tapis souillés d'urine, et désespérant de trouver un remède) ont fait piquer leurs animaux rongés par le syndrome de Pandore.

En plus de ces accidents de litière révélateurs, la cystite idiopathique féline est associée à tout un ensemble de problèmes gastro-intestinaux, dermatologiques et neurologiques. D'où la référence à Pandore : si vous prenez un cas et soulevez le couvercle, une infinité de maladies apparaissent. « Des symptômes pulmonaires, cutanés, toutes sortes de trucs indéterminés », explique Tony Buffington.

Ce dernier se souvient de l'époque où il a entrepris d'étudier le syndrome de Pandore : « Je pensais qu'il s'agissait d'une maladie des voies urinaires inférieures, comme tout le monde.» Il s'est mis à récupérer de plus en plus de chats atteints de ce trouble, lesquels n'étaient pas du tout difficiles à trouver. L'une de ses premières recrues était une persane tachetée nommée Tiger, que lui avait confiée son propre coiffeur. Il installa Tiger et les autres dans une colonie de recherche aux conditions spartiates : chaque chat disposait d'une cage d'un mètre de large, de repas simples apportés par la même personne à la même heure chaque jour, et avait régulièrement accès à une salle commune pleine de jouets.

Et là, alors que Tony Buffington commençait à se demander par quel bout il allait bien pouvoir aborder l'étude de cette maladie déconcertante, quelque chose de remarquable se produisit.

«Les chats se sont tous mis à aller mieux», explique-t-il.

Après environ six mois de séjour dans la colonie, non seulement les problèmes urinaires des chats s'étaient résolus, mais aussi toute la liste interminable de problèmes respiratoires et autres symptômes dont ils souffraient. Le récit émerveillé que fait Tony Buffington de ce retournement de situation m'a rappelé *L'Éveil*, les Mémoires dans lesquels Oliver Sacks raconte comment des patients catatoniques ont pu être ramenés à la vie par un médicament expérimental… Sauf que, dans le cas présent, il n'y avait pas de médicament. Les changements de l'état de santé et du comportement des chats de Tony Buffington étaient permanents, tant qu'ils restaient dans la colonie de recherche, et Tiger, autrefois incorrigible, devint un animal de compagnie si adorable que Tony Buffington n'eut pas le cœur de la tuer et de la disséquer comme il avait initialement prévu de le faire. Elle termina ses jours au sein de la colonie.

Tout à fait par hasard, Tony Buffington était tombé sur un remède, et par extension, sur une cause. C'était nos foyers qui rendaient ces animaux malades. « Le traitement, c'est d'améliorer l'environnement », selon lui.

En consultant les études consacrées au sujet, Tony Buffington a remarqué qu'un lien avait parfois été établi entre la maladie et le fait de vivre en intérieur : dès 1925, un vétérinaire imputait certains problèmes urinaires à « un confinement trop strict dans la maison ». Vu sous cet angle, la dimension épidémique de la maladie prend soudain tout son sens. Les zones particulièrement touchées, comme le Royaume-Uni dans les années 1970 ou Buenos Aires dans les années 1990 (à l'époque, Tony Buffington fut contacté par une entreprise argentine de nourriture pour chats, désespérée de voir ses produits accusés d'être à l'origine d'une épidémie par des propriétaires d'animaux), étaient souvent en voie d'urbanisation accélérée, processus qui conduit beaucoup de nouveaux arrivants à s'installer dans des appartements avec leurs chats, qui passent ainsi à une vie entièrement confinée.

Pour les chats, l'attrait de la vie de plein air qu'ils ont perdue est douloureusement évident. Mais Tony Buffington n'a pas soigné ses sujets d'étude en les laissant chasser les passereaux ou rôder dans les jardins. Les cages d'étude rudimentaires de sa colonie (même si elles sont évidemment plus paisibles que, disons, celles d'un refuge pour animaux typique) peuvent-elles vraiment leur plaire davantage que nos luxueux salons ?

On dirait bien que oui. « Nous avons constaté que ce qui compte le plus pour les chats, c'est que les choses soient constantes et prévisibles », explique Tony Buffington. Les chats d'intérieur sont des superprédateurs sans pyramide alimentaire, et des suzerains territoriaux sans territoire. Mais dans sa cage à lui, à l'abri des rivaux, des bruits inattendus, des contacts visuels non souhaités, et de nous, tout chat peut être ce pour quoi il est né : un roi.

Pour guérir nos animaux familiers, selon Tony Buffington, il nous faut trouver des moyens de leur rendre leur place légitime. Pour commencer, nous devons comprendre que les chats ne sont pas les compagnons complaisants pour lesquels nous les prenons, nous, les humains. S'ils peuvent sembler tout à fait capables de survivre tout seuls à un week-end prolongé avec une poignée de croquettes Friskies, les chats préfèrent que nous ne passions pas notre temps à aller et venir à notre guise, et que nous nous en tenions plutôt à un planning strict, à la façon de majordomes professionnels. Et, tout particulièrement pour nos chats enfermés, quand on dit strict, c'est strict : pas de ration « du soir » au sens large, suggère Tony Buffington, mais un respect rigoureux de l'heure du dîner. « Si vous nourrissez vos chats à 20 heures, alors ne le faites pas à 18 heures ou à 22 heures. » Le délai de grâce accordé aux maîtres est plutôt de l'ordre de quinze minutes avant ou après, sinon les chats ont tendance à devenir grognons.

Les chats ont également besoin d'un sentiment de contrôle physique. De façon ironique, les chats en piteux état récupérés par Tony Buffington avaient généralement des propriétaires particulièrement aimants, plus enclins à accumuler d'énormes factures de frais vétérinaires qu'à se débarrasser discrètement d'animaux à problèmes. Mais parfois les personnes les plus affectueuses sont aussi les plus intrusives. « Ils veulent caresser le chat, et donc ils le tirent de dessous le lit, le serrent dans leurs bras, essayent de lui témoigner leur amour, et le chat vit probablement tout cela comme une menace », explique Tony Buffington, arguant que les chats stressés finissent par nous considérer comme des prédateurs un peu excentriques, probablement en train de prolonger le moment où nous jouons avec eux avant de nous décider à les manger.

« Je ne crois pas avoir déjà rencontré quelqu'un qui ait décidé consciemment de faire du mal à son chat, souligne Tony Buffington, mais il y a aussi des tas de gens qui font foirer leur relation avec des membres de leur famille, sans en avoir jamais eu l'intention. »

Fort heureusement, comme l'ont compris beaucoup de chats d'intérieur mieux adaptés, il est possible d'enseigner aux humains comment se comporter. Pour ce faire, Tony Buffington a lancé un projet en ligne appelé Initiative pour les chats d'intérieur (Indoor Cat Initiative), afin de diagnostiquer et corriger les nombreuses défaillances des propriétaires de chats. Déterminer l'élément précis qui rend dingue votre chat n'est pas une mince affaire. « C'est un peu comme ces familles malheureuses chez Tolstoï : il y a des milliers de raisons qui peuvent rendre un chat malheureux, précise-t-il. Nous devons réfléchir aux problèmes auxquels le chat est confronté, et ça peut être n'importe quoi. »

Un premier pas vers la rédemption, c'est de leur concéder purement et simplement du territoire. Tony Buffington suggère de donner à chaque chat du foyer une pièce entière dont il soit l'usager exclusif. Ce domaine principal devra être riche en ressources (nourriture, eau et substrats moelleux et propices au repos), mais fermé aux êtres humains ou autres chats. Empruntant le vocabulaire des grands fauves aux abois, Tony Buffington nomme cette pièce réservée au chat « un refuge ».

Certains propriétaires en viennent apparemment d'eux-mêmes à cette solution, peut-être par la force des choses. Doug, celui qui avait renforcé ses pantalons, a fini par abandonner sa chambre principale à l'impitoyable Bobo. « La pièce de quarante mètres carrés possède un dressing, un lit à baldaquin et une baie vitrée sur toute sa hauteur donnant sur les luxueuses demeures de Beverly Hills, qui parsèment un pittoresque canyon, écrivait le *Times*. La suite appartient entièrement à Bobo, même si Doug affirme qu'il est désormais autorisé à rester dormir quelques nuits par semaine. »

Cependant, de nombreux propriétaires de chats encore plus progressistes vont bien plus loin en réaménageant leur maison (ou, comme préfèrent dire certains fans de chats, leur « habitat ») de fond en comble. Tony Buffington – dont le dernier livre s'intitule *Your Home, Their Territory* (*Votre maison, leur territoire*) – et d'autres experts des chats prodiguent divers conseils (parfois contradictoires) sur la meilleure manière de mener à bien une politique de pacification totale à l'égard des félins.

Tout d'abord, tamisez l'éclairage de la maison, car les chats n'aiment pas les environnements lumineux. Montez le thermostat d'un cran : la plupart des chats préfèrent les atmosphères bien chaudes, au-dessus de trente degrés.

Utilisez un appareil pour mesurer les décibels, afin de vous assurer que votre retentissante voix humaine ne dépasse pas le niveau d'une conversation discrète. Débarrassez-vous des « odeurs potentiellement désagréables », émises bien sûr par les chiens et autres formes de vie inférieures, mais aussi par l'« alcool (des désinfectants pour les mains), les cigarettes, les nettoyants chimiques (y compris la lessive mais pas l'eau de Javel, ils semblent aimer cette odeur), certains parfums, et les fragrances aux agrumes ». À la place, vous pouvez vaporiser dans votre maison du Feliway, à base de phéromones félines.

Si vous vous êtes bêtement attaché à un meuble quelconque, retapissez-le avec du papier d'aluminium, du scotch double face ou tout autre matériau résistant aux coups de griffes. (L'option controversée consistant à retirer leurs griffes aux chats est, du point de vue de quelqu'un qui murmure à leur oreille, bien évidemment hors de propos.) Enfin, essayez de ne jamais déplacer le meuble en question : les chats trouvent les travaux de décoration particulièrement stressants.

Si vous devez avoir un bébé humain, assurez-vous de frictionner votre propre corps avec des huiles, lotions et autres produits pour bébé bien à l'avance, de façon à ce que le chat s'acclimate à ces odeurs nouvelles et potentiellement répulsives – un site internet consacré au bien-être animal suggère d'emprunter un véritable nourrisson à quelqu'un pour faire un essai. Les invités séjournant de façon temporaire ne sont absolument pas les bienvenus : savoir que votre soirée dînatoire sera « source de confusion et de crainte » pour votre chat vous dissuadera peut-être de lancer les invitations.

Comprenez également que ce qui apaise un chat peut être considéré par un autre comme une provocation. John Bradshaw décrit dans son livre un chat qui était complètement cinglé jusqu'à ce que ses maîtres finissent par occulter les fenêtres de la maison, débarrassant le matou des regards indiscrets d'un rival qui vivait dans le jardin. D'autres chats, en revanche, s'attachent tellement au panorama visible de telle ou telle fenêtre que les changements de saison peuvent les perturber : quand l'animation de l'automne laisse place à l'ennui hivernal, par exemple, envisagez d'installer un aquarium, ou de réserver votre grand écran à la projection en boucle de DVD pour chats en haute définition, avec des titres tels que *Rêves de Chats*, et qui sont pour la plupart des pornos mettant en scène des animaux de proie. Tony Buffington insiste aussi sur l'importance d'identifier les préférences de votre chat en matière de proies (oiseaux, insectes ou rongeurs) et de remplir votre foyer de jouets fidèles d'un point de vue anatomique.

Et n'oubliez jamais que ramasser les crottes de l'unique litière pour chats de la maisonnée est très loin d'être suffisant pour ces petits maniaques possessifs. Des lois de type mathématique déterminent le nombre approprié de litières : une par étage selon certains experts, ou une par chat plus une supplémentaire, selon d'autres.

Le plus fascinant dans cette campagne prônant une totale capitulation domestique, c'est qu'il ne s'agit pas uniquement d'un projet marginal ou d'un rêve illusoire de chercheurs. Dans des cercles de plus en plus larges, on considère que c'est cool.

La meilleure preuve en est l'incroyable popularité des sites de décoration comme *Hauspanther*, de Kate Benjamin, qui mixe le culte des chats avec le design haut de gamme, et qui a fait d'elle la porte-étendard d'un nouveau genre de dames à chats à la pointe de la mode. Avant de visiter son site, j'avais l'impression que l'objectif principal de Kate Benjamin était de dissimuler les poils de chat, de masquer les odeurs de litière et d'atténuer d'une façon ou d'une autre tous les inconvénients liés au fait d'avoir un chat dans les appartements exigus, néanmoins agencés avec soin, qui correspondent aux goûts de la génération Y.

Et puis j'ai appris qu'en fait Kate Benjamin possède treize chats. Son blog ne propose pas de solutions mutuellement satisfaisantes, mais plutôt une pitoyable reddition face à Dazzler, Simba, Ratso et les autres. Décorez votre salle à manger de hamacs pour chats ! Empilez des paniers pour chats à la verticale le long de vos murs ! Certains des meubles présentés tentent de parvenir à un équilibre entre espèces : par exemple, cette table en noyer, où des êtres humains peuvent manger pour de vrai, mais avec une bande hirsute d'herbe à chat qui pousse au milieu, pour le plus grand régal des félins. Ou encore ce vrai sofa où vous pourriez théoriquement vous étendre, avant de comprendre qu'il dissimule un long tunnel pour chats. Mais si vous croyez que tel meuble n'est là que pour le plaisir des humains, vous vous trompez lourdement : cette sculpture dans le style moderniste français est en fait un griffoir.

La spécialité de *Hauspanther*, par la force des choses, sans doute, ce sont les litières camouflées qui peuvent aussi servir de table de chevet ou de table basse. (Selon mes calculs vertigineux, Kate Benjamin a besoin d'au moins quatorze litières, peut-être même vingt-huit si elle habite dans une maison à étage.)

Dans le manifeste en quadrichromie qu'elle a co-signé avec Jackson Galaxy, spécialiste star du comportement animal, et qui prône un style de vie centré autour des chats, Kate Benjamin appelle les propriétaires à adhérer à ce qu'elle appelle la « chatification ».

« Ne pas vouloir de litière dans son salon, écrit-elle avec Jackson Galaxy, n'est pas un simple choix esthétique. Cela suggère un manque de véritable empathie envers les chats, et d'investissement dans l'*amour* de ces animaux » (et même une forme de « honte de son chat »). La chatification, en revanche, représente notre « maturation en tant qu'êtres humains ». Apprendre « le langage des chats », sacrifier pour eux notre espace de vie « est un symbole de notre évolution ». (Cerise sur le gâteau, Jackson – qui anime l'émission *Mon diable de chat* – pense qu'engager des travaux de rénovation pro-félins de grande ampleur peut même rendre les chats plus gentils.)

Les aspirants chatificateurs devraient commencer sur une note d'introspection. « Tous les parents ont des rêves pour leurs enfants : quelles sont vos aspirations pour votre chat ? » interrogent Kate Benjamin et Jackson Galaxy. À quel genre de problèmes votre chatte est-elle confrontée, et « que faudrait-il pour qu'elle fasse de grandes choses ? » Ensuite, envisagez votre tanière comme si c'était celle d'un lion : au lieu d'une enfilade de causeuses et fauteuils relax, un entrelacs de zones d'embuscade et de culs-de-sac, avec la possibilité d'aménager ici un « rond-point pour chats », et là une « porte tambour » pour chats. Les auteurs insistent tout particulièrement sur la « voie express pour chats », une série de plates-formes et de passerelles en hauteur qui permettent aux félins de se déplacer à travers un espace sans jamais poser une patte au sol. Vous pouvez peut-être également flanquer votre meuble télé de murs d'escalade, ou installer des sortes de barres de strip-tease en sisal sur toute la hauteur de la pièce pour servir de griffoirs, ou encore envelopper de corde les pieds de la table de la salle à manger, pour qu'ils puissent aussi servir à faire ses griffes. Jouant sur la passion des hipsters pour le *do-it-yourself*, ils mettent l'accent sur d'astucieux bricolages pour chats, qui détournent un meuble voué à l'usage humain (par exemple, une bibliothèque Ikea) pour en faire un fabuleux perchoir pour chats.

Parfois, Kate Benjamin et Jackson Galaxy expriment une certaine désapprobation à l'égard des propriétaires de chats qui se fourvoient, comme lorsqu'elle remarque que « Beth et George ne possédaient pas beaucoup d'objets dédiés aux chats chez eux, juste un seul arbre à chats dans le salon », ou quand Jackson critique un escalier en colimaçon pour chats taillé à la main, véritable chef-d'œuvre de sculpture, parce qu'il n'est pas relié à une voie express pour chats au sommet d'un placard. À maintes reprises, ils nous rappellent : « Quand vous réfléchissez à chatifier votre maison, la première chose que vous devez vous demander, c'est : *Qu'est-ce que veut mon chat ?* Et tout le reste se mettra en place naturellement. »

Parfois, votre chat voudra peut-être que vous vissiez une dizaine de griffoirs dans votre plafond, de façon à pouvoir flemmarder en hauteur, ou que vous convertissiez votre minuscule extérieur urbain en « catio » ou patio pour chat.

Votre matou peut même vous suggérer d'enlever les photos de famille et autres babioles inutiles des surfaces planes en hauteur, et d'installer des tapis antidérapants à la place pour qu'il puisse se déplacer en bondissant comme un léopard.

« Nous voulions conserver un décor minimaliste dans le salon », explique un couple de propriétaires de chats qui ont bâti dans leur nouvelle demeure un champ de courses pour chats sur le modèle du célèbre hippodrome de Churchill Downs, dans le Kentucky. « [Nous avons] décidé [...] de ne pas accrocher de tableaux ni mettre des étagères ou autres vitrines contre les murs. Nous nous sommes dit que les chats seraient notre installation d'art cinétique. »

Liath, Arleigh, Arbolina, Stanley, Irmo, Didon, Zaria, Simone, Matière Noire, Lucy et Yani sont tout à fait d'accord.

*

Bien sûr, vu comme les chats sont doués pour prendre le contrôle de n'importe quel bout de territoire, ce n'était qu'une question de temps avant qu'ils n'accaparent nos maisons tout entières. Et il existe effectivement des endroits (des aperçus d'un « meilleur des mondes » à venir, sans doute) où cette prise de pouvoir domestique est déjà un fait accompli.

L'un de ces endroits est le bar à chats, ou café des chats, un nouveau type d'établissement qui (de façon virale et tout à fait féline) a conquis le monde ces quinze dernières années. Les bars à chats sont d'abord apparus à Taïwan, ont fait fureur au Japon, puis en Europe, et enfin, ont envahi l'Amérique du Nord : les premiers avant-postes se sont installés en

Californie, et il en pousse de nouveaux comme des champignons dans toutes les grandes villes, partout dans le pays. Le concept connaît des variantes, mais ce qui est intéressant, c'est que les premiers cafés asiatiques n'étaient pas aménagés de façon à ressembler à un bistrot, ni à un paradis terrestre pour félins, mais plutôt à un bon vieux salon à l'ancienne.

« Espaces foncièrement domestiques, ces cafés donnent par leur atmosphère l'impression d'être dans son propre appartement, grâce à une utilisation soigneusement pensée des meubles, éclairages, lectures et musique d'ambiance », selon un compte rendu ethnographique. (Par chance, des chercheurs en sciences sociales ont entrepris d'étudier officiellement ces environnements déconcertants.)

Sauf que, bien sûr, les humains ne font que passer : les seuls résidents légitimes, ce sont les chats, et les gens font la queue pour payer afin d'avoir le droit d'y séjourner de façon temporaire. Les clients doivent parfois lire un manuel de savoir-vivre félin en entrant et consulter attentivement un trombinoscope de chats avec des profils de personnalité. Ce n'est qu'à cette condition qu'ils pourront ensuite assister à des phénomènes aussi merveilleux que voir des chats se faire toiletter ou manger leur dîner – apparemment, c'est tellement apaisant que les clients s'endorment régulièrement sur les canapés des chats, et que les cafés résonnent souvent de retentissants ronflements humains. (Il est explicitement précisé que réveiller un chat est contraire à l'étiquette, mais les humains dans les vapes ne jouissent pas de protections aussi claires.)

Les experts en matous pourraient souligner que les bars à chats ne sont pas tout à fait des lieux idéaux pour leurs résidents, compte tenu de tous les étrangers puants qui croient pouvoir se pointer quand ça leur chante et avoir droit à des caresses. Mais ces salons d'imitation illustrent la manière dont nous avons été façonnés pour nous complaire dans l'idée d'octroyer des ressources extravagantes aux chats, de faire des ronds de jambe, de marcher à pas de velours en leur présence et de tirer du plaisir de notre propre asservissement. (Étrange détournement de la théorie du soutien social, il semble que les clients des cafés aiment partager l'expérience d'être snobés par des chats dédaigneux, un rejet public vécu ensemble qui – selon les termes académiques – devient « un nœud ou intermédiaire grâce auquel les clients solitaires peuvent entrer en contact ».)

L'étape suivante, bien sûr, est très claire : des royaumes ressemblant à des salons, où les chats règnent sans partage, et dont les gens sont bannis. Il existe déjà au moins un havre de ce type : un établissement de « retraite » haut de gamme pour pensionnaires de longue durée, le Sunshine Home, qui a ouvert en 2004 dans le comté rural d'Honeoye, État de New York. Il fonctionne à plein depuis 2008 et reçoit des appels venus de tout le pays de la part d'imitateurs intéressés par son modèle de fonctionnement.

Ce dernier est assez simple, en fait : la vie, les finances et le temps lui-même tournent exclusivement autour des chats.

Certains de ces chats « retraités » ne sont pas si vieux que ça en réalité – même s'ils peuvent présenter des troubles du comportement assez sévères, ou exiger « un protocole de soins exceptionnellement rigoureux », comme ce chat souffrant d'allergies inconnues qui avait perdu tous ses poils à force de se lécher et devait porter une collerette bouffante de style élisabéthain. Les propriétaires de ces animaux ont tiré leur révérence pour quelques années, ou même pour toujours. Certains se sont lancés dans des recherches en Antarctique ou ont obtenu un contrat de travail en Afghanistan. D'autres sont simplement morts.

« Nous ignorons toujours ce qui est arrivé à certains d'entre eux… ils ont simplement disparu de la surface de la Terre », explique le propriétaire, Paul Dewey, qui désigne élégamment les anciens propriétaires sous le nom d'« anciennes mamans » et « anciens papas ».

Pour le tarif remarquablement humain de 460 dollars par mois (ou pour un montant global infiniment plus conséquent si le propriétaire est prêt à signer directement un chèque pour une prise en charge à vie), les résidents du Sunshine Home peuvent jouir d'une chambre privée capable de rivaliser avec la plupart des studios de Manhattan, avec deux mètres de hauteur de plafond et une immense baie vitrée panoramique, à travers laquelle sont visibles des espèces de proies correspondant à toutes les préférences.

Paul Dewey encourage les propriétaires à personnaliser les suites pour chats avec des poufs, futons et autres éléments de la maison. « L'une de nos toutes premières pensionnaires a créé une réplique parfaite de son salon, jusqu'au porte-revues, à la lampe et au fauteuil relax », raconte-t-il.

Sauf que bien sûr, désormais, ces meubles sont uniquement pour le chat. Les anciennes mamans peuvent venir en visite si elles le souhaitent, et moyennant un supplément de 5 dollars par mois, elles peuvent mettre en place un numéro gratuit spécial pour contacter leur ancien animal de compagnie, de jour comme de nuit. Mais pour être tout à fait honnête, confie Paul Dewey, les chats ne passent pas leur temps à attendre près du téléphone.

« Certaines personnes ont du mal avec le changement, dit-il, mais les chats s'adaptent toujours. »

8

Lions, tigres de poche et chats-garous

Cette volumineuse chatte persane écaille de tortue et blanc (ou « calico ») porte officiellement le nom de Grande Championne Desiderata de Cinéma de Belamy, mais ses admirateurs l'appellent tout simplement Desi. À chaque fois qu'on l'extirpe de sa cage de la Mondiale (le concours international des chats, ou World Cat Show), fesses brushées en premier, les spectateurs ébahis lâchent des murmures flatteurs : « Regardez-moi ces pattes grosses comme des troncs d'arbres ! Ce corps râblé ! Cette toute petite truffe ! »

Desi ressemble plus ou moins à une suite de cercles parfaits : un torse sphérique, un crâne bombé, deux minuscules oreilles arrondies, et des yeux tout ronds séparés par un véritable boulevard. Il y a des persans qui ont l'air assez rebelles, mais Desi arbore une expression douce. Nulle once de malice dans ses yeux ronds comme des pièces de monnaie. Elle ne s'en prend jamais aux rubans qui lui sont décernés en guise de prix. Elle ne fait jamais semblant de dormir dans le ring de concours. De profil, elle a la face tellement plate qu'elle paraît presque concave, et parfois, quand elle l'oriente vers les lumières du plafond, on dirait une parabole cherchant un signal.

Il me faut un moment avant de tomber sur Desi, parmi les milliers de *Very Important Cats* qui participent au salon organisé par l'Association des amateurs de chats de Novi, dans le Michigan. (Ce genre d'association rassemble les fans humains les plus passionnés des chats de concours, qui consacrent souvent une grande partie de leur vie à « faire campagne » pour que leurs félins favoris remportent des titres nationaux.) Des minets à pedigree venus de toute la planète participent à ce concours-ci : c'est le « Super Bowl des chats », selon un présentateur survolté. J'essaie de comprendre quels chats sont en course pour le titre de *Best of the Best*, le champion suprême, mais le système du concours s'avère plus tarabiscoté que prévu. Le hall d'exposition est un labyrinthe de box et de rings. D'obscures récompenses, du genre « 14e meilleur chaton », sont signalées par des rubans lilas ou des rosettes couleur menthe. Et quelle différence y a-t-il au juste entre un chartreux et un bleu russe ?

« Tout dernier appel pour le balinais no 321 ! » s'exclame une voix éraillée dans le haut-parleur. « On attend encore l'oriental shorthair no 474 pour la finale Premior du championnat ! »

Toutes sortes de races transitent à vive allure sur des scooters de location (des cornish rex, des sphynx chauves enveloppés dans des pulls) pour rejoindre la dizaine de rings de concours. On brandit à bout de bras des maine coons au poil bouffant, hors de portée des doigts collants des fans.

Ne voyant pas meilleur endroit pour commencer mon éducation sur les pure race, je me suis d'abord dirigée vers les persans, considérés de longue date comme des concurrents particulièrement rudes (malgré leur poil si soyeux) dans l'univers des chats de race.

Traîner avec 150 persans, c'est un peu comme se tenir trop près de la machine à barbe à papa dans une fête foraine : on se retrouve à inhaler les touffes de confiserie qui flottent dans l'air. Les chatons sont particulièrement attirants : je meurs d'envie d'empocher un de ces petits pompons dotés d'yeux, mais malheureusement, en règle générale, même les caresses sont prohibées. Beaucoup de propriétaires sont debout depuis trois heures du matin pour appliquer des soins dégraissants, purifiants et autres après-shampoings à leurs chats, brandissant des sèche-cheveux ultrapuissants et vaporisant de la lotion capillaire pour le volume et de l'eau d'Évian pour les frisottis. (La plupart du temps, la mise en beauté du chat se fait manifestement au détriment de la toilette de sa propriétaire, et on peut acheter sur le salon des barrettes à clipser pour cheveux humains ramollos qui ont le mérite d'être pratiques, à côté des shampoings pour chats grand luxe.) La plupart des femmes portent des colliers surchargés de breloques en or, témoignages de leurs victoires des années précédentes.

À l'occasion de cette journée historique, alors que l'un des titres les plus prestigieux du monde des éleveurs félins est en jeu, l'équipe des persans échange des ragots sur tel ou tel qui « a des poils jusque-là », et tel ou tel juge qui n'aime pas les robes argentées (*silver*), tout en redessinant à la pince à épiler les moustaches de leurs chats à face de muffin anglais. Un animal chocolat au regard assassin, dont la fourrure est hérissée de pics comme une meringue noire, semble particulièrement bien armé pour gagner.

Et pourtant, malgré tous les poils qui volent, les ragots et le soi-disant suspense, la toute première personne à qui je demande qui gagnera le premier prix répond, sans hésiter une seule seconde : « Oh, la bicolore », c'est-à-dire le nom que ses concurrents donnent à Desi.

Elle a tout à fait raison.

« Quel chat fabuleux », déclare une juge quelques heures plus tard, en remettant à Desi le premier prix de sa catégorie. « J'ai eu le plaisir, l'honneur, la *chance* de la voir plusieurs fois auparavant. Je suis *amoureuse* de ce chat. »

« Regardez la robe de cette demoiselle, ajoute une autre. Cette petite truffe toute mignonne. Ces oreilles riquiquis. Rien que de la regarder, ça vous donne le sourire. Pour moi, c'est la meilleure ! »

Même les rivaux concèdent que Desi « en jette » et « qu'elle incarne bien la race ». Le juge qui finit par la couronner *Best of the Best* tente de rester stoïque, mais au moment où il soulève Desi à hauteur de regard et la contemple les yeux dans les yeux, sa bouche se plisse comme par réflexe pour envoyer un baiser.

La cage personnelle de Desi est décorée de guirlandes de perles, d'une petite fiole de Chanel nº 19 et d'une pancarte qui dit « Les gentilles filles gagnent toujours », mais elle semble indifférente à toutes ces babioles.

« Elle est con comme un balai », déclare l'une de ses propriétaires, Connie Stewart, dont les montures de lunettes ornées d'un discret motif léopard scintillent. Connie a bien du mal à se montrer modeste, puisqu'il suffit d'avoir des yeux pour se rendre compte que le physique de chou à la crème et l'expression bête de Desi représentent l'apogée d'un siècle de sélection artificielle féline.

*

À première vue, les chats de concours ont l'air d'avoir vraiment pris leurs distances avec leur fonctionnement biologique de superprédateurs, et ils ressemblent davantage à des personnages de dessin animé qu'à des carnivores. On trouve bien ici et là quelques rappels de la nature profonde de ces animaux (un sac en plastique plein de viande sanguinolente près d'un panier à baldaquin rose, les avant-bras d'un propriétaire en partie momifiés sous les bandages…), mais des spécimens comme Desi sont peut-être la preuve que les humains ont enfin commencé à intervenir sur les chats domestiques pour les rendre davantage en accord avec nos goûts. C'est peut-être ainsi que nous finirons par dominer ces créatures : en les élevant selon notre volonté.

D'après la recherche, pourtant, les soi-disant pure race (y compris ceux qui acceptent de bonne grâce de boire à la seringue, pour ne pas abîmer leur mise en plis sophistiquée) ne sont pas si différents des chats des rues, et leur pedigree ne prouve pas nécessairement grand-chose. L'élevage des chats de race ne remonte qu'à un siècle environ, et nos bidouillages commencent à peine à avoir un impact sur la trajectoire génétique de ces animaux.

Laissez-nous encore quelques siècles de traficotages, et peut-être (peut-être !) que l'empreinte des humains deviendra plus marquée. Mais l'avenir ne nous réserve pas que des chatons magnifiques, nés pour nous plaire. Ce n'est peut-être pas la lignée élevée sous cloche d'une Desi, mais plutôt les mutants qui naissent en ce moment même dans les ruelles et les étables, qui définiront les prochaines générations de félins. Certains de ces nouveaux venus ne ressembleront même plus tellement à des chats, mais plutôt à des elfes ou à des loups-garous, créatures qui ont déjà inspiré certaines variétés récemment apparues.

Parmi ces nouvelles races, cependant, il y en a aussi qui peuvent paraître étrangement familières.

Peu de temps avant la Mondiale, à seulement quelques kilomètres de là dans un quartier difficile du nord-est de Détroit, on a signalé un grand félin longiligne, arborant des taches de chat de jungle, qui rôdait dans le coin. Croisement entre un chat domestique et un félin sauvage africain à grandes oreilles nommé serval, il s'agissait d'un Savannah qui s'était échappé, race récemment créée dont la popularité grimpe dans le monde entier. Selon la rumeur, ce spécimen affichait un poids de 40 kilos, digne d'un léopard. (En réalité, il en pesait dix.)

« Cette chose a essayé de s'en prendre à mon bébé, mec », a raconté un voisin au *Detroit Free Press*.

Comme les tueurs de tigres du passé, des habitants du cru ont fini par abattre l'animal de compagnie égaré et ont jeté son cadavre aux ordures.

Moitié création, moitié réincarnation, ces nouvelles bêtes à l'allure féroce empruntent au patrimoine génétique de cousins en voie de disparition et exacerbent le type félin ancestral dont s'émancipait l'angélique Desi. Je suis assez ravie d'apprendre qu'un de ces nouveaux hybrides au look tapageur s'appelle le Cheetoh (pour son allure de guépard, qui se dit *cheetah* en anglais).

Quelle stratégie d'évolution de l'espèce l'emportera ? Les chats du futur obéiront-ils aux ordres… ou prendront-ils le pouvoir ?

*

On considère les Égyptiens comme les premiers « éleveurs » de chats, mais ils ne semblent pas avoir produit la moindre race identifiable dans leurs chatteries institutionnalisées : comme nous l'avons vu, les chats qu'ils idolâtraient étaient pour la plupart une succession monotone de matous tigrés.

Même alors que le processus de domestication s'intensifiait au fil des millénaires, et que la population mondiale de félins se développait de façon exponentielle, peu de gens ont prêté attention aux changements de couleur du pelage des chats, ou aux autres variations qui ont lentement vu le jour, sans même parler de revendiquer le caractère aristocratique de tel ou tel animal. Dans l'Amérique du XIXe siècle, écrit Katherine Grier, « le concept même » de chat de pure race aurait « sidéré » la plupart des propriétaires de félins.

Comme pour le mouvement en faveur des droits des animaux, il a fallu attendre les Anglais de l'époque victorienne pour inventer l'idée. Les Britanniques du XIXe siècle cherchaient à imposer l'ordre au monde entier, et la discipline nouvelle qu'était l'histoire naturelle incarnait cet idéal : les hommes allaient maîtriser le chaos du monde sauvage grâce à la science, précisément au moment où ils étaient en train de traquer les bestioles les plus remuantes dans la nature. Les Anglais de l'époque victorienne adoraient classer et catégoriser les animaux domestiques, des chiots aux pigeons, tout comme ils aimaient classer et catégoriser toutes les créatures vivantes.

Pourtant, les nombreux chats domestiques qui arpentaient déjà Londres et la campagne alentour étaient exclus des premiers concours de beauté d'animaux de compagnie de pure race organisés à l'époque victorienne. On les montrait rarement, et quand c'était le cas, c'était en guise d'« appendice à une exposition de lapins ou de cochons d'Inde », écrit Harriet Ritvo dans *The Animal Estate* (*Le Domaine des animaux*).

Les chats, voyez-vous, sont extrêmement difficiles à classer et à catégoriser. Leur attitude globalement rebelle consternait leurs maîtres de l'époque victorienne et leur rappelait peut-être les plus gros félins qui mangeaient encore des Anglais dans les contrées les plus reculées du royaume. Mais elle avait également des conséquences majeures sur leur reproduction. Darwin, qui rejetait le concept de chats de pure race, mettait en garde contre leurs « habitudes vagabondes et nocturnes, ce qui ne permet pas de surveiller leurs croisements[1] ». Les humains, suggérait-il, auraient plus de chances de parvenir à contrôler la vie sexuelle des abeilles.

Cela étant, en 1871, un artiste nommé Harrison Weir eut l'audace de proposer la première grande exposition féline au

1. Charles Darwin, *De la variation des animaux et des plantes à l'état domestique*, trad. Edmond Barbier (seconde édition anglaise), C. Reinwald, 1879-80.

Crystal Palace, haut lieu événementiel de l'époque victorienne. « De combien de railleries, plaisanteries et huées ai-je été la cible », se souvint-il plus tard. Alors que la date de l'« expérience » approchait, lui-même exprima des doutes : « Je me sentais un peu nerveux et même plus encore [...] à quoi cela allait-il ressembler ? Y aurait-il beaucoup de chats ? Combien ? Comment ces animaux allaient-ils se comporter dans leur cage ? Allaient-ils bouder, ou miauler pour qu'on les libère, refuser toute nourriture ? Allaient-ils se calmer et prendre leur mal en patience, ou se laisser aller à la terreur ? J'étais absolument incapable de me représenter [...] la scène. »

À son grand soulagement, les chats surent se tenir, les foules vinrent en masse, et Harrison Weir reçut une chope en argent en guise de récompense pour ses efforts. Les expositions félines se multiplièrent rapidement « d'un bout à l'autre » de l'Angleterre, comme s'en vantait Harrison Weir, et on mettait parfois les chats tout ficelés dans des paniers à margarine, pour les expédier vers des concours à des kilomètres de chez eux.

Malgré tout, demeurait un problème enquiquinant : les lignées de ces chats étaient très confuses. Les premiers champions de Harrison Weir étaient sans nul doute très beaux : certains précurseurs de l'élevage de chats de race aspergeaient les matous de concours de crème, de façon à ce qu'ils se lèchent les poils pour les rendre aussi brillants que du cuir verni, et ils utilisaient de la teinture pour accentuer la couleur de leur robe. Mais fondamentalement, tous ces félins étaient des chats de gouttière. On retrouve bien quelques noms de marque emblématiques, aujourd'hui très identifiés, dès cette première exposition : notamment des « persans » à poils longs et des « Chats des rois du Siam » à extrémités sombres (*dark point*), qui présentaient peut-être de légères différences génétiques naturelles. Mais ces bestioles assez communes ressemblaient fort peu aux bêtes bien brushées d'aujourd'hui et n'étaient sûrement pas le résultat d'une sélection intentionnelle. Au mieux, il s'agissait de chats provenant de gouttières ou de ruelles particulièrement exotiques. Et même parmi ces créatures venues d'ailleurs, on ne trouvait aucune diversité physique, pas le genre de différences qui existent entre un teckel et un dogue allemand : ces chats avaient tous plus ou moins la même allure.

Les amateurs de chats de l'époque victorienne ne se laissèrent pas décourager : ils inventèrent tout simplement des catégories : « La plupart des races de chats ont été des créations verbales plutôt que des constructions biologiques », écrit Harriet Ritvo. Il y avait des divisions réservées aux chats « gros » ou « étrangers », au pelage « écaille de tortue » ou « tachetés ». Les « chats noir et blanc » et les « chats blanc et noir » étaient considérés comme des animaux totalement distincts. La première exposition féline américaine, au Music Hall de Boston en 1878, s'enorgueillissait de « chats à poils courts de tout ou aucun sexe et de tout coloris », de « chats à poils longs » et de « curiosités de toutes variétés ».

Définir des races en s'appuyant uniquement sur des caractéristiques superficielles comme la longueur des poils ou les motifs du pelage peut vite se révéler casse-gueule. Ces difficultés étaient admises dans les plus hautes sphères du monde des chats de race. Un juge du début du XXe siècle mettait les gens en garde : l'utilisation du terme « de race » était selon lui toujours « un choix intentionnel, car quel que soit le manteau externe ou la robe, la couleur ou la longueur des poils, les chats ont concrètement tous la même forme. » Une des premières éleveuses de persans avouait qu'elle-même était incapable de faire la différence entre un persan et ce qu'on appelait un angora, et qu'elle soupçonnait qu'il s'agissait peut-être d'animaux identiques.

Au milieu de toutes ces tentatives désespérées pour essayer d'établir des distinctions entre des chats domestiques ordinaires, rien d'étonnant sans doute à ce que l'un des premiers concours félins ait été remporté par un lémurien maki catta, petit primate bien plus proche parent des juges humains que des concurrents qui miaulaient autour de lui.

*

Un siècle plus tard, le secteur de l'élevage des chats accuse encore un certain retard. Les Britanniques ont fait de leur mieux pour produire des dynasties félines respectables, mais il semble que le chaos de la Seconde Guerre mondiale ait mis à mal la plupart de leurs avancées, qui n'étaient déjà pas tellement impressionnantes. Dans les années 1960, encore, la Cat Fanciers'Association (qui établit les standards et tient le registre des pedigrees) ne reconnaissait qu'une poignée de races. La majorité de la cinquantaine de types qui existent aujourd'hui a été lancée par la suite, et beaucoup sont apparus au cours des dernières décennies.

Dans le même temps, la génétique moderne a contribué à faire tomber certaines des plus célèbres races « naturelles » du piédestal sur lequel on les avait hissées au XIXe siècle.

« En règle générale, je ne me fie pas trop à la légende, tant qu'elle n'est pas prouvée », explique la généticienne Leslie Lyons, spécialiste des félins à l'université du Missouri. Certains chats de concours auxquels le folklore attribue des origines lointaines sont apparemment des imposteurs. Les persans d'aujourd'hui, par exemple, ne sont pas vraiment perses, et descendent en réalité d'une lignée occidentale plus générique. C'est la même chose pour les maus égyptiens. En général, les noms exotiques de chats sont à mille lieues de toute réalité géographique : les chats havana brown n'ont, par exemple, rien à voir avec Cuba.

Quelques races naturelles, en particulier les siamois et leurs proches parents, peuvent se targuer légitimement d'avoir du sang étranger. Les premières routes commerciales ont peut-être introduit des chats sélectionnés au hasard en Asie du Sud-Est, hors de portée des autres sous-espèces de *Felis silvestris* avec lesquelles ils avaient le plus de chances de se reproduire. Au sein d'une population réduite et longtemps isolée, des mutations bénignes ont pu se multiplier plus facilement, selon le généticien félin Carlos Driscoll. Au sein de la famille asiatique, cependant, seules quelques caractéristiques basiques permettent généralement de différencier les races encore aujourd'hui, et la plupart sont liées à la couleur de la robe : les siamois ont un masque et des coussinets *colourpoint* de couleur sombre, les birmans sont blancs, les korats sont bleus, et les burmeses ont une teinte sépia.

Ce type de distinctions superficielles se fondant sur les caractéristiques génétiques les plus basiques est typique du monde des chats de race. Encore aujourd'hui, la plupart des races félines semblent relativement imaginaires. En dehors des halls d'exposition, en particulier, beaucoup de chats, en théorie de pure race et appartenant à des variétés distinctes ressemblent à des clones qui porteraient des manteaux de fourrure de teinte différente. Quand on la rase pour lui faire la « coupe de lionne » qu'elle arbore hors saison, et qui lui laisse seulement une sorte de collerette bouffante façon crinière, Desi n'est pas fondamentalement différente des chats errants qui sont les ancêtres de toutes ces bestioles : en tout cas, pas au point où un caniche miniature « teacup » diffère d'un Bullmastiff.

Il faut noter que beaucoup de types modernes de chiens remontent aussi à l'époque victorienne, et que des caractéristiques superficielles comme la couleur de la robe ou le poil frisé servent parfois à distinguer des races très proches. Mais les éleveurs de chiens du XIXe siècle s'appuyaient sur une histoire bien plus riche de sélection artificielle, qui a créé pléthore de formes, de profils et de types canins (sans même parler de tempéraments), et ce bien avant la première édition de l'exposition canine du Westminster Kennel Club en 1877.

La différence entre les races de chiens et les races de chats (ou l'inexistence de ces dernières) met en lumière notre rapport historique avec ces deux animaux de compagnie. Pour commencer, les chiens ont été domestiqués des milliers d'années avant les chats, et nous avons imposé une pression de sélection aux chiens pendant pratiquement toute cette période. Les sites archéologiques montrent qu'il existe des chiens de tailles différentes depuis l'époque des chasseurs-cueilleurs.

En plus d'avoir pris une longueur d'avance sur les chats, les chiens ont été globalement otages des décisions prises par leurs maîtres, contrairement aux félins. Puisque les chiens (à la différence des chats) dépendent énormément de nous, les gens ont pu décider quel chien aurait la meilleure nourriture, et qui pourrait s'accoupler avec qui (du moins jusqu'à un certain point). En conséquence, les chiens ont cédé le contrôle de leur propre ADN il y a bien longtemps. Cette génétique tenue en laisse contribue à expliquer pourquoi il y a aujourd'hui tant de chiens (jusqu'à atteindre la proportion faramineuse de soixante pour cent de la population d'animaux de compagnie aux États-Unis) de pure race, et pourquoi presque toutes les bêtes que nous qualifions de bâtards sont un mélange de divers pedigrees. (On pense que moins de deux pour cent de la population mondiale de chats ont un ancêtre de pure race.)

En ne sous-traitant pas leur survie, et en chassant et en élevant leurs chatons en toute indépendance, les chats ont bravé nos règles et échappé à notre ingérence. Même si nous l'avions voulu, nous n'étions pas en mesure autrefois de nous immiscer dans la reproduction des chats.

Et ce n'était probablement pas notre intention. De la même manière que nous n'avons jamais essayé de domestiquer le chat au départ, nous n'avons jamais eu de raisons de tenter d'obtenir différents types félins. Les chiens nous ont toujours rendu des services plus concrets, ce qui incitait davantage à les façonner de façon à ce que certains soient capables de courir après les antilopes et d'autres de tirer des filets de pêche, ou de garder des prisons. Même les efforts de sélection pour obtenir des chiens simplement obéissants ont pu avoir des conséquences physiques. La diversité frappante des formes de crâne existant chez les chiens (marque de fabrique du syndrome de la domestication, qui est pratiquement absente chez les chats) est peut-être la conséquence de plusieurs millénaires de sélection pour obtenir des jeunes au tempérament plus docile, explique Bob Wayne, biologiste de l'évolution à l'université de Californie à Los Angeles. Les crânes de chiens appartenant à diverses races modernes, souligne-t-il, ressemblent à ceux de loups bébés ou adolescents dont le développement se serait interrompu à différents stades. (En revanche, les crânes des chatons et des chats ont une forme très similaire, et sont relativement proches de celui de *Felis silvestris lybica*.)

Quand les Anglais de l'époque victorienne se sont mis à bidouiller les chiens, principalement à des fins décoratives, ils n'ont fait que peaufiner une gamme de types corporels canins qui existait déjà. Et s'il est vrai que les Fido de notre époque sont de plus en plus détachés de toute mission dans le monde réel, certaines fonctionnalités théoriques influent encore sur les pratiques de sélection officielles, même si la plupart des « retrievers » (censés « récupérer » des prises de chasse) ou des « terriers » sont destinés à un rôle d'animal d'intérieur.

Avec les chats, cependant, la forme ne peut pas coller à la fonction, parce qu'il n'y a aucune fonction clairement identifiée, à moins de prendre en compte leurs instincts de tueurs prolifiques mais imprévisibles : pas forcément le genre de choses que des fermiers ou des bergers auraient envie d'exacerber (fabriquer un molosse félin, par exemple, reviendrait plus ou moins à produire un lion).

« L'idée de créer des chats géants ne suscitait sans doute

guère d'enthousiasme, souligne Bob Wayne. Vous ne voudriez sûrement pas voir ça chez vous, sur le griffoir. »

En l'absence d'objectif fonctionnel, « tout le monde a tendance à pousser les chats vers les extrêmes, selon Leslie Lyons. C'est ce qu'il y a de plus facile à faire ». Sous notre garde, ce sont souvent les animaux à l'allure la plus bizarre qui font le plus de conquêtes sexuelles. Nombre de persans haut de gamme doivent leur esthétique à trois géniteurs prolifiques des années 1980, à la tronche de cake ridiculement ronde et dont l'un s'appelait Lullaby Abracadabra.

Si les amateurs de chats de race axaient davantage leurs efforts de sélection sur le comportement, plutôt que sur la seule apparence, prédit Razib Khan, généticien spécialiste des félins à l'université de Californie à Davis, non seulement les chats pourraient devenir de meilleurs animaux de compagnie, mais ils pourraient aussi subir une diversification physique proche de celle des chiens. Quelques races nouvelles jouent d'ailleurs avec ce concept : le ragdoll, dérivé du persan, est connu pour son air indolent, et l'australian mist est censé avoir été conçu pour un mode de vie placide en intérieur (un gage de réconciliation avec la faune australienne, selon l'argumentaire marketing). Mais à ce jour, il n'y a pas eu de nouveautés révolutionnaires.

« Jusqu'à présent, me dit Leslie Lyons, les éleveurs de chats se contentent de jouer la facilité. »

*

Peut-être parce que les chats domestiques se sont révélés si réticents à se transformer sous notre influence, les éleveurs sont constamment à l'affût de nouvelles matières premières intéressantes. Ils chassent les espèces inconnues de chats dans des lieux exotiques : un éleveur m'a raconté avoir ratissé Haïti en quête de chats errants à l'allure bizarre, et un autre aurait payé des enfants en Inde pour lui procurer des chats des rues peu communs, dotés d'une robe à effet dit *glitter* (pailleté), particulièrement brillante. L'un des derniers pedigrees en date est celui du sokoke, naufragé découvert sur les côtes kényanes, dont la génétique porte la trace d'anciennes routes commerciales africaines. (Malheureusement, il a un aspect assez ordinaire.)

Mais de plus en plus, les éleveurs débusquent les talents juste sous leur nez, comme les recruteurs de mannequins au centre commercial du coin. Beaucoup de soi-disant nouvelles races sont fondées sur des mutations récemment apparues tout près de chez nous. De telles curiosités de la nature surgissent probablement çà et là depuis des siècles, mais c'est seulement aujourd'hui (alors que notre obsession collective pour les chats prend de l'ampleur) que nous les portons aux nues et les croisons pour la reproduction, au lieu de décider qu'ils doivent finir noyés dans un sac de jute.

Mais il est également probable qu'avec l'explosion de la population mondiale de chats domestiques, les mutations naturelles soient aujourd'hui plus fréquentes. Et s'il y a toujours beaucoup plus de races reconnues de chiens (le Westminster Kennel Club en reconnaît environ 200, contre 41 pour la Cat Fanciers'Association), le nombre de races de chats semble augmenter plus rapidement, au fur et à mesure que les humains les remarquent et se mettent à leur attribuer un nom.

Parmi les nouveaux venus les plus remarquables, qui présentent une mutation unique découverte la plupart du temps parmi les populations de chats de ferme, figurent les sphynx dépourvus de poils (progéniture de deux chats ayant vécu dans le Minnesota pendant les années 1970, qui s'appelaient Derme et Épiderme) ainsi que toute une cohorte de mutants au pelage bouclé, parmi lesquels le cornish rex (Angleterre, vers 1950), le devon rex (Angleterre, 1960), le laPerm (Oregon, 1982) et le selkirk rex (Montana, 1987). Le scottish fold de Taylor Swift (dont les oreilles curieusement repliées sont peut-être le signe que le processus de domestication progresse, mais témoignent aussi d'anomalies du cartilage qui peuvent se révéler handicapantes) a été découvert en 1961, et l'american curl à oreilles pliées a suivi dans les années 1980. La seule dernière décennie a vu un afflux de nouvelles races, dont la plupart ne sont pas officiellement reconnues : le brooklyn wooley, le helki, le ojos azules.

L'une des innovations les plus controversées – adoubée par l'un des deux principaux clubs de chats américains, mais rejetée par l'autre – est le munchkin nain, dont le premier spécimen était une chatte découverte sous un camion à Rayville, en Louisiane. La descendance de cette matriarche courte sur pattes est très recherchée, mais aussi décriée : certains les qualifient de « saucisses mutantes » du monde des chats.

Si elles sont liées à un gène dominant unique, comme tant d'autres caractéristiques félines qui définissent les races, les pattes moitié plus courtes du munchkin sont l'une des altérations les plus visibles dans le plan d'organisation anatomique du chat domestique à ce jour, et son admission au sein de l'International Cat Fanciers'Association en 1995 a poussé un juge bien connu à démissionner.

À l'heure actuelle, la race émergente qui présente le physique le plus bizarre et qui fait le plus de buzz, c'est le lykoi du Tennessee : ou, comme on l'appelle plus communément, le chat loup-garou.

*

La famille Gobble de Sweetwater, Tennessee, a tenté pratiquement tous les types d'élevages et de cultures auxquels vous pouvez penser : truffes noires françaises, poissons combattants japonais, arbres pour le bois, nectarines, escargots, oiseaux diamants mandarins, yorkshire terriers, chevaux quarter horses et turnix (des sortes de cailles). L'énorme aquarium embué qui trône dans leur salon atteste d'une passion pour les grenouilles dendrobates, à laquelle ils viennent tout juste de renoncer. (« Elles n'arrêtaient pas de se reproduire », lâche Johnny Gobble d'un air sombre.) Jusqu'à il y a peu, élever des chats à pedigree était cependant bien au-delà de leurs ambitions : dans cette communauté rurale de producteurs laitiers, le concept de félin de pure race suscite encore une certaine stupeur.

« On n'achète pas de chats, dans le coin, nous informe Johnny Gobble, qui est vétérinaire. On va en chercher un dans la grange du voisin. »

Mais la curiosité a eu raison de Johnny et de sa femme Brittney, et le couple a finalement craché les billets nécessaires à l'achat d'un chat nu. Il ne leur a pas fallu longtemps pour devenir des éleveurs de premier plan, et Brittney a même fondé un magazine pour passionnés intitulé *Owned by a Sphynx* (*Mon maître le sphynx*).

En 2010, grâce au téléphone arabe entre éleveurs de cette race, ils ont entendu parler de deux « sphynx moches » apparus dans un refuge en Virginie, de l'autre côté des Appalaches. (Les Gobble reconnaissent que même les sphynx primés en concours ne sont pas des bêtes séduisantes au sens conventionnel du terme.) Ces chatons errants faméliques étaient chauves au niveau des orteils, de la truffe et des oreilles, là où même les sphynx ont généralement un peu de duvet… et pourtant ces drôles de chats avaient des poils sur tout le reste du corps.

Après les avoir vus pour la première fois, Johnny Gobble en a conclu que ce n'était pas du tout des sphynx. Il s'agissait peut-être juste de chats errants atteints de teigne ou de gale démodécique, voire d'une anomalie congénitale.

« La plupart des vétérinaires, quand ils voient ce genre de truc, leur première réaction, c'est "on stérilise ou on castre" », se souvient Brittney.

Mais Johnny ne croyait pas non plus que ces mystérieux chats dénudés étaient malades, et leurs yeux dorés lui plaisaient, de même que ce qui leur restait de pelage, à la teinte rouanne peu commune. Il soupçonnait une nouvelle mutation. Si les deux s'avéraient être des animaux sains, il voulait les faire se reproduire.

« L'est un peu bizarre, mon mari, la voilà, la vérité », raconte Brittney.

Ils ont donc fait l'acquisition de ces deux chats qui ressemblaient à des rats, un mâle et une femelle, ainsi que de leur mère, une chatte noire normale. Mais la chance allait encore sourire aux Gobble. Quelques mois plus tard, un collègue éleveur de sphynx a repéré un autre couple similaire de chats en partie dépourvus de poils, près de Nashville. Cette autre paire de chatons, sans lien de parenté, a permis aux Gobble de lancer leur programme d'élevage sans être confrontés au problème de l'inceste.

C'est alors qu'est intervenue la vraie découverte majeure : une stratégie marketing imparable. « Au début, on appelait ces chats des "chapossums", parce qu'ils ressemblaient vraiment à un croisement entre un opossum et un chat », se souvient Johnny Gobble. (Ils avaient nommé l'un des chatons fondateurs Opie, diminutif d'Opossum Roadkill qui signifie en anglais : « opossum écrasé sur la route ».) Par chance, un thème plus vendeur apparut. Avec la pâleur de leur peau apparente sous les poils noirs et clairsemés, et leurs faces nues proches de visages humains et cernées de fourrure, ces chats ressemblaient à des loups-garous à l'ancienne saisis en pleine métamorphose. D'où le nom de « lykoi », qui vient du grec *lykos*, loup.

Après avoir subi une batterie d'analyses d'échantillons de peau et de tests cardiaques, les deux paires de chatons se sont révélées saines. Les Gobble ne savaient cependant toujours pas si la mutation était héréditaire. En 2011, ils firent se reproduire le mâle d'une portée avec la femelle de l'autre, et furent dépités de voir naître un chaton femelle doté d'un pelage noir impeccablement fourni. Mais en quelques semaines, celle-ci se mit à perdre ses poils en abondance, un processus que les Gobble nomment désormais « la mue du loup ». Ils lui donnèrent le nom de Daciana, qui veut dire « loup » en roumain.

Les Gobble travaillent avec la généticienne spécialiste des

félins Leslie Lyons pour identifier les bons facteurs génétiques, mais on dirait que le lykoi se fonde lui aussi sur une caractéristique récessive liée à un unique gène. Heureusement pour leur entreprise d'élevage, cette mutation s'est également produite en dehors des Appalaches : au cours des quelques années écoulées depuis qu'ils ont commencé à développer la race, des dizaines de portées de lykois ont été découvertes partout dans le monde, « presque toujours dans des refuges ou des bennes à ordure », selon Johnny Gobble. (Il lui faut récupérer les chats au plus vite, car les vétérinaires, inquiets, ont généralement tendance à vouloir les stériliser.)

Tout ça est une histoire de chiffres : plus de chats sur la planète signifie plus de mutants parmi lesquels trouver son bonheur. Mais ces récoltes exceptionnelles de lykois sont certainement aussi le reflet de notre obsession croissante pour les félins : la mutation existe peut-être depuis un moment, mais il a fallu une culture dingue des chats pour aller la déterrer, et aussi un réseau internet obnubilé par ces félins pour mettre en contact les propriétaires de bestioles partageant la même allure bizarre, qui ne se seraient jamais rencontrés autrement.

Après avoir aménagé leur maison et le chenil vétérinaire de Johnny, les Gobble sont désormais à la tête d'une véritable ferme de loups-garous, et ils ont même reçu la certification du ministère de l'Agriculture américain, tout comme leurs voisins producteurs laitiers (que tout cela laisse sûrement perplexes). Ils dépensent près de 600 dollars par mois en litière pour chats, et emploient plusieurs personnes à plein temps, dont la mission la plus importante est de caresser ces minous partiellement déplumés.

Il n'y a encore que quelques centaines de lykois correspondant aux normes de la race dans le monde, et celle-ci vient seulement d'obtenir le droit de participer à certaines expositions félines, mais tout cela va bientôt changer. Johnny, qui se considère comme « un homme très ambitieux », distribue son cheptel de chats un peu partout dans le monde. L'entreprise a des antennes au Canada, en Angleterre, en Israël et en Afrique du Sud, et au moment où j'ai rendu visite aux Gobble, un lykoi était en quarantaine avant son départ en Australie. (Quant à savoir quel accueil réservera aux chats-garous le ministère de l'Environnement local, en guerre contre les matous, les paris sont ouverts.)

Ces félins rares sont désormais disponibles à la vente au prix de 2 500 dollars pièce, et il y a des centaines d'aspirants propriétaires de loups-garous sur liste d'attente.

En bons professionnels du spectacle, les Gobble me font attendre moi aussi dans leur salon, avant d'y faire enfin entrer au petit trot trois lykois. Le museau chauve de ces chats et leurs yeux semblables à des bonbons au citron qui semblent regarder dans le vague sont vraiment saisissants et, sous mon index hésitant, leur truffe brune a la texture inattendue d'un élastique en caoutchouc.

Les Gobble assurent que ces chats présentent des comportements inhabituels, proches de ceux des chiens, et que l'odeur d'un cerf ou encore le bruit d'un emballage de gâteau Twinkie peut les rendre dingues. Mais c'est leur apparence « absurde » qui est l'élément central. Je fixe les pattes de ces chats, qui ressemblent à des mains humaines nues hérissées de quelques premiers poils de loup en train de percer.

« On a reçu des courriers haineux de gens qui disaient

vouloir venir brûler nos laboratoires, dit Brittney, qui a peut-être remarqué mon regard.

– Ouais, fait Johnny, ils croyaient que je les fabriquais…

– … dans une éprouvette ! glousse Brittney.

– On a eu des gens qui voulaient que je leur colle des ailes, après. »

Les lykois semblent tout de même en bonne santé. Mais cela ne signifie pas qu'ils sont assez en forme pour survivre seuls. Comme les sphynx, que l'on confine parfois dans des cellules capitonnées avant les expositions félines pour préserver leur peau délicate, les lykoi sont extrêmement sensibles au froid, qui les tuerait sûrement, même dans le climat modéré du Tennessee. Les chats-garous sont aussi affreusement réactifs à toute exposition directe au soleil : quand ils se prélassent sur le rebord d'une fenêtre, leur peau d'albâtre se met à se couvrir de taches de rousseur, puis vire totalement au noir en à peine quelques jours, comme une forme de bronzage extrême.

Les nouvelles races ont tendance à être toujours plus bizarres grâce aux croisements : un sphynx plus un american curl donne un elf cat nu aux oreilles recroquevillées, par exemple, tandis que le meerkat est un mélange sans queue et aux pattes courtaudes de plusieurs nouveaux venus sur le marché. Il semble y avoir une tendance de plus en plus forte et extrêmement controversée à « munchkiniser » toutes les races à pedigree existantes.

Certaines créations récentes sont clairement des abominations, comme le soi-disant twisty cat, alias le *squitten*, dont les os tordus de façon grotesque lui donnent une apparence semblable à celle d'un écureuil (*squirrel* en anglais). Mais pour d'autres, il peut s'avérer difficile de déterminer quand cela va trop loin.

Leslie Lyons imagine un test possible : « Si vous lâchiez tous ces chats dans la nature et reveniez cinq ans plus tard, songe-t-elle, seraient-ils encore en vie ? Les sphynx ? Pas sûr. Les persans ? Pas sûr. » (D'un autre côté, Leslie Lyons soupçonne que les munchkins si souvent dénigrés s'en sortiraient très bien si on les laissait se débrouiller par leurs propres moyens.)

À la Mondiale des chats, j'ai été témoin de la tentative d'évasion d'un persan : un petit plouf par terre depuis la table de toilettage, suivi d'un moment de pure confusion. Ses yeux ronds en forme de phares de voiture sont restés dans le vague.

Même s'ils ne sont qu'à un ou deux gènes de ces rustauds de chats des rues, certaines races modernes ont peut-être abandonné la caractéristique féline la plus fondamentale de toutes : la capacité à survivre.

*

Mais pas toutes, cependant. Tandis que nous couvons ces mutants félins si fragiles, nous peuplons dans le même temps nos foyers de races d'un autre genre : des chats hybrides, progéniture de chats domestiques croisés avec différentes espèces sauvages, sorties de la jungle il y a quelques générations à peine.

Pour les éleveurs de chats hybrides, l'esthétique féline n'a rien à voir avec le hasard. C'est la biologie des grands fauves qui guide leurs pas, et pas n'importe quelle bizarrerie surgie de derrière la benne à ordures du coin de la rue. Si la plupart des éleveurs poussent les chats domestiques vers des extrêmes complètement arbitraires, les éleveurs d'hybrides s'efforcent de préserver l'essence même de ce qui fait le félin et de déguiser (mais sans la défaire) l'œuvre de la domestication. Les noms de leurs races (le toyger, la pantherette, le cheetoh…) rendent hommage aux rois vaincus. Pour des raisons pratiques, les chats domestiques sont généralement croisés avec les plus petites espèces de chats sauvages, mais les éleveurs d'hybrides ont de grandes ambitions.

« Le but du jeu, c'est de créer le plus bel exemple de quelque chose qui a l'air sauvage, mais qui est domestique », explique Anthony Hutcherson, qui élève des bengals, un croisement entre le chat domestique et une lignée de chats-léopards asiatiques, et dont le nom est un clin d'œil à une espèce menacée de tigre. « C'est super de gagner un concours félin, mais c'est plus gratifiant de fabriquer quelque chose qui ressemble à un petit léopard, à un jaguar ou un ocelot, et qui mange de la pâtée pour chats et ronronne dès qu'on le regarde. »

« Je veux créer un chat qui paraisse tout droit sorti de la forêt pour atterrir dans les bras d'un gamin », explique Carol Drymon, qui est à l'origine du cheetoh, un autre croisé chat-léopard asiatique, célèbre pour son pelage tacheté, sa démarche de roi de la jungle et sa taille gigantesque (ce qui ne me surprend guère). Certains mâles cheetohs avoisinent les 15 kilos, et ces chats se déclinent dans tous les coloris, y compris une nuance de roux. Carol Drymon leur fait prendre du muscle à coups de viande rouge et d'œufs durs.

Il y a des débats entre éleveurs d'hybrides pour savoir s'il vaut mieux un angle de quarante-cinq ou de soixante degrés entre les oreilles, à quoi doit ressembler la truffe idéale, et comment s'y prendre pour reproduire au mieux les marques blanches neigeuses qui ornent la face de la plupart des grands fauves. L'un des plus grands défis a été d'ajouter les taches blanches derrière les oreilles des bengals : beaucoup d'espèces de grands fauves arborent de telles taches, peut-être pour que leurs petits puissent suivre leurs mères plus facilement dans la nature. Les chats domestiques, en revanche, n'en ont pas.

Mais tout comme le tempérament domestique est associé à certains signes physiques caractéristiques, une apparence sauvage peut s'accompagner d'un caractère lui aussi plus farouche. Les chercheurs se demandent si le physique d'un animal donné peut permettre de prévoir son comportement : c'est-à-dire, si un renard argenté domestiqué né avec des oreilles pendantes (conformément au fameux syndrome) est forcément plus docile que ses compagnons de portée à l'apparence plus sauvage et aux oreilles dressées.

Ce qui est certain, c'est que créer un léopard prêt à ronronner tranquillement sur vos genoux est encore plus complexe que ça n'en a l'air. (Les chats que j'ai rencontrés dans le sous-sol de la vétérinaire Melody Roelke-Parker étaient aussi des croisés chats-léopards asiatiques, par exemple, et la plupart n'avaient absolument pas perdu leurs manières de bêtes de la jungle.) De nombreuses générations séparent les bengals à pedigree, développés dans les années 1970, de leurs ancêtres sauvages : en conséquence, ils n'ont hérité que d'une fraction des gènes de ces aïeux, généralement moins de douze et demi pour cent. Mais leur comportement les distingue toujours des autres chats domestiques, selon l'étude publiée par deux spécialistes du comportement animal de l'université de Californie à Davis, Lynnette et Ben Hart. Les bengals sont plus enclins à se comporter de façon agressive avec leurs propriétaires ou les étrangers, et ont la mauvaise réputation de bouder leur litière et de pisser partout dans la maison.

Pourtant, les bengals sont considérés comme les hybrides les plus dociles. Le savannah, ce croisé de serval qui avait terrifié les habitants de Détroit, est désormais considéré comme une « race de concours » par certains clubs félins et exposé aux côtés de nobles persans ou siamois. Pourtant, dans un épisode récent de *Mon diable de chat,* on a pu voir des savannahs en train de bouffer des barres de métal, de saboter le parachute de leur propriétaire ou de bondir sur la hotte de la gazinière, à tel point que l'animateur Jackson Galaxy a lâché un glapissement horrifié.

Même les éleveurs d'hybrides ont des *a priori* sur le type de petits chats sauvages susceptibles d'être de bons candidats pour les croisements. Certaines espèces ont « des problèmes de comportement », selon Carol Drymon. Le chat de Geoffroy est une jolie espèce de félin sauvage tacheté, qui est le co-parent d'une nouvelle race hybride, le safari. C'est également, du point de vue de Carol Drymon, « une petite bestiole diabolique qu'on devrait laisser dans la forêt ».

Peut-être devrait-on d'ailleurs laisser ces chats dans la forêt pour d'autres raisons. Certains appartiennent à des espèces en péril. L'Union internationale pour la conservation de la nature répertorie le chat de Geoffroy comme espèce vulnérable dans certains milieux. Parmi les autres petits félins utilisés pour l'hybridation figurent les chats des sables, les oncilles et les margays, dont aucun n'est vraiment en grande forme. Quelques programmes d'élevage se sont servis du chat viverrin asiatique, une espèce menacée qui figure désormais sur la liste rouge de l'UICN.

En général, les parents sauvages sont déjà en captivité, et les utiliser pour la reproduction ne nuit donc pas directement aux populations naturelles. Mais pour certains défenseurs de l'environnement, le tout-puissant chat domestique n'a aucun droit de diluer des lignées déjà moribondes. (En tout cas, si on peut l'éviter : dans la nature, des chats domestiques entreprenants ont déjà produit des hybrides avec certains de leurs proches parents, comme le chat sauvage écossais, qui a pratiquement cessé d'exister.)

Des éleveurs d'hybrides, parmi lesquels Anthony Hutcherson, ont un argument : vivre avec des mini-léopards nous rendrait plus sensibles à la situation critique des grands fauves menacés. Mais l'inverse peut tout aussi bien être vrai, puisqu'à force de diluer les lignées des chats sauvages, on risque de banaliser les espèces menacées. On se donne aussi l'illusion d'une forme d'empathie envers ces animaux, alors qu'en réalité les hommes sont en train de les éliminer de façon systématique. De telles pratiques entament clairement la mystique des félins sauvages, qui est à peu près la seule arme qui leur reste à l'heure actuelle.

Les hybrides peuvent aussi empiéter sur les refuges de la dernière chance auxquels ont encore accès les grands fauves. À cause de leur comportement excentrique, de nombreux propriétaires pleins de remords doivent se résoudre à abandonner ces coûteux animaux de compagnie, mais pas toujours dans des refuges ordinaires. Ils finissent parfois plutôt dans des réserves pour félins sauvages destinées aux lions malmenés dans les cirques et autres bêtes de ce genre, aux finances déjà très restreintes.

Certaines réserves sont confrontées à un tel afflux de bengals et savannahs indésirables qu'elles ont commencé à les refuser, proposant plutôt des conseils aux propriétaires débordés afin de convertir leur garage en « tanière chauffée » pour matous à demi sauvages. Des refuges spécialisés pour hybrides se sont ouverts, comme l'Avalo Farm de Wagener, en Caroline du Sud, qui s'étend sur plus de six hectares et a récemment lancé une collecte de fonds pour renforcer sa clôture d'enceinte.

Tous les propriétaires n'ayant pas les moyens d'installer une barricade sur mesure avec un angle de quarante-cinq degrés au sommet, il arrive que ces chats s'échappent. En plus du malheureux savannah qui se baladait dans la région de Détroit, on a signalé d'autres évadés hybrides qui traversaient furtivement les toits des immeubles de Las Vegas, patrouillaient dans des bâtiments de ferme abandonnés en périphérie de Chicago, ou faisaient des repérages sur le terrain de basket de l'université du Maryland. Certaines de ces créatures paraîtraient davantage dans leur élément au fin fond du Serengeti, à paresser sous les acacias.

Un jour d'octobre, un spécimen d'hybride tacheté particulièrement costaud, qui rôdait à l'affût dans une banlieue du Delaware, a poussé les parents terrorisés à envisager de ne pas laisser leurs enfants sortir pour Halloween.

Il s'avère que ce chat s'appelait Bouh.

*

Plus que n'importe quel phénomène de mode lancé par le genre humain, pourtant, ce qui va déterminer l'avenir des chats domestiques, c'est la façon dont ils vont évoluer par eux-mêmes. Peu importe le nombre de chats errants stérilisés, le strict confinement des chats ou le développement de nos talents d'entremetteurs : la grande majorité des chats sera toujours conçue en dehors de notre contrôle sélectif. Deviendront-ils plus gros ? Plus hardis ?

Dans certains endroits, il semblerait que ce soit déjà le cas. Le biologiste Luke Dollar étudie l'énigmatique fossa, un carnivore rare ressemblant à une mangouste, qui domine la chaîne alimentaire à Madagascar. Les seuls félins présents sur cette vaste île africaine y ont été importés, et la plupart sont des animaux de compagnie plutôt chétifs qui vivent dans les villages ruraux. « Efflanqués et rachitiques, bourrés de parasites, raconte Luke Dollar. Ils font vraiment pitié. »

Mais en 1999, alors qu'il quadrillait une zone d'agriculture sur brûlis à la lisière de la forêt profonde qui couvre l'intérieur de l'île, les pièges à carnivores de Luke Dollar ont livré des prises félines qui n'avaient pas du tout la même allure.

« Ce truc s'est retourné contre nous et a littéralement rugi, se souvient-il. Il était absolument énorme et nous aurait taillés en pièces s'il avait pu : il était en mode "Bas les pattes !" Et puis on en a attrapé un autre. Puis un autre. Des dizaines. C'était le genre de moment où vous vous dites : "Oh putain !" »

En tant que responsable de l'Initiative pour les grands fauves du National Geographic, Luke Dollar s'y connaît en félins. Mais ces robustes chats ressemblaient si peu aux animaux de compagnie du coin qu'il a pris la décision inhabituelle de tester leur ADN, pour confirmer que c'étaient bien des chats domestiques (et c'était le cas). Luke Dollar les a également pesés et mesurés, « et il était évident qu'ils étaient totalement différents d'un point de vue anatomique », raconte-t-il : grands, costauds et en excellente forme physique, presque exempts de parasites. Les chats du village arboraient toutes sortes de couleurs (tricolore, noir, roux...), mais ceux de la forêt étaient exclusivement rayés gris-brun, avec en prime de grosses rayures noires de tigre. Les Malgaches, a-t-il découvert, utilisent des noms différents pour les deux types de chats et les considèrent comme deux sortes d'animaux distincts.

Mais que des explorateurs blancs aient introduit ces chats domestiques il y a plusieurs siècles, ou qu'il s'agisse de fugitifs d'une époque plus récente, il ne s'est pas écoulé suffisamment de temps pour que ces populations se transforment naturellement sous l'effet de changements génétiques majeurs, ce qui prend des milliers d'années.

L'apparence différente des chats de la forêt était simplement le résultat d'un choix de mode de vie, bien plus immédiat. Des chats plus grands avec un pelage offrant un bon camouflage peuvent proliférer rapidement dans un contexte où « il n'y a personne pour les ravitailler, explique Luke Dollar, et où les forces de la nature ne sont soumises à aucune contrainte ». (De la même manière, il paraît que les chats roux dominent le désert rougeâtre d'Australie, tandis que les chats gris et noirs peuplent les jungles pleines d'ombres.) « Il n'y a pas de nourriture pour chats, pas de jouets laser, pas de litière spéciale », continue Luke Dollar. Les anomalies de la nature et les gringalets meurent jeunes dans de telles contrées. Les forts, eux, survivent pour atteindre la forme physique la plus optimale possible : ce sont des chats domestiques à l'état brut.

Luke Dollar n'a pas fait l'inventaire précis des proies des chats de Madagascar, mais il est persuadé qu'ils chassent « à peu près de tout ». Pour confirmer qu'ils tuaient les lémurs sifakas de l'île, ses collègues ont eu recours à des techniques identiques à celles des anthropologues qui voulaient prouver que les léopards de la préhistoire mangeaient les premiers humains : ils ont fait correspondre les crocs des félins avec les mystérieux trous découverts dans certains crânes de primates morts.

Ces chats domestiques semblent avoir renoncé à nos maisons pour une vie meilleure dans la nature. Pourtant, il est probable que leur héritage domestique leur soit encore utile. S'ils ont l'air un peu différents en apparence, ils ont le même cerveau rétréci que leurs compatriotes confinés à domicile. Et même si des attributs domestiques superficiels comme la couleur du pelage disparaissent en quelques générations, les changements cognitifs persistent. Parce qu'ils vivent au milieu des anciennes exploitations rizicoles de Madagascar, dans une zone indéterminée entre civilisation et nature, ne pas avoir peur des humains est pour eux un atout. Contrairement aux animaux vraiment sauvages, par exemple, ils n'ont pas eu peur des pièges de Luke Dollar… surtout une fois qu'ils ont compris qu'on finirait systématiquement par venir les libérer. Il a piégé certains chats si souvent qu'il leur a attribué un nom. « On a attrapé Sylvestre tous les jours pendant trois semaines d'affilée, s'émerveille-t-il. Pas moyen qu'il ronronne ou vienne se frotter contre nos jambes ou quoi que ce soit de ce genre, mais il avait compris : “Je rentre dans cette boîte, je mange l’appât, et ces types vont venir me tirer de là le lendemain.” »

On a signalé des chats domestiques gigantesques dans d’autres endroits, notamment en Australie, où l’on trouve déjà trace de telles rumeurs dans les archives coloniales du XIXe siècle. Plus récemment, des photos de cadavres de méga-chats ont fait le tour du Web. (On ne sait pas cependant si ces supposés géants n’avaient pas été photographiés aux côtés d’Aborigènes particulièrement menus.) Ce qui est sûr, c’est que ce genre de créatures peuple nos imaginaires, comme on le voit lors d’épisodes paranoïaques comme celui du « Lion de l’Essex » ou d’autres encore.

Peut-être que d’ici quelques millions d’années, il se produira un véritable bond dans l’évolution. Il n’est pas totalement inenvisageable de voir un jour des siamois à dents de sabre. Des animaux semblables aux chats ont développé ce genre de quenottes à maintes reprises au cours des 40 derniers millions d’années, et les derniers tigres à dents de sabre n’ont disparu de Los Angeles qu’il y a 11 000 ans. Les chercheurs s’attendent réellement à ce que cette denture emblématique revienne sur le devant de la scène.

La panthère nébuleuse, qui partage un certain nombre de caractéristiques crâniennes avec les félins à dents de sabre éteints, est clairement la favorite du point de vue de l’évolution. Mais bien sûr, il ne reste désormais que quelques milliers d’individus appartenant à cette espèce, et il semble peu probable que ces derniers survivent aux 7 millions d’années qui devraient s’écouler, selon les chercheurs, avant l’apparition de la prochaine génération de dents de sabre.

Qui sera le successeur du tigre à dents de sabre ? « Je parierais peut-être sur le chat domestique », m'a dit le paléontologue des fosses à bitume de La Brea, Christopher Shaw.

Je me dis qu'il plaisante. Mais quand même : une population féline forte de 600 millions d'individus et en pleine croissance, cela laisse une sacrée marge d'expérimentation.

*

Mais l'aspect le plus fascinant de l'évolution future du chat domestique, ce n'est peut-être pas tant à quel point il pourrait changer, mais à quel point il pourrait rester le même.

Après tout, les chats domestiques sont déjà parfaitement adaptés à notre époque et occupent une position confortable au sommet de la chaîne alimentaire. En dehors de crises épidémiques, « dans le contexte qui prédomine actuellement dans la majeure partie du monde, la sélection qui s'exerce sur les chats domestiques est négligeable », selon le généticien spécialiste des félins Carlos Driscoll. « Il n'y a personne pour les chasser. Ils peuvent adopter toutes les couleurs qu'ils veulent » puisqu'ils sont déjà les maîtres (que ce soit au sein de nos communautés, ou dans les milieux naturels fragilisés).

D'autre part, certains éléments indiquent que cela ne rendrait pas forcément service aux chats de devenir plus gros, plus méchants et plus monstrueux, tout au moins dans la plupart des environnements modernes. (Après tout, la seule force brute n'a pas tellement réussi aux lions et aux tigres.) Tandis que les populations d'humains et de chats domestiques deviennent de plus en plus denses dans nos villes en pleine expansion, les animaux agressifs sont désavantagés, comme le révèle une étude consacrée aux chats errants en France.

Celle-ci se concentrait sur la couleur du pelage, et en particulier sur les chats roux. Le pelage de couleur rousse est une caractéristique liée au sexe (les mâles roux sont plus communs que les femelles) en même temps qu'un marqueur comportemental, un signe de taille et de force. Les mâles roux ont tendance à être plus gros et plus agressifs que les mâles d'autres couleurs (observation que je peux confirmer de façon empirique grâce à Cheetoh).

Les chercheurs français ont constaté que dans la campagne, où les populations de chats sont plus clairsemées, ces gros mâles roux et féroces sont souvent capables de battre leurs rivaux et de monopoliser les femelles.

Dans les villes, en revanche, où les populations de chats sont dix fois plus denses, il est impossible de combattre la marée de prétendants qui se présentent, et la meilleure stratégie est de s'accoupler avec autant de femelles que possible et d'ignorer poliment les intrus. Mais les mâles roux passent apparemment trop de temps à se battre et pas assez à s'accoupler, et leurs gènes ne sont donc pas transmis aussi souvent que ceux des chats noirs ou rayés, plus petits et plus calmes.

Peut-être que ce sont vraiment les débonnaires qui hériteront de la Terre, après tout – ou tout au moins, des gouttières et des ruelles.

*

Pour ce qui est de l'avenir esthétique du chat domestique, une seule chose est garantie : les chats deviennent de plus en plus gros. Bien que davantage lié à l'environnement qu'à la génétique, cet effet est extrêmement marqué. Près de soixante pour cent des chats de compagnie américains sont en surpoids ou obèses et, selon les chercheurs, les chats errants sont aussi bien rondelets. J'ai lu des centaines d'articles sur des animaux de compagnie comme Bouddha, 15 kilos, Boulette, 16 kilos, ou Dr Mamour, près de 16 kilos également. (Un animal en bonne santé pèse environ le quart du poids de ces matous.)

Jusqu'à présent, tout ce lard supplémentaire représente la principale contribution de l'humanité à la forme féline. C'est vrai, beaucoup des animaux qui se sont associés à nous ont tendance à s'empâter, et même les rats des rues de Baltimore sont en moyenne quarante pour cent plus gros de nos jours, en grande partie grâce à nos ordures de plus en plus copieuses. Mais les chats domestiques sont un cas extrême pour toute une série de raisons liées à nous, en plus des mets toujours plus riches qu'ils peuvent savourer dans leurs gamelles et dans nos poubelles : enfermer les chats en intérieur les empêche de faire de l'exercice, les castrer et les neutraliser fait baisser leur taux métabolique, et la biologie hypercarnivore et délicate des chats rend tout régime extrêmement compliqué.

Je visite la Faculté de médecine vétérinaire de l'université du Tennessee, où des experts de l'obésité animale ont récemment développé, par la force des choses, un nouvel indice de masse corporelle pour les félins du XXIe siècle. L'ancienne version s'arrêtait à quarante-cinq pour cent de masse grasse

– ce qui n'est pas du tout adapté à la clientèle actuelle. La nouvelle version monte jusqu'à soixante-dix pour cent et au-delà. Ces scientifiques ont utilisé des photos de chats roux (naturellement) pour illustrer les différents degrés de corpulence, du félin tout juste botticellien en passant par le véritable gros plein de soupe, pour finir sur un état totalement sphérique, dans lequel il n'y a « aucune distinction entre la tête et les épaules » et les côtes deviennent « impossibles à palper ».

Cependant, même ce guide augmenté ne sera peut-être d'aucune utilité, car des études ont montré que les propriétaires de chats s'obstinent à catégoriser à tort comme minces les matous les plus maousses. Comme toujours, nous ne voyons pas nos chats tels qu'ils sont vraiment.

Peut-être persistons-nous à engraisser les chats parce que (comme le suggèrent des recherches, et comme tous ceux qui en ont le savent bien au fond) les chats font surtout attention à nous quand nous leur donnons à manger, et que nous voulons qu'ils nous aiment. Ou peut-être voulons-nous simplement éviter qu'ils ne nous aiment pas : les chats affamés sont capables d'être beaucoup plus « persévérants » que les chiens quand il s'agit de faire valoir leurs revendications, m'explique l'experte en obésité féline Angela Witzel… et un tyran de 15 kilos, ce n'est pas rien.

Le surpoids félin pourrait aussi donner un tour assez déprimant à la question du bilan environnemental des chats, qui s'alourdit chaque jour. Selon une estimation assez vertigineuse, les 100 et quelque millions de chats de compagnie américains consommeraient l'équivalent de 3 millions de poulets par jour. Mais ce chiffre suppose qu'ils n'ont besoin que de 50 grammes de viande par jour. Les chats prodigieusement obèses ont des besoins caloriques hypertrophiés, quelle que soit leur manière de les satisfaire : passereaux attaqués dans le voisinage ou poissons en conserve pêchés dans des océans lointains.

Quand bien même une balance serait bien réglée, elle ne serait pas capable de nous révéler toute l'histoire, et surtout pas la façon dont elle se terminera. C'est que l'ultime frontière, pour toutes les formes de vie, c'est Internet, où les créatures se mesurent en pixels et non en kilos. Pour conquérir ce vaste nouveau territoire virtuel, les chats domestiques – ces hypercarnivores purs et durs – ont littéralement transcendé la chair.

9

Neuf vies virtuelles

Le chat, malheureusement, n'est pas tout à fait prêt à me recevoir, et le concierge me laisse donc trépigner dans un élégant salon vitré. La décoration de cet hôtel de Manhattan (luxueux habitat de Lil Bub, star féline d'Internet) comprend de fausses peaux de bison jetées sur d'élégants sofas, et une bibliothèque pleine de livres d'histoire naturelle, peut-être choisis pour leur dos élégant.

J'en prends un intitulé *La Vie sur Terre*. Des photos montrent un guépard solitaire en train de fondre sur un troupeau de gnous, et la victime désignée du grand fauve semble courber la tête en prévision de l'impact. « De tous les chasseurs, les félins sont les plus spécialisés pour la consommation de viande », dit le texte. Leurs dents sont « des instruments de boucher ».

Mais Lil Bub n'a pas de dents : elles n'ont jamais poussé, et c'est loin d'être sa seule bizarrerie physique. Sa mâchoire inférieure est sous-développée, ses fémurs sont tordus, elle est atteinte d'une maladie nommée ostéopétrose et d'une forme de nanisme. Sa vessie a parfois des défaillances. Son propriétaire, Mike Bridavsky, a appris à « la faire pisser » en lui grattant le ventre d'une manière bien particulière, et l'odeur de son urine mêlée au parfum de noix de coco de son shampoing pour chat préféré évoque de façon troublante la cuisine thaïe.

Et pourtant, Lil Bub appartient au panthéon d'une élite de chats du Web. Ces félins V.I.P. ont des agents pour gérer leurs licences et des liens avec le monde des affaires. On les voit traverser Hollywood en Cadillac Escalade avec chauffeur, pour négocier des contrats dans le cinéma. Quelques-uns de ces chats engrangeraient jusqu'à un million de dollars par an, et d'autres sont des philanthropes bien connus : Lil Bub, mutante d'à peine 2 kilos qui n'aurait pas eu la moindre chance de survie à n'importe quel autre moment de l'Histoire, a fait campagne pour sauver les derniers tigres.

Enfin convoquée, je trouve Lil Bub en train de faire les cent pas dans l'une des salles de réunion, avec ses pattes trop courtes qui lui donnent une démarche un peu serpentine. Sa tête m'est familière pour l'avoir vue sur d'innombrables débardeurs, tote bags, tasses à thé, chaussettes montantes et coques pour téléphones portables. Ses yeux verts semblent particulièrement immenses, et sa langue rose qui dépasse lui donne un air éternellement ravi. Mike Bridavsky orchestre la joyeuse personnalité virtuelle de Lil Bub autour de ce fameux « sourire ».

Au moment où j'entre, elle émet un ronronnement semblable à une roucoulade. « Viens là, Bub », fait Mike Bridavsky en la soulevant. Il a environ trente-cinq ans, passe pratiquement chaque minute de son temps avec ce chat, et il a fait tatouer son image sur quasiment toute la surface de son corps. Sa décision de l'adopter en 2011 était un acte de pure générosité, et il n'avait pas la moindre idée de la gloire qu'elle allait lui apporter. Il était alors producteur de musique, accumulait les impayés et possédait déjà quatre chats. Elle était l'avorton d'une portée de chatons férals trouvés dans une cabane de jardin de l'Indiana. « Elle faisait la taille d'une balle de jonglage, raconte-t-il. Je n'avais pas tellement d'alternatives, il fallait que je la ramène avec moi. »

Pourtant, même Mike Bridavsky (qui est le premier fan de Lil Bub) est un peu perplexe devant la réaction suscitée par son animal de compagnie chez le public. Une photo d'elle publiée sur Tumblr en avril 2012 a immédiatement fait le buzz. Bientôt, elle possédait des comptes Twitter et Instagram, sa propre chaîne YouTube, et une page Facebook avec plus de deux millions de « j'aime ». Vinrent alors les contrats pour des livres, les émissions spéciales sur Animal Planet et les partenariats avec Urban Outfitters, sans mentionner les brèves apparitions dans *Today* et les sessions câlins avec Robert de Niro, Ke$ha et consorts. (Si Lil Bub a relativement peu de chances de se reproduire un jour dans la vie réelle, elle a sûrement élargi les perspectives de Mike Bridavsky : il est sorti avec des femmes superbes, et à peine quelques heures avant notre rencontre, une célèbre actrice de télévision venait de coller sa poitrine contre son bras « genre, de façon assez agressive ».) Ce soir, Lil Bub doit être l'invitée d'honneur d'un festival des vidéos de chats sur Internet qui affiche complet, à Brooklyn.

« Tout ça est surréaliste, raconte Mike Bridavsky. Quand elle prend des bains de foule, les gens se mettent à pleurer en sa présence. Ils sont vraiment super-émus. » Un voyant spécialisé dans les animaux de compagnie a un jour déclaré que

« Bub est une *walk-in*, le résultat d'un transfert d'âme : un esprit qui s'invite dans un autre corps. C'est une âme qui est sur Terre depuis des millions d'années, ou quelque chose de cet ordre, et qui a ses raisons pour rester. »

Il n'est pas certain d'y croire, mais nul ne peut nier que Lil Bub a réussi à se libérer de ses entraves terrestres.

« Oh mon Dieu, quelle heure est-il ? » demande brusquement Mike Bridavsky. Il doit mettre en ligne des photos du chat sur l'un ou l'autre de ses comptes… Lil Bub et lui me verront peut-être plus tard au festival. En tout cas, moi, je les verrai.

*

Les stars d'Internet comme Lil Bub et Maru (un chat scottish fold japonais) ne sont que la partie émergée de l'iceberg virtuel. Il y a tellement de félins en liberté sur le Net que quand le Google X Lab a laissé un essaim de 16 000 processeurs d'ordinateurs montés en réseau analyser « sans supervision » des vidéos You Tube, les machines se sont tellement habituées à scanner des données de minous qu'elles ont appris à distinguer les faciès des félins pratiquement aussi bien que les visages humains, avec un taux de précision de 74,8 pour cent. Les photos de chats mignons sont tellement irrésistibles que les départements d'informatique des entreprises les utilisent comme appâts pour piéger les employés qui font un usage abusif de leur ordinateur de travail. Une étude récente a montré que les seuls usagers britanniques d'Internet mettent en ligne 3,8 millions de photos de chats par jour, pour seulement 1,4 million de selfies, et que plusieurs centaines de milliers de Britanniques animent des comptes sur les médias sociaux pour leurs chats.

Seule une infime portion de tous ces contenus relatifs aux chats se révèle utile. Il y a des sites web dédiés aux problèmes de litière, des forums en ligne qui traitent de questions très sérieuses sur les soins des animaux de compagnie (« Si je fume dans la pièce où se trouve mon chaton, est-ce que ça risque de la faire planer ? »). Et aussi, venue d'Australie évidemment, une application éducative pour apprendre à massacrer les chats férals, conçue pour sensibiliser les enfants de sept ans à la problématique des espèces invasives. (« Déplace la mire et tire… tout en gardant le compte de tes munitions et en faisant attention à la précision. ») Il y a des chats qui délivrent des bulletins météo en ligne, vous apprennent l'espagnol et combattent le syndrome de la page blanche. (Le site internet *Written ? Kitten !* envoie des photos de chats aux écrivains tous les cent mots, et c'est bien dommage que j'aie attendu d'écrire le dernier chapitre de ce livre pour le découvrir.)

Pourtant, de même que les chats domestiques en tant que tels, la plupart des chats du monde numérique sont presque sciemment inutiles, du pur divertissement gratuit. Le Web s'est emballé pour des chats qui avaient la tête coincée dans une tranche de pain, des chats qui se battaient avec des concombres, des chats qui faisaient du yodel ou s'essayaient à des postures de yoga, qui se baladaient sur des robots aspirateurs Roomba ou sautaient dans des cartons, qui bêlaient comme des chèvres ou renversaient des objets, des chats posant pour avoir l'air de sushis ou de gangsters décadents armés jusqu'aux dents, et des chats qui ressemblent vraiment beaucoup à Hitler. Les gens se filment à moitié ensevelis sous les croquettes pour chats, partagent des images de matous à trois pattes portant bibi, et réalisent des *remakes* de *Hunger Games* exclusivement joués par des chats. Les chats du Web de toutes sortes pullulent dans l'actualité. Quand les dirigeants belges ont appelé à un moment de silence sur les médias sociaux au lendemain d'une attaque terroriste en 2015, le réseau Twitter s'est retrouvé de façon inexplicable submergé de photos de chats. Pendant les primaires de la présidentielle en 2016, le sénateur du Vermont Bernie Sanders a fait l'objet d'une infinité de montages photoshopés où il figurait aux côtés de chats mignons.

Pourquoi un animal nommé Grumpy Cat (le chat grognon) – probablement le félin le plus célèbre du Web – a-t-il un contrat promotionnel avec les céréales Honey Nut Cheerios ? Pourquoi la Bible a-t-elle été traduite en LOLSpeak, le patois des chats d'Internet ? Nul ne le sait vraiment. Quand on a demandé récemment à sir Tim Berners-Lee, souvent qualifié de « père d'Internet », ce qui le surprenait le plus dans les usages contemporains du Web, il a répondu : « les chatons ». Des spécialistes de la Kennedy School d'Harvard ou de la London School of Economics étudient ces « objets chats », comme les nomme un de ces chercheurs : ils ont été analysés sous l'angle des « études féministes sur les médias » ou de la « surveillance en entreprise », tandis que les linguistes décomposent l'« orthographe et la phonétique » du LOLSpeak.

Les chats d'Internet sont devenus dans le même temps l'emblème des contenus web les plus décérébrés, et de la culture de la bêtise en général. Pour le spécialiste des médias

Clay Shriky, légender des photos de chats est « l'acte de création le plus stupide qui soit ».

Mais c'est peut-être pire que de la simple crétinerie : les chats du Web sont peut-être complètement fortuits. La popularité apparemment inexplicable des chats sur Internet « n'est peut-être qu'un hasard », déclare Katherine Milkman, experte en big data à la Wharton School of Business. Si le Web devait repartir de zéro, une autre bestiole pourrait prendre l'avantage.

Pourtant il semble plus vraisemblable que l'invasion d'Internet par les chats domestiques soit liée aux capacités uniques qu'ils possèdent en chair et en os, et à leur histoire singulière. Leur prise de pouvoir sur le Web correspond à un modèle bien plus général de conquêtes écologiques et culturelles. Après tout, les chats font le buzz depuis l'époque où les Ptolémées régnaient sur le Nil.

*

Les contenus liés aux chats ont manifestement quelque chose de mystérieux et de presque magique qui leur donne plus de chances d'être massivement partagés entre utilisateurs. Selon des données récemment publiées par BuzzFeed, le moindre post de chats obtient quasiment deux fois plus de vues sur ce site (en circulant de façon virale via Facebook ou Twitter) que n'importe quelle publication sur les chiens. Sur une période de deux ans, les cinq meilleurs posts de chats sur BuzzFeed ont fait au moins quatre fois plus de vues que les meilleurs posts de chiens.

Et les contenus à base de chats ne se contentent pas de

faire le buzz : souvent, ils ont aussi une dimension que l'on qualifie de « mémétique ». Les mèmes sont des petits éléments – généralement drôles – de contenu viral qui changent légèrement – ou s'adaptent, si vous préférez – à mesure qu'ils sont partagés. (La spécialiste des médias Kate Miltner les définit comme des « blagues d'initiés, ou éléments de savoir branché et underground qui peuplent les réseaux sociaux ».) Les utilisateurs successifs peuvent légèrement modifier la légende d'une photo de chat, bricoler le cliché original ou le remplacer par un autre. Par exemple, le plus célèbre mème de chat est une photo d'un matou gris la gueule ouverte, avec une légende qui dit : « I Can Has Cheezburger ? » (« Ze peux n'avoir du cheeseburger ? »). Parmi les diverses déclinaisons mémétiques, on trouve une photo d'un chat sosie d'Hitler disant : « Ze peux n'avoir la Pologne ? » Toutes les fois qu'un « has » ou « haz » conjugué de travers apparaît en ligne, le chat gris (connu sous le nom de Happy Cat) pointe son museau.

Jeu de mots sur le terme « gènes », les mèmes se comportent de façon assez similaire à des êtres vivants, mutent à toute allure et se livrent une concurrence féroce, dans une sorte de milieu virtuel naturel où l'attention humaine est la seule ressource vitale. Et on les étudie d'ailleurs comme des organismes vivants. Empruntant aux idées darwiniennes et aux modèles appliqués dans le monde réel, en épidémiologie par exemple, les informaticiens et autres chercheurs essaient de comprendre ce qui survit en ligne, et pourquoi.

« Si je savais ce qui rend ces chats populaires, je serais millionnaire », déclare Christian Bauckhage, un informaticien de l'université de Bonn qui traque les mèmes. « Je ne connais aucun autre domaine dans lequel des mèmes particuliers vivent aussi longtemps. Ils sont pratiquement immortels. »

Les mèmes d'animaux en général ont tendance à prospérer (BuzzFeed emploie même une catégorie à part entière de rédacteurs nommés les *beastmasters*, les « maîtres des bêtes », juste pour gérer tout le bio-contenu) et compte tenu de la portée mondiale du Web, cela prend évidemment tout son sens. Les spécificités de la politique ou de la culture humaine ne se traduisent pas toujours très bien au-delà des frontières et des continents, alors que l'imagerie animalière reste une valeur sûre. (La vague de photos de chats post-attentat terroriste en Belgique, par exemple, est devenue du jour au lendemain « un symbole de solidarité reconnu dans le monde entier », d'après le *New York Times*.)

Pourtant, les contenus consacrés aux chats se distinguent encore parmi les mèmes de bestioles. En visualisant leur évolution dans le temps, on constate que les mèmes de chats ont souvent une trajectoire inhabituelle. Certains (par exemple la chouette harfang des neiges qui dit « *O Rly* » : « Ah bon ? », ou encore le monstre de Montauk, un cadavre d'animal en décomposition qui s'était échoué sur une plage de Long Island) se définissent par une distribution « à longue queue » : ils ont tendance à connaître un pic de popularité avant de s'essouffler lentement pour finir assez pitoyablement dans un recoin du Web. Les mèmes de chats, par contre, peuvent connaître des pics qui durent des mois ou des années. Sur Internet les chats ont donc ironiquement « la queue courte ».

Les chats ont résisté à des concurrents redoutables. Les paresseux et les loris lents, par exemple, ont eu leur heure de gloire. « Le Socially Awkward Penguin (Pingouin mal à l'aise en société) était partout pendant un moment », selon Michele Coscia, chercheur en humanités numériques à la Kennedy School d'Harvard. Mais « c'est très rare de voir le pingouin faire le buzz aujourd'hui. Il est clairement en déclin. Les mèmes qui sont matraqués pendant un long moment, les gens finissent par s'en lasser. Au bout d'un an ou deux, ils disparaissent, tout simplement. » Mais apparemment pas les chats.

« Je ne comprends vraiment pas grand-chose aux raisons d'un tel succès, ajoute-t-il. Ça ne correspond à rien de ce que je sais sur les mèmes. »

Par exemple, les analyses de Michele Coscia suggèrent que la caractéristique partagée par la plupart des mèmes à grand succès, c'est leur nouveauté : nous n'avons pas eu tellement l'occasion de voir des photos de chouettes des neiges ou de loris lents, ce qui leur donne momentanément un truc en plus. Mais les chats domestiques sont tellement communs que c'en est absurde. Et les matous, surtout comparés à la diversité de chiens qui existent, se ressemblent tous plus ou moins, pure race et mutants compris. Comme la spécialiste des médias Radha O'Meara le souligne dans un article scientifique sur les vidéos de chats, c'est « comme s'il y avait un seul et unique chat qui jouait dans des millions de vidéos ».

Le décor de ces vidéos se caractérise également par une grande similarité, quel que soit l'endroit du monde où elles ont été filmées. C'est presque toujours un tableau domestique, généralement un salon (même si les salles de bains ont aussi beaucoup de succès). L'action est d'une simplicité qui touche à l'absurde.

Un chat s'en prend à une imprimante, ou à un perroquet domestique caché sous la table basse, ou à son propriétaire, ou à une pastèque. Un chat surgit comme une fusée de sous un canapé, ou vous lorgne du haut des placards de la cuisine, ou bondit dans un carton.

Parfois, le chat bondit même une seconde fois pour sortir du carton.

*

Les chats ont infiltré Internet très tôt : des projets comme le site parodique Bonsai Kittens (avec des chatons et des bocaux), The Infinite Cat Project (des chats et des miroirs), My Cat Hates You, et même une « webcam de litière » très populaire remontent aux premières années du World Wide Web. « Dès la fin des années 1990, on discutait déjà de pages de chats mignons », raconte Ethan Zuckerman, directeur du Centre pour les médias citoyens du MIT, et pionnier de l'entrepreneuriat sur Internet. « C'était sûrement l'un des tout premiers exemples de culture générée par l'utilisateur. »

Cela a peut-être avant tout été une question de moment. Dans la nature, les premières bestioles qui viennent combler un vide peuvent prospérer, et une fois qu'elles sont bien installées, cela devient très compliqué pour des organismes supérieurs de les déloger par la suite. (Par exemple, après que la mer Noire a été vidée par la surpêche et la population, des méduses invasives s'y sont installées, et depuis elles règnent sur les lieux.)

Mais la conquête d'Internet par les chats suit un scénario plus spécifique aux félins, et qui doit rappeler énormément de choses aux habitants de l'Australie. Les chats d'Internet ont été introduits dans un but précis, et puis, pour le dire simplement, ils ont laissé libre cours à leur nature sauvage.

Les références des chats du Web, ceux qui ont ouvert la voie à tous les matous à venir, ont été les LOLCats, une abréviation pour Laughing Out Loud Cats (Chats explosés de rire). Ils sont d'abord apparus au milieu des années 2000 sur 4chan, une communauté exclusive en ligne pour élites technologiques, fréquentée essentiellement par de jeunes hommes connus pour leur humour transgressif. (Un autre animal né de 4chan est Pedobear, l'ours pédophile.) Au milieu des années 2000, 4chan déclara un jour férié hebdomadaire nommé Caturday (le « Chatmedi »), que les gens célébraient en postant des photos de chats, dont certaines portaient des légendes en surimpression.

On ne sait pas vraiment si les types de 4chan aimaient particulièrement les chats. Il se peut que nous autres amateurs de chats soyons des gros utilisateurs d'Internet, puisque nous sortons moins que les propriétaires de chiens. Le Web est aussi l'un des rares domaines où les fans de chats peuvent entrer en contact pour partager leur passion féline commune. (On a parfois qualifié Internet de « parc à chats ».) En tout cas, on dirait bien qu'il y a aujourd'hui une synergie entre chats et technophiles, puisqu'un hacker notoire a récemment vu ses plans déjoués après avoir utilisé le nom de son chat comme mot de passe d'ordinateur, et que Violentacrez, un troll démasqué sur Reddit, s'est avéré être un homme d'âge moyen qui possédait sept chats.

Cependant, la question de savoir si les premières personnes qui ont célébré le Caturday étaient d'authentiques amateurs de chats n'est globalement pas pertinente, du point de vue sociologique. Les spécialistes des médias pensent que la genèse et le partage des mèmes sont avant tout des manières pour les utilisateurs anonymes d'Internet de montrer leur allégeance à tel ou tel clan numérique et de disqualifier ceux qui n'en sont pas. Kate Miltner appelle cela « établir les limites et les règles d'un groupe d'appartenance ». Pour une petite communauté d'utilisateurs privilégiés, la « valeur des LOLCats résidait dans leur capital contre-culturel » plutôt que dans leur aspect mignon. Les premières images de chats accompagnées de légendes étaient délibérément sibyllines, le genre de blagues d'initiés classiques.

Mais il s'est alors produit un phénomène étrange, quoique familier : les chats se sont échappés. Pour reprendre les mots de Kate Miltner, ils ont « migré ».

En janvier 2007, un développeur de logiciels hawaïen nommé Eric Nakagawa a posté une photo de Happy Cat sur son blog. L'image de ce chat gris tournait depuis 2003, mais Eric Nakagawa avait ajouté une légende dans le style des LOLCats. Ce seul post a reçu 375 000 clics (chiffre alors étourdissant) rien qu'au mois de mars. Eric Nakagawa a mis d'autres LOLCats en ligne, et les visiteurs ont inondé son site avec leurs propres créations à base de chats. Les chiffres de fréquentation de son blog (qui a fini par reprendre le nom I Can Has Cheezburger) ont doublé le mois suivant, puis doublé à nouveau. En mai, il avait quitté son emploi principal, et dans l'année, il vendit son site à l'entrepreneur des médias Ben Huh, qui croyait les LOLCats capables d'attirer un public encore plus important.

« Le tout premier mème de chats appartient à 4chan »,

expliquait Ben Huh à *The International Business Times* en 2014. « Mais 4chan était surtout fait pour des copains anonymes, ce n'était pas un site où tout le monde pouvait aller. Ils utilisaient un langage très cru. » I Can Has Cheezburger, par contre, était chaleureux, accueillant et accessible même aux non-initiés.

« C'est là que les chats ont fait leur entrée dans la conscience populaire. »

Les LOLCats se sont vite taillé une niche bien particulière auprès des femmes d'âge moyen, qui sont devenues des habituées du site de Ben Huh et ont commencé à se désigner elles-mêmes comme des Cheezfrenz ou des Cheezpeepz (pour la plus grande horreur des amateurs d'humour noir de chez 4chan, qui ont vite laissé tomber leur mème animalier). D'après les fins connaisseurs du Web, une fois que les LOLCats ont vraiment percé « dans la culture grand public, ils ont perdu de leur piquant », selon Kate Miltner. « Ils sont devenus le symbole d'un public plus premier degré qui ne connaît rien à la technologie. » Bientôt, le segment démographique encore moins cool des *Bored at work* (Les gens qui s'ennuient au boulot) a rejoint le mouvement.

Mais c'était précisément la catégorie de gens dont les chats avaient besoin pour se multiplier à tout-va. Libérés de leurs maîtres originels qui voulaient les contraindre à demeurer une blague d'« initiés », les chats se sont vite échappés et ont envahi des plates-formes en ligne comme Twitter, ou encore les GIFs et les vidéos YouTube, s'adaptant à chaque nouveau système.

Plutôt que de les croquer, ce sont désormais les clics de souris qui les font vivre.

*

L'histoire des LOLCats férals contribue à expliquer comment les chats sont parvenus à dominer le Web, mais pas pourquoi. Parmi les premières icônes du Web, il y avait aussi une photo de morse (*walrus* en anglais) avec un seau : mais allez savoir pourquoi, le terme « lolrus » n'a pas très bien résisté. Pourquoi pas des LOLfurets, ou des renards qui font le buzz ?

Premier élément de réponse : la fécondité et le cosmopolitisme des chats du monde réel. Avec plus d'un demi-milliard de chats domestiques sur terre aujourd'hui, créer de nouveaux contenus sur les chats est facile et peu coûteux. Les pandas aussi peuvent être mignons, mais il n'en reste qu'environ 2 000 en vie, pour la plupart dans des forêts de bambous isolées en Chine. Les photos de pandas coûtent donc plus cher et sont plus rares, et déclencher l'hilarité (et la viralité) est beaucoup plus difficile. (Comme on pouvait s'y attendre, un dérivé panda de I Can Has Cheezburger a fait un flop.) Les chats offrent également un public déjà acquis : en tant qu'animal de compagnie le plus populaire, ils se sont fait une place sur le canapé de tas de gens différents, qui ont des usages d'Internet infiniment divers – ce qui leur met automatiquement la patte à l'étrier, disons, par rapport au morse ou au furet. Certains informaticiens pensent que la qualité d'un même joue presque un rôle secondaire dans son succès, et que ce qui compte le plus, c'est le nombre de réseaux sociaux qu'il est capable de toucher. Pour les chats, la réponse est : tous.

Mais il y a davantage que les chiffres bruts. La tendance très récente à l'enfermement complet des félins est également un élément-clé, parce que l'invasion de nos ordinateurs par les chats est une suite logique de l'invasion de notre intérieur. Quand les chats vivaient la majeure partie de leur vie dehors, leur comportement secret et furtif les rendait non seulement très durs à observer, mais aussi incroyablement difficiles à photographier, filmer ou enregistrer de quelque façon que ce soit. Dans *The Photographed Cat* (*Le Chat photographié*), le sociologue de l'université Northeastern Arnold Arluke et sa co-auteure Lauren Rolfe racontent certaines tentatives vaillantes mais globalement vouées à l'échec pour photographier les chats au début du XXe siècle, époque où la plupart se baladaient librement dans les quartiers. Apparemment, les « chevaux, cervidés, chèvres de compagnie » ainsi que les « bébés coyotes » permettaient de faire de meilleures photos. Les rares portraits de chats réalisés étaient d'une qualité technique épouvantable, « même comparés à des clichés d'animaux sauvages ». Mais aujourd'hui, pour la première fois, nous avons en permanence la possibilité d'enregistrer les animaux coincés chez nous. Le fait que les vidéos de chats soient presque toujours filmées dans un salon est révélateur, parce qu'y être emprisonnés est un prérequis pour leurs odyssées numériques.

Et pourtant, si les pratiques contemporaines en matière d'entretien des animaux domestiques créent les conditions logistiques qui permettent aux chats d'Internet d'exister, ce sont les instincts les plus sauvages de ces félins (et même précisément leur style de prédateurs) qui leur donnent finalement l'avantage sur leurs concurrents virtuels les plus mignons : à savoir les chiens, et les bébés humains.

Car même une fois acculés, filmés ou photographiés, de préférence dans un décor astucieux pourvu d'accessoires de poupée American Girl, les chats domestiques restent des chasseurs solitaires, embusqués, des mangeurs de viande. (La phrase « I can Has Cheezburger » est elle-même par nature un cri de bataille carnivore.) Et ces chasseurs solitaires trouvent dans la solitude du cyberespace des formes d'épanouissement inconnues des labradors.

De fait, les chiens sont tellement en phase avec les humains, leur comportement est un si parfait miroir de nos propres émotions que, sans personne à proximité immédiate, ce sont des êtres inachevés. La vie des chiens est liée de façon existentielle aux rapports qu'ils entretiennent avec nous : ils sont à l'écoute de nos signaux, recherchent notre regard et s'investissent dans une sorte de communion mutuelle. Ce qui les anime, c'est l'interaction personnelle, et on ne peut pas vraiment les apprécier de loin. Les chats, en revanche, sont autonomes. Ils n'ont pas besoin de gens pour se sentir entiers. Là où ils sont le plus à l'aise, c'est dans l'isolement le plus total, que ce soit dans la nature ou le monde virtuel. On peut éprouver la même satisfaction en regardant un chat depuis un canapé, tout près, ou depuis un ordinateur, à plusieurs continents de distance.

De façon intéressante, la biologie comportementale qui sert de moteur aux chats sur le Net leur a globalement fermé les portes des formes narratives traditionnelles. L'écrivain Daniel Engber souligne que les chiens sont beaucoup plus nombreux que les chats dans la plupart des formes littéraires, des romans aux nouvelles. Peut-être parce que les chiens ont évolué dans une sorte de dialogue avec nous et sont presque capables de nous donner la réplique. Les chiens sont des personnages-nés, et nous nous comprenons au point de partager des récits identiques, avec un début et une fin, des aventures au long cours et la mort qui nous attend sagement au bout.

Les chats littéraires, au contraire, ne meurent pratiquement jamais, quand ils ont une vie pour commencer. Les chats ne sont pas des personnages, mais des présences énigmatiques. La communication n'est pas leur point fort, et ils ne connaissent pas vraiment de péripéties ni de dénouements. Ce sont des agents d'immobilité absolue ou d'intense violence.

Daniel Engber souligne que l'unique genre traditionnel dans lequel les chats semblent prédominer, c'est la poésie, qui est non linéaire, intuitive et spontanée : une embuscade littéraire. Et bien sûr, les chats se faufilent partout, des comptines pour enfants à T.S. Eliot. En fait, les rares chats mémorables des formes littéraires longues semblent échappés d'un poème : le Chat du Cheshire, par exemple, est une présence déroutante même dans cet endroit dingue qu'est le Pays des merveilles, et ses apparitions imprévisibles constituent une sorte d'agression narrative.

Internet ressemble beaucoup plus à un poème qu'à un roman. C'est un univers fragmenté, explosif et hors du temps, un lieu où l'on épie et où l'on fond sur sa proie plutôt que de suivre de longues histoires structurées, racontées du début à la fin. Le caractère fondamentalement imprévisible du chat convient parfaitement à une vidéo Vine de six secondes, ou à un tweet surprenant.

« La plupart des vidéos de chats installent un état de calme, avant de le bouleverser brutalement », explique Radha O'Meara dans son analyse scientifique des médias. « Les vidéos de chats les plus populaires semblent être celles avec les perturbations les plus soudaines et frappantes, et en même temps les fins les plus abruptes. » Un chat donne un coup sur la tête d'un bébé sans prévenir, ou jaillit de sous le lit.

Ce qu'elle décrit, c'est une attaque en embuscade.

*

Le Web est aussi une plate-forme unique de par sa dimension visuelle, et bien sûr les chats tirent un avantage supplémentaire de l'heureux accident constitué par la ressemblance de leurs traits avec ceux des bébés, que nous adorons reluquer.

Mais si les bébés sont si formidables, pourquoi ne nous contentons-nous pas de regarder des bébés en ligne ? Pourquoi avons-nous au contraire développé un outil pour les médias sociaux intitulé Unbaby.me, qui remplace automatiquement les clichés des gamins de nos amis par des photos de chats ? Pourquoi est-ce le LOLspeak qui domine, et pas les « areuh areuh » du langage des bébés ?

Ben Huh, le magnat des LOLCats, affirme que si les chats règnent sur Internet, c'est parce que « contrairement aux chiens, qui n'ont qu'une poignée d'expressions émotionnelles, il y a des nuances dans le faciès et le langage corporel des chats. Ils sont expressifs. »

Mais en fait, c'est tout le contraire. (Peut-être est-il utile de préciser ici que Ben Huh n'a pas de chat : il est allergique.) Les chats ne sont pas expressifs : ils sont globalement impassibles, n'ayant jamais eu besoin de grandes compétences en communication dans leur vie de chasseurs solitaires. Ils ont des minois de bébés, mais aucune de ces expressions élastiques qu'affichent ces derniers. Ils cachent leur jeu, chose qu'on n'a jamais pu reprocher à un petit humain.

Comme nous l'avons vu, ce côté impassible est un problème en milieu domestique confiné, où bien trop souvent les propriétaires de chats ne parviennent pas vraiment à comprendre leur propre animal de compagnie, ni même à savoir si leur matou adoré est malade.

Mais sur le Net, le côté insondable des félins est un atout majeur. La face du chat est un espace vide que les humains, êtres hypersociables, se sentent obligés de combler. De fait, les chats semblent réclamer une légende.

Les usagers d'Internet attribuent des caractéristiques humaines à toutes sortes de bestioles. L'acte solitaire qu'est la navigation sur Internet accentue notre tendance omniprésente à l'anthropomorphisme. Mais avec leur mélange peu commun de traits proches de ceux des humains et de néant expressif, « interpréter » les chats est particulièrement irrésistible. Même les premiers photographes comprenaient cela, ce qui explique peut-être pourquoi ils ont fait des efforts aussi héroïques pour immortaliser des félins récalcitrants. « Les lapins sont les plus faciles à photographier en costume, mais ils ne sont pas capables d'incarner beaucoup de rôles “humains”, se plaignait un photographe animalier du début du XXe siècle. Le chaton est le plus polyvalent des acteurs animaliers, et c’est lui qui possède la plus large gamme d’attraits. »

Légender des photos de chats est un passe-temps si répandu sur le Web que des chercheurs de l’université de Lincoln ont inventé un outil de recherche nommé Tagpuss pour l’étudier. Les participants pouvaient choisir parmi une liste de quarante émotions pour décrire diverses photos de matous, et « nous avons constaté que les utilisateurs attribuaient systématiquement aux chats des émotions et intentions humaines excessivement complexes », écrivent les auteurs. De fait, la longue liste d’épithètes suggérées (comprenant des sentiments propres aux seuls humains, comme le « courage », l’« anxiété » ou la « colère ») s’est révélée terriblement insuffisante pour capturer la vaste gamme d’émotions que les utilisateurs de Tagpuss percevaient chez des félins qui ne ressentaient rien de tel. Les participants insatisfaits ont aussi proposé des dizaines de qualificatifs de leur invention, comme par exemple : « n’arrête pas de glousser », « se mêle de tout », « ne trouve pas ça drôle », « impertinent » et « agoraphobe ».

Selon certains, les émoticônes simples comme les smileys :) auraient été les tout premiers mèmes. Si tel est le cas, les chats sont un successeur naturel : avec cette illusion d’apparence humaine, combinée à une parfaite absence d’expression, les félins ont tout comme les émoticônes un faciès extrêmement adaptable qui permet de projeter des sentiments humains sur eux et à travers eux.

Mais les vraies sommités félines comme Lil Bub poussent

le phénomène encore plus loin. Ces chats nous fascinent en stimulant notre besoin de lire les visages, mais aussi en répondant à ce besoin. Beaucoup de ces bestioles particulières sont célèbres précisément parce que leurs « expressions » ne semblent *pas* vides. Contrairement aux félins ordinaires, ils sont nés avec des légendes intégrées.

L'élite des chats du Net, il est intéressant de le noter, n'est pas constituée des plus beaux animaux. À vrai dire, la plupart des chats célèbres ont de graves problèmes de santé et sont considérés comme des animaux « qui ont besoin de soins spécialisés ». Il y a souvent quelque chose qui ne va pas au niveau de leur minois, généralement la gueule, qui provoque une sorte de mirage expressif. La mâchoire estropiée de Lil Bub lui donne un sourire constant, perplexe. Son rival, l'autre félin nain Grumpy Cat, fait tellement les gros yeux qu'on a cru au départ qu'il était photoshoppé.

Colonel Meow, un himalayen à l'air renfrogné, incarne le chat en colère. L'affreuse mâchoire inférieure proéminente de Princess Monster Truck – difformité classique chez les persans – ressemble à un sourire de travers. Sir Stuffington a un rictus de pirate. Les marques blanches inhabituelles sur le museau de Hamilton the Hipster Cat ressemblent à une moustache ironique.

Les chats grimaçants à bec-de-lièvre ont rencontré un franc succès, même si la prétendue chatte OMG (c'est-à-dire Oh My God, « oh mon Dieu ») semble avoir perdu de sa popularité quand sa mâchoire cassée, qui lui donnait une expression choquée, a finalement guéri. Ce n'était plus un « émotichat ».

Ces « expressions », bien sûr, n'ont rien à voir avec ce que ces animaux ressentent en leur for intérieur : Grumpy Cat est apparemment un animal affable, tandis que les problèmes de santé font souvent souffrir la souriante Lil Bub.

Mais sur le Net, tout ce qui compte, c'est de savoir si on a envie de regarder.

*

J'ai été assez surprise d'apprendre que les chercheurs qui travaillent sur les mèmes ne s'intéressent pas tant que ça à Internet, au fond. Les mèmes sont pour eux un moyen de comprendre comment toutes sortes d'idées accrocheuses se diffusent dans les cultures humaines et de quantifier le passage des concepts d'un esprit à l'autre, y compris hors connexion.

Dans ce cas, peut-être devraient-ils arrêter d'étudier les ordinateurs et passer aux chats. Les chats étaient intellectuellement contagieux bien avant I Can Has Cheezburger. En plus d'envahir les écosystèmes, les chambres à coucher et le tissu cérébral, ils ont piraté des cultures tout entières.

Prenez le Japon, par exemple, pays des maternités Hello Kitty, des pierres tombales Hello Kitty et de tout ce qui existe entre les deux : ce personnage de chat dessiné a une telle importance nationale que le gouvernement japonais a lancé une figurine Hello Kitty en orbite dans l'espace.

Ce drôle de culte du chat moderne est né il y a quarante ans, quand une entreprise de confection de soie japonaise a imaginé cette bouille de félin, qui a fait vendre des milliers de boîtes à déjeuner et est devenue un totem transnational de domination commerciale, faisant l'admiration des responsables de marketing du monde entier. On estime à 50 000 le nombre de produits de la marque déposée Hello Kitty, et il s'en crée environ 500 nouveaux *par mois*, sans compter toutes les imitations. (C'est l'une des marques qui connaît le plus de contrefaçons au monde, preuve de son pouvoir mémétique extrême.) Ses produits vont des grille-pain aux avions Airbus thématisés. Environ quatre-vingt-dix pour cent des revenus du chat proviennent désormais de l'extérieur du Japon, et la toute première Convention Hello Kitty, qui disposait même de son salon de tatouage permanent, s'est récemment réunie à Los Angeles, non loin des fosses à bitume de La Brea. Même la devise de ce chat est conçue pour être virale : « On n'a jamais trop d'amis. »

Comme le chat domestique lui-même, Hello Kitty est une prédatrice à la grande capacité d'adaptation. C'est un exemple de pur design : une mascotte sans marque, une image qui existe pour elle-même, ce qui veut dire qu'elle peut investir pratiquement n'importe quel objet. Cette versatilité tout ce qu'il y a de plus féline lui permet d'envahir constamment de nouveaux marchés. Sa petite taille aussi est cruciale : elle apparaît surtout sur des articles miniatures, comme des trousses à crayons, et d'ailleurs quand on l'agrandit assez (par exemple lorsqu'elle descend en bringuebalant la 42ᵉ Rue pour la parade de Thanksgiving organisée par Macy's), elle prend une allure presque léonine.

Mais son trait le plus emblématique, c'en est justement un qui est totalement absent. Aussi vorace soit-elle, Hello Kitty n'a pas de bouche. Ce handicap explique peut-être en partie pourquoi (malgré les fortunes qu'il y aurait à y gagner et sa remarquable capacité d'adaptation) elle apparaît rarement à la télévision ou dans les films. Cela vaut la peine de se priver de ce genre de revenus, car ses créateurs pensent que cet orifice absent est aussi la source de son charme et de son attrait quasi universel.

« Kitty n'a pas de bouche, de façon à pouvoir mieux refléter les sentiments des personnes qui la regardent », explique son site web officiel.

L'auteur de bande dessinée Scott McCloud qualifie Hello Kitty de « difficile à interpréter » et « délicieusement inexplicable ». Selon l'anthropologue de l'université d'Hawaï Christine Yano, qui étudie les fans de Hello Kitty, c'est un « sphinx » moderne.

Mais au fond, c'est surtout un LOLCat primitif, avec une expression du genre « remplissez les blancs », qui demande à être légendée.

Ce chat a d'autres secrets. Figure de proue de la culture autochtone japonaise du *kawaii* ou mignon, elle est techniquement d'origine britannique. Yuko Shimizu, qui a dessiné la version originale de Hello Kitty, explique que le drôle de nom de sa création est tiré du classique de Lewis Carroll publié en 1871, *De l'autre côté du miroir*. Avant de traverser le miroir magique, Alice joue avec un chat nommé Kitty.

Dans l'époque sombre de l'après-guerre, les écolières japonaises trouvèrent, semble-t-il, une échappatoire dans la littérature enfantine des vainqueurs britanniques, et l'œuvre de Lewis Carroll en particulier « devint partie intégrante de l'imaginaire des femmes japonaises », explique Christine Yano.

Bien sûr Lewis Carroll, auteur d'*Alice au pays des merveilles*, est à l'origine d'un autre archétype félin : le Chat du

Cheshire, un être également tout à fait ambigu à sa manière. D'un point de vue mémétique, c'est plutôt excitant de s'apercevoir que ces deux chats emblématiques, celui qui n'a pas de bouche et celui qui apparaît souvent uniquement sous la forme d'un sourire, partagent le même pedigree.

Mais peut-être devrions-nous remonter plus loin que le Japon de l'après-guerre ou l'Angleterre victorienne, et terminer là où toute cette folie a commencé.

*

« Le chat est un voyageur dans le temps originaire de l'Égypte ancienne », écrit la spécialiste de la littérature Camille Paglia. « Il réapparaît chaque fois que la sorcellerie ou ce genre de chose revient à la mode. »

Le *Felis sylvestris lybica* est entré dans nos vies pour la première fois au Proche-Orient, au Néolithique, mais la fascination culturelle pour les chats domestiques s'est développée des milliers d'années plus tard, dans la vallée du Nil. On peut sans exagération qualifier ce qui s'est passé en Égypte de premier véritable « phénomène de mode » du monde concernant les chats.

Le sort a voulu qu'au moment même où Lil Bub se lance à la conquête de Brooklyn, une exposition intitulée *Divins Félins : les chats de l'Égypte ancienne* est visible au Brooklyn Museum. Je décide d'y faire un saut.

Je m'attendais aux rangées savamment agencées de délicats chats domestiques coulés dans le bronze, sculptés, dorés et même affublés de boucles d'oreilles pendantes en or.

Les lions, en revanche, sont une surprise. Taillées dans le

calcaire et la syénite, ces statues ont l'air plus vraies que nature. Un des lions a perdu les pierres précieuses de ses yeux, et les trous qui restent vous contemplent d'un regard aussi vide et infini que le désert.

L'Égypte, comme la plus grande partie de la planète, était autrefois une terre de grands fauves, et la première muse féline des Égyptiens (pendant la majeure partie des trois millénaires qu'a duré leur civilisation) n'était pas le chat domestique mais le lion. Les lions vivaient à la lisière du désert, là où les premiers rois bâtirent leurs tombeaux. C'est avec les lions que les pharaons choisirent de fusionner sous la forme du sphynx, et il y avait de nombreux dieux à tête de lion. Les lions occupent une place de premier plan sur les fresques des tombeaux les plus anciens, comme animaux de compagnie royaux, présumés compagnons de chasse et – sans doute le plus souvent – trophées glorieux.

En fait, la principale déesse chatte égyptienne, Bastet, a commencé son existence de divinité en tant que lionne. Les chats domestiques ne sont devenus une obsession pour les Égyptiens qu'au moment où l'Empire vivait ses derniers jours.

Les premiers portraits domestiques de chats égyptiens remontent au Moyen Empire, vers 1950 avant J.-C. Comme il sied à une grande société agraire, beaucoup de fresques ornant les tombeaux montrent des chats en train d'affronter des rats. Dans d'autres, on voit aussi les chats massacrer des oiseaux sauvages et se régaler de portions somptueuses de viande fournies par des humains. En fait, certains de ces chats sont carrément obèses. Le spécialiste de l'Égypte Jaromir Malek en décrit un comme « une bestiole disgracieuse », et un autre, représenté avec un collier de perles, comme « grassouillet et avec les yeux qui louchent… on soupçonne qu'il devait l'essentiel de son alimentation à la générosité de ses maîtres plutôt qu'à ses propres efforts pour chasser ».

Même s'ils faisaient clairement déjà partie de la maisonnée égyptienne, ces chats étaient des animaux de compagnie choyés, pas des créatures sacrées. Les chats domestiques ne deviendraient des animaux divins que de nombreux siècles plus tard, au moment où la civilisation de l'Égypte ancienne commençait à décliner, déchirée par les dissensions internes et sous la pression de voisins agressifs. Les ressources naturelles de l'Empire, autrefois abondantes, étaient également en train de fondre. Quand Hérodote visita l'Égypte au Ve siècle avant J.-C., il décrivit « un pays où il n'y [avait] pas beaucoup d'animaux ». Après tant de siècles d'agriculture et de chasse, l'essentiel du gros gibier avait disparu, ou était parqué dans des réserves royales. La pénurie de faune sauvage charismatique explique peut-être pourquoi, à peu près à cette époque, la déesse féline Bastet s'est brutalement transformée de lionne en chatte domestique. Ce changement constitue un indice de la domestication de tout un environnement.

À partir de 332 avant J.-C., la dynastie grecque des Ptolémées prit le contrôle de l'Égypte pendant quelques centaines d'années. Le règne bref et instable de ces étrangers fut une période d'agitation et d'hystérie religieuse, et les cultes animaliers égyptiens prirent soudain une place beaucoup plus importante. Bastet et ses chats domestiques (ses familiers, incarnés en chair et en os) prirent vite l'avantage sur les crocodiles, les ibis et tous les autres animaux divinisés, pour devenir l'objet de dévotion qui était sûrement le plus populaire de tous. De façon intéressante, les dirigeants grecs n'avaient pas de faible particulier pour les chats, mais ils soutinrent (ou plutôt, comme le suggère Jaromir Malek, manipulèrent habilement) cette résurgence des croyances autochtones centrées sur les animaux. La vente d'offices de prêtre était une source de revenus pratique pour le gouvernement, et le culte de Bastet contribua à alimenter toute une industrie du pèlerinage comprenant hôteliers, diseurs de bonne aventure et artisans qui fabriquaient des statues de chats éblouissantes, capables de faire rêver même un Grumpy Cat.

Bastet, dont le culte était basé dans la cité de Bubastis au bord du Nil, faisait l'objet de célébrations particulièrement tapageuses, qui voyaient les fêtards de tout le pays converger en ville à bord de canots de fête. À leur sommet, on estime que ces festivités (qui ressemblaient plus ou moins à des raves félines, dans lesquelles les fidèles dansaient et déchiraient leurs vêtements) rassemblaient environ 700 000 personnes, soit une part importante de la population égyptienne. Bastet avait aussi des temples somptueux, dont un, en plein milieu de Bubastis, qui était entouré par des canaux de trente mètres de large alimentés par les eaux du Nil. Certains de ces temples disposaient de véritables chatteries adjacentes, où les prêtres élevaient un nombre incalculable de chats domestiques. Les félins de compagnie ordinaires de tout le royaume profitaient du statut éminent de Bastet, et l'Égypte aurait même tenté de rapatrier des chats d'autres pays en payant des rançons.

En plus de stimuler l'économie, le gouvernement égyptien appréciait probablement la manière dont les cultes du chat et autres institutions similaires aplanissaient les failles d'une société déjà de plus en plus fragmentée. Se rassembler autour de ces bestioles familières et des dieux qui leur étaient associés était une forme de repli national, souligne Jaromir Malek, et une façon pour les Égyptiens conquis de revendiquer leur identité.

Peut-être que déjà à l'époque, les chats représentaient une chose dans laquelle tout le monde pouvait se retrouver, une distraction joyeuse, un plaisir universel et même une force civilisatrice. En fait, le climat chaotique et hostile de l'Égypte en proie aux luttes de factions dans l'Antiquité tardive me fait un peu penser à Internet.

*

De même que les chats d'Internet incarnent aujourd'hui une culture inférieure, la ferveur féline fut attaquée en Égypte et accusée d'être un signe de faiblesse intellectuelle et spirituelle. Les auteurs classiques faisaient souvent « des commentaires cinglants sur le caractère bizarre de cette obsession des Égyptiens pour les animaux », écrit l'archéologue égyptienne Salima Ikram. Ces critiques n'avaient pas tort, dans la mesure où certains anciens Égyptiens semblaient parfois se soucier davantage des félins que de leurs frères humains. Quand un chat mourait de mort naturelle, les gens se rasaient les sourcils en signe de deuil, et le meurtre de chats fut reconnu comme crime grave. Selon l'historien Diodore, un visiteur romain en Égypte qui avait tué un chat par accident fut massacré par une foule de fanas de chats. Dans le même temps, les Égyptiens momifiaient consciencieusement leurs matous.

Un des tout premiers embaumeurs de chats espérait que son animal de compagnie deviendrait « une étoile impérissable ».

À notre propre époque, ce genre de vœu est familier – même si aujourd'hui, nous préférons encoder plutôt qu'embaumer. Facebook en particulier constitue la nouvelle fresque funéraire, l'héritage idéalisé et en deux dimensions de nos existences mortelles. En ligne, nous aimerions penser qu'aucun de nous n'a besoin de mourir, et peut-être utilisons-nous les animaux pour montrer que c'est possible. J'ai été un peu choquée d'apprendre que plusieurs chats stars d'Internet particulièrement connus (et que je croyais naïvement partis ronronner dans un salon lointain) sont réellement des « étoiles impérissables ». Keyboard Cat (le « Chat au clavier »), dont les vidéos ont atteint des sommets de popularité dans les années 2000, est mort depuis 1987. Happy Cat est mort il y a près de dix ans, peu de temps après être devenu immortel grâce à I Can Haz Cheezburger. Colonel Meow a succombé à une défaillance cardiaque en 2014, et le nombre de ses fans a presque doublé depuis, tandis qu'il engrange chaque jour de nouveaux « amis » et de nouveaux « j'aime ».

« C'est un peu le Tupac[1] des chats, m'a expliqué sa maîtresse, Anne Marie Avey. Beaucoup de ses fans ne se rendent même pas compte qu'il est décédé. » Ils boivent toujours du scotch le jour de son anniversaire et se marrent devant de vieilles photos, avec de nouvelles légendes.

Mais il y a une autre similarité encore plus frappante entre les premiers amoureux des chats et nous-mêmes. Plus que le

---

1. Tupac Amaru Shakur, dit 2Pac (1971-1996), était un poète et rappeur américain.

traitement privilégié réservé aux animaux après leur décès, cela concerne la façon dont de nombreux chats domestiques égyptiens sont morts.

Quand les archéologues ont passé des momies antiques de chats aux rayons X, ils ont découvert que la plupart contenaient non des chats mais des chatons, et que ces derniers avaient été victimes de meurtres brutaux. Ils avaient le cou brisé et le crâne enfoncé. Il s'agissait peut-être d'animaux élevés exclusivement pour l'abattage, puis tués en masse pour fournir des cadavres pour les offrandes votives de momies à l'époque des fêtes de printemps de Bastet, quand les pèlerins affluaient dans les temples de la déesse chatte. Cette extermination à grande échelle correspondait peut-être aussi à une tentative primitive (et, cela va sans dire, vouée à l'échec) de contrôle des populations.

On ne sait pas ce que les pèlerins de Bastet savaient de ces meurtres institutionnalisés ni s'ils les approuvaient. Je suis moi-même une ancienne adoratrice des chats, et ces images de chatons égyptiens étranglés il y a des milliers d'années m'ont rappelé une photo qui m'a fait récemment détourner les yeux, celle de ce monticule duveteux de chats et de chatons qui représentait une matinée d'euthanasie dans un seul refuge pour animaux de Californie.

Nous sommes des tueurs bien plus actifs que les Égyptiens, et nous abattons des millions de chats par an rien qu'en Amérique, avant d'incinérer les cadavres. Je ne les avais jamais vus comme des animaux de sacrifice, mais c'est peut-être ce qu'ils représentent en un sens : le prix versé en secret pour le plaisir quasi spirituel que nous tirons de nos compagnons félins.

La vénération et le mépris cohabitent de façon dangereuse chez les humains, en particulier quand il s'agit des animaux. Peu importe à quel point nous « aimons » quelque chose, nous ne sommes jamais très loin de le détruire. Et cela a des conséquences graves sur la façon dont nous traitons les animaux qui ne sont pas aussi câlins, aussi faciles à vivre ou aussi doués pour la survie que les chats domestiques. Au fond, de plus en plus, les animaux de compagnie deviennent le creuset dans lequel nous formons nos opinions sur un monde naturel en plein déclin.

Dans ce livre, j'ai défendu l'idée qu'il est important d'apprécier un animal comme le chat pour ce qu'il est vraiment, non pas notre jouet mais un organisme puissant qui a sa propre stratégie et son histoire. Voir les chats sous cet angle implique aussi de reconnaître ce que nous sommes nous-mêmes, et d'assumer tout ce dont nous sommes capables : ce mélange bien particulier de tendresse et de cruauté, et notre influence sans limites et souvent inconsidérée. Faute de quoi, de nombreuses formes de vie sur cette planète n'auront sans doute pas la moindre chance.

Mais les chats domestiques s'en sortiront très bien quoi qu'il advienne, tout comme ils ont survécu à la disparition de leur culte face au christianisme au IVᵉ siècle de notre ère, quand les temples de Bastet furent fermés et ses prêtres tués. L'idée selon laquelle les chats ont neuf vies est née en Égypte, après tout.

Même les chats momifiés ont survécu au sacrifice : les archéologues de l'époque victorienne les ont exhumés de leurs fosses communes deux mille ans plus tard, et on en a expédié par tonnes en Angleterre pour servir d'engrais agricole, précisément au moment où les amateurs de chats de race commençaient à s'organiser, et où les grands tueurs de lions rentraient de leur safari pour l'heure du thé.

Les chats domestiques continueront donc à prospérer tant que nous prospérerons, et peut-être encore après. Mais en même temps, ils n'auraient jamais existé sans nous, et si ce ne sont pas exactement nos créations, ce sont nos créatures. Peut-être qu'animal « familier » est vraiment le mot juste.

Mais contrairement à nous, ils sont toujours innocents.

*

Les hommes jouaient de flûtes de lotus : les femmes aux cymbales et aux tambourins et [ceux qui] n'avaient pas d'instruments accompagnaient la musique en battant des mains, en dansant et avec d'autres gestes joyeux […]. Parvenus à Boubastis, ils fêtaient la déesse avec une merveilleuse solennité, et l'on buvait plus de vin de raisin que pendant tout le reste de l'année. Ainsi se déroulait cette fête […]. (Hérodote, vers 450 avant J.-C.)

Est-ce Brooklyn ou Bubastis ? L'obscurité qui règne dans la boîte de nuit est déroutante. Des silhouettes humaines avec des oreilles de chats et de longues queues passent furtivement. Certaines personnes portent les colliers de leurs chats morts en guise de bracelets de cheville, et des médaillons pleins de cendres félines se balancent à leur cou. Tous semblent picoler un breuvage puissant, peut-être du vin de raisin, tout en se régalant de *pierogis* faits maison et de cookies au chou kale introduits en douce, en attendant que le festival commence. Un groupe de filles nommé Supercute ! joue son set en poussant des cris stridents, dans un bruit de cymbales. Des fans se hissent sur la pointe des pieds pour essayer d'apercevoir Lil Bub, ce Chat du Cheshire moderne, qui doit être quelque part dans le coin, avec son sourire qui ne cesse d'apparaître et disparaître.

Le festival des vidéos de chats sur Internet se résume à un montage de clips félins trouvés sur le Net. Le logo est un chaton rugissant, le lion de la Metro-Goldwyn-Mayer en miniature. Comme la fête flottante de Bastet sur le Nil, c'est un projet itinérant : le programme de la tournée prévoit des étapes à Londres, Sydney et Memphis (la ville du Tennessee, dois-je préciser).

Je ne vois qu'un seul véritable chat sur les lieux du festival, une présence pâle et élégante nommée Topinambour qui survole la foule sur les épaules de quelqu'un, à la façon d'un fantôme. Topinambour observe la scène d'un air indifférent, mais personne ne semble la remarquer.

« Contrairement à l'homme qui oublie ses formes antérieures », écrit Carl Van Vechten, seul le chat « se souvient réellement, sur des générations en arrière ».

« Où sont les chats ! Où sont les chats ! » commence à scander la foule imbibée.

Les filles humaines finissent de chanter, et le public s'abstient ostensiblement de réclamer un *bis*. Le véritable spectacle s'apprête à commencer.

Notes

Introduction

p. 11. *Durant l'été 2012* : David Wilkes, Inderdeep Bains, Tom Kelly, Abul Taher, « On the prowl again ! Teddy the "mystery lion of Essex" is out and about, but this time the ginger tom cat doesn't need a police escort », *Daily Mail*, 27 août 2012 ; John Stevens, Hannah Roberts, Larisa Brown, « Here kitty, kitty : Image of "Essex Lion" that sparked massive police hunt is finally revealed as officers call off the search and admit sightings were probably of a "large domestic cat" », *Daily Mail*, 26 août 2012.

p. 12. *Le lion de l'Essex est ce qu'on appelle un félin fantôme* : Pour en savoir plus sur ce phénomène, voir britishbigcats.org ou Michael Williams et Rebecca Lang, *Australian Big Cats : An Unnatural History of Panthers*, Hazelbrook (NSW, Australie), Strange Nation Publishing, 2010.

p. 12. *Quelques-uns de ces félins fantômes se sont révélés être des canulars montés de toutes pièces* : Max Blake, Darren Naish, Greger Larson et al., « Multidisciplinary investigation of a "British big cat" : a lynx killed in southern England c. 1903 », *Historical Biology : An International Journal of Paleobiology*, 26, n° 4, 2014, p. 442-448.

p. 13. *Jadis seigneurs de la jungle, les lions ne sont plus aujourd'hui que des vestiges du passé* : Erica Goode, « Lion Population in Africa

Likely to Fall by Half, Study Finds », *New York Times*, 26 octobre 2015.

p. 13. *La population mondiale de chats domestiques* : Philip J. Baker, Carl D. Soulsbury, Graziella Iossa, Stephen Harris, « Domestic Cat (*Felis catus*) and Domestic Dog (*Canis familiaris*) », in Stanley D. Gehrt, Seth P. D. Riley, Brian L. Cypher, *Urban Carnivores : Ecology, Conflict, and Conservation* (sous la dir. de), Baltimore, Johns Hopkins University Press, 2010, p. 157.

p. 14. *il en naît plus en une journée aux États-Unis…* : Entre animaux errants et domestiques, la population totale des chats aux États-Unis oscille entre 100 et 200 millions d'individus. Pour qu'elle reste stable, en se basant sur une espérance de vie de douze ans, il faut que chaque jour naissent entre 22 000 et 44 000 chatons.

p. 14. *Chaque printemps, la production de chatons de la ville de New York* : Corrine Ramey, « 'Tis the Season for ASPCA's Kitten Nursery », *Wall Street Journal,* 24 juillet 2015. Un seul refuge new-yorkais reçoit plus de 2 000 chatons chaque année. Dans le même temps, selon le WWF, il ne subsiste plus que 3 200 tigres dans la nature : voir www.worldwildlife.org/species/tiger.

p. 14. *Partout sur la planète, les chats domestiques sont déjà trois fois plus nombreux que les chiens* : John Bradshaw, *Cat Sense : How the New Feline Science Can Make You a Better Friend to Your Pet*, New York, Basic Books, 2013, p. XIX. Baker et al., *op. cit.*, avancent une proportion plus modeste de trois chats pour deux chiens, tandis que d'autres sources donnent une proportion de chats encore plus étonnante.

p. 14. *Le nombre de chats de compagnie en Amérique a augmenté de cinquante pour cent* : E. Fuller Torrey, Robert H. Yolken, « Toxoplasma oocysts as a public health problem », *Trends in Parasitology*, 29, n° 8, 2013, p. 380-384.

p. 14. *frôle aujourd'hui les 100 millions* : L'American Pet Products Association (APPA) évalue le nombre de chats domestiques à 95,6 millions (rapport 2013-2014, p. 169).

p. 14. *On constate une explosion similaire des populations de chats un peu partout dans le monde* : Entretien avec Paula Flores, responsable mondiale des études sur les animaux domestiques à Euromonitor International.

p. 14. *les 18 millions de chats férals présents en Australie représentent six fois le nombre de félins domestiques* : Baker et al., « Domestic Cat... », *op. cit.*, p. 160.

p. 16. *La confusion est d'autant plus grande* : Liste de l'International Union for the Conservation of Nature's 100 Worst Invasive Species, voir www.issg.org/database/species/search.asp?st=100ss.

p. 16. *Des scientifiques australiens ont récemment affirmé que les chats errants* : « Historic Analysis Confirms Ongoing Mammal Extinction Crisis », *Wildlife Matters*, hiver 2014, p. 4-9.

p. 16. *dans un environnement grouillant de grands requins blancs* : Jared Owens, « Greg Hunt calls for eradication of feral cats that kill 75m animals a night », *Australian*, 2 juin 2014.

p. 16. *dans certains États, des « pets trusts »* : David Grimm, *Citizen Canine : Our Evolving Relationship with Cats and Dogs*, New York, Public Affairs, 2014, p. 266-267.

p. 16. *New York a récemment fermé...* : Matt Flegenheimer, « 9 Lives ? M.T.A. Takes No Chances with Cats on Tracks », *New York Times*, 29 août 2013.

p. 16. *alors même que chaque année notre pays euthanasie de façon systématique* : Hal Herzog, *Some We Love, Some We Hate, Some We Eat : Why It's So Hard to Think Straight About Animals*, New York, Harper Perennial, 2010, p. 6.

p. 17. *compromettrait notre capacité à penser* : Carl Zimmer, « Parasites Practicing Mind Control », *New York Times*, 28 août 2014.

p. 17. *le plus grand magasin de chats de luxe au monde* : Henry S. F. Cooper, « The Cattery », in *The Big New Yorker Book of Cats*, New York : Random House, 2013, p. 187.

p. 21. *ils mangent pratiquement tout ce qui bouge* : Christopher A. Lepczyk, Cheryl A. Lohr, David C. Duffy, « A review of cat behavior in relation to disease risk and management options », *Applied Animal Behaviour Science*, 173, décembre 2015, p. 29-39. Cette étude révèle que les chats ont été observés en train de manger plus de 1 000 espèces.

p. 21. *certains de leurs cousins félins menacés* : « Andean Cat », International Society for Endangered Cats Canada, www.wildcatconservation.org/wild-cats/south-america/andean-cat/.

p. 22. *« substitutions avantageuses d'acides aminés »* : Michael J. Montague, Gang Li, Barbara Gandolfi et al., « Comparative analysis of the domestic cat genome reveals genetic signatures underlying feline biology and domestication », *Proceedings of the National Academy of Sciences*, 111, décembre 2014, p. 17230-17235.

p. 22. *« chasseurs opportunistes, énigmatiques et solitaires »* : Diane K. Brockman, Laurie R. Godfrey, Luke J. Dollar et Joelisoa Ratsirarson, « Evidence of Invasive *Felis silvestris* Predation on *Propithecus verreauxi* at Beza Mahafaly Special Reserve, Madagascar », *International Journal of Primatology*, 29, février 2008, p. 135-152.

p. 22. *« prédateurs subventionnés »* : Christopher A. Lepczyk, Angela G. Mertig, and Jianguo Liu, « Landowners and cat predation across rural-to-urban landscapes », *Biological Conservation*, 115, février 2004, p. 191-201.

p. 22. *« profiteurs charmants et prospères »* : Carlos A. Driscoll, David W. Macdonald, Stephen J. O'Brien, « From wild animals to domestic pets, an evolutionary view of domestication », *Proceedings of the National Academy of Sciences*, 106, suppl. 1, juin 2009, p. 9971-9978.

p. 23. *Plus de la moitié de la population humaine de la planète* : Stanley D. Gehrt, « The Urban Ecosystem », in Gehrt et al., *Urban Carnivores, op. cit.*, p. 3.

p. 24. *il y a statistiquement toutes les chances que le chat…* : Environ 35 % des chats domestiques se sont introduits dans la maison alors qu'ils étaient errants – la façon la plus commune d'adopter un chat. Par contraste, ce n'est le cas que de 6 % des chiens. Rapport de l'APPA, 64, p. 171.

Notes

1. Catacombes

p. 29. *Nos besoins concurrents de nourriture et d'espace font de nous des ennemis naturels* : Des entretiens avec le biologiste Craig Packer, de l'université du Minnesota, se sont révélés indispensables pour la rédaction de ce chapitre, tout comme ceux avec Kris Helgen du National Museum of Natural History.

p. 30. *La plupart des espèces contemporaines de félidés* : Globalement, vingt-deux espèces de félidés sont inscrites dans les quatre principales catégories surveillées par l'Union internationale pour la conservation de la nature. Les autres se retrouvent typiquement sur des territoires extrêmement restreints par rapport à leurs zones naturelles ; David W. Macdonald, Andrew J. Loveridge, Kristin Nowell, « Dramatis personae : an introduction to the wild felids », in *Biology and Conservation of Wild Felids*, sous la dir. de David Macdonald et Andrew Loveridge, Oxford, Oxford University Press, 2010, p. 15.

p. 31. *leurs rares petits finissent souvent écrasés sur l'autoroute* : Emily Sawicki, « Untagged Mountain Lion Kitten Killed », *Malibu Times*, 23 janvier 2014.

p. 31. *Un puma connu sous le nom de P-22* : Alexa Keefe, « A Cougar Ready for His Closeup », *National Geographic*, 14 novembre 2013, http://proof.nationalgeographic.com/2013/11/14/a-cougarready-for-his-closeup/.

p. 32. *La famille des félins appartient aux mammifères de l'ordre des carnivores* : En dehors de Macdonald et al., « Dramatis personae », *op. cit.*, la discussion sur la nature carnivore des félins est tirée des sources suivantes : Mel Sunquist, Fiona Sunquist, *Wild Cats of the World,* Chicago, University of Chicago Press, 2002 ; Elizabeth Marshall Thomas, *The Tribe of Tiger : Cats and Their Culture*, New York, Pocket Books, 1994 ; Alan Turner, *The Big Cats and Their Fossil Relatives : An Illustrated Guide to Their Evolution and Natural History*, New York, Columbia University Press, 1997 ; David Quammen, *Monster of God : The Man-*

Eating Predator in the Jungles of History and the Mind, New York, W. W. Norton, 2003.

p. 33. *les chats ont besoin d'un régime trois fois plus riche en protéines que les chiens* : Sunquist, *Wild Cats of the World, op. cit.*, p. 5.

p. 33. *« Ce qu'il y a de notable au sujet des grands et des petits félins »* : Thomas, *The Tribe of Tiger, op. cit.*, p. 19.

p. 34. *l'« alpha et l'oméga de leur famille »* : *ibid.*, p. XI.

p. 34. *une clé dans une serrure* : Sunquist, *Wild Cats of the World, op. cit.*, p. 6.

p. 35. *Les félins sont capables d'avoir le dessus sur des animaux...* : Thomas, *The Tribe of Tiger, op. cit.*, p. 23-24.

p. 35. *Les félidés modernes ont prospéré* : Turner, *The Big Cats, op. cit.*, p. 30.

p. 35. *Ils ont un faible pour les forêts tropicales d'Asie* : Macdonald, « Dramatis personae », *op. cit.*, p. 4-5.

p. 35. *la plus vaste aire de répartition* : Sunquist, *Wild Cats of the World, op. cit.*, p. 286, et Thomas, *The Tribe of Tiger, op. cit.*, p. 47.

p. 35. *généralement moins nombreux* : Turner, *The Big Cats, op. cit.*, p. 15.

p. 35. *À vue de nez, on estime...* : Todd K. Fuller Stephen DeStefano, Paige S. Warren, « Carnivore Behavior and Ecology, and Relationship to Urbanization », in Gehrt et al., *Urban Carnivores, op. cit.*, p. 16.

p. 36. *Nous figurions au menu d'une kyrielle de bestioles* : Rob Dunn, « What Are You So Scared of Saber-Toothed Cats, Snakes, and Carnivorous Kangaroos », slate.com, 15 octobre 2012.

p. 37. *nous serions probablement loin d'en savoir autant* : John Noble Wilford, « Skull Fossil Suggests Simpler Human Lineage », *New York Times*, 17 octobre 2013.

p. 38. *Les scientifiques commencent à peine à étudier de façon formelle* : Donna Hart, Robert W. Sussman, *Man the Hunted : Primates, Predators, and Human Evolution*, New York, Westview Press, 2005, p. 170-180.

p. 38. *Des expériences ont montré que même les très jeunes enfants* :

Joseph Bennington-Castro, « Are Humans Hardwired to Detect Snakes ? », io9.com, 29 octobre 2013.

p. 39. *Même les moins illustres de nos cousins primates* : Joseph Bennington-Castro, « Monkeys Remember “Words” Used by Their Ancestors Centuries Ago », io9.com, 30 octobre 2013.

p. 39. *des petits félins amazoniens nommés margays* : Wildlife Conservation Society, « Wild cat found mimicking monkey calls », *Science Daily*, 9 juillet 2010.

p. 40. *Certains scientifiques ont même suggéré que les miettes de repas laissées par les tigres à dents de sabre* : Alfonso Arribas, Paul Palmqvist, « On the Ecological Connection Between Sabre-tooths and Hominids : Faunal Dispersal Events in the Lower Pleistocene and a Review of the Evidence for the First Human Arrival in Europe », *Journal of Archaeological Science*, 26, n° 5, 1999, p. 571-585.

p. 41. *la consommation de viande pourrait avoir littéralement développé notre intellect* : Leslie C. Aiello, Peter Wheeler, « The Expensive-Tissue Hypothesis : The Brain and the Digestive System in Human and Primate Evolution », *Current Anthropology*, 36, n° 2, 1995, p. 199-221.

p. 41. *Ce joyau de la couronne de l'*Homo sapiens : Nikhil Swaminathan, « Why does the Brain Need So Much Power ? », *Scientific American*, 29 avril 2008.

p. 42. *Ce statu quo entre félins et humains* : Le statu quo persiste dans certaines cultures survivantes de chasseurs-cueilleurs, comme le décrit Thomas, dans *The Tribe of Tiger*, *op. cit.*, p. 124.

p. 43. *Les Anglais de l'époque victorienne remplirent les zoos de Londres* : Harriet Ritvo, *The Animal Estate : The English and Other Creatures in the Victorian Age*, Cambridge, MA, Harvard University Press, 1989, p. 208.

p. 44. *l'Égypte, première grande culture agraire* : Justin D. Yeakel, Mathias M. Pires, Lars Rudolf et al., « Collapse of an Ecological Network in Ancient Egypt », *Proceedings of the National Academy of Sciences*, 111, n° 40, 2014, p. 14472-14477 ; Patrick F. Houlihan, *The Animal World of the Pharaohs*, Londres, Thames & Hudson, 1996, p. 45.

p. 44. *Les Romains (qui capturaient les grands fauves...* : Pour une excellente analyse du recul mondial du lion, voir Quammen, *Monster of God*, *op. cit.*, p. 24-29.

p. 46. *dans la région agricole prospère du Rufiji, au sud-ouest de la Tanzanie* : Craig Packer, « Rational Fear : As human populations expand and lions' prey dwindles in eastern Africa, the poorest people – and the hungriest lions – pay the price », *Natural History*, mai 2009, p. 43-47.

p. 47. *les Américains ne se comportent pas différemment* : David Baron, dans *The Beast in the Garden : A Modern Parable of Man and Nature* (New York, W. W. Norton, 2004) offre un excellent aperçu de prédation par les grands fauves dans la banlieue américaine moderne.

p. 47. *Sur le marché de la médecine asiatique, on débite* : Pour une liste des remèdes tirés du tigre, voir « Tiger in Crisis : Promoting the Plight of Endangered Tigers and the Efforts to Save Them », www.tigersincrisis.com/traditional_medicine.htm.

p. 48. *cette viande s'apprécie particulièrement saisie à la poêle* : Pour un compte rendu d'un « Flintstone dinner » à base de viande de lion, see Phila-Foodie, « Yabba-Dabba-Zoo !—Zot's Flintstone Dinner », 7 juillet 2008, philafoodie.blogspot.com/2008/07/yabba-dabba-zoo-zots-flintstonedinner.html. [Les Flinstones sont une série de télévision américaine des années 1960 dont le scénario se situe à l'âge de pierre ; elle a été diffusée en France sous le titre « Les Pierrafeu ». NdE.]

p. 51. *Peut-être est-il révélateur qu'un des seuls endroits du monde* : Base de données d'Euromonitor ; Jason Overdorf, « India : Leopards stalk Bollywood », *GlobalPost*, 20 mars 2013 ; Arvind Joshi, « Cats, Unloved in India », IndiaTimes.pets.indiatimes.com/articleshow.cms ?msid=1736285885.

2. Le berceau du chat

p. 55. *Il y a 11 600 ans, le village de Hallan Çemi* : Brian L. Peasnall, « Intricacies of Hallan Çemi », *Expedition Magazine*, 44, Mars 2002, p. 198.

p. 56. *L'archéologue Melinda Zeder* : Mes entretiens avec l'archéologue Reuven Yeshurun, qui étudie les renards de Hallan Çemi, m'ont aussi été d'une grande utilité.

p. 57. *Quelques études, peu nombreuses* : Maria Joana Gabucio, Isabel Caceres, Antonio Hidalgo et al., « A wildcat (*Felis silvestris*) butchered by Neanderthals in Level O of the Abric Romani site (Capellades, Barcelona, Spain) », *Quaternary International*, 326, 2014, p. 307-318 ; Jacopo Crezzini, Francesco Boschin, Paolo Boscato, Ursula Wierer, « Wild cats and cut marks : Exploitation of *Felis silvestris* in the Mesolithic of Galgenbühel/Dos de la Forca (South Tyrol, Italy) », *Quaternary International*, 330, avril 2014, p. 52-60.

p. 58. *Une telle surabondance de prédateurs de taille moyenne* : Laura R. Prugh, Chantal J. Stoner, Clinton W. Epps et al., « The Rise of the Mesopredator », *Bioscience*, 59, 2009, p. 779-791.

p. 58. *les renards roux provoquent aujourd'hui des tas de problèmes* : Katrin Bennhold, « Forget the Hounds. As Foxes Creep In, Britons Call the Sniper », *New York Times*, 6 décembre 2014.

p. 59. *le processus de la domestication animale comme une voie ou un chemin* : Melinda A. Zeder, « Pathways to Animal Domestication », in *Biodiversity in Agriculture : Domestication, Evolution and Sustainability*, sous la direction de Paul Gepts, Thomas R. Famula, Robert L. Bettinger et al., New York, Cambridge University Press, 2012, p. 227-259.

p. 60. *trois fois plus de poules* : « Counting Chickens », *Economist*, 27 juillet 2011, http ://www.economist.com/blogs/dailychart/2011/07/global-livestock-counts.

p. 61. *très difficile pour les scientifiques de déterminer...* : James Gorman, « 15,000 Years Ago, Probably in Asia, the Dog Was Born », *New York Times*, 19 octobre 2015 ; James Gorman, « Family Tree of Dogs and Wolves Is Found to Split Earlier Than Thought », *New York Times*, 21 mai 2015.

p. 61. *les experts sont souvent incapables de faire la différence entre un chat tigré domestique et un chat sauvage* : Carlos A. Driscoll, Nobuyuki Yamaguchi, Stephen J. O'Brien, David W. Macdonald, « A Suite of Genetic Markets Useful in Assessing Wildcat (*Felis silvestris ssp.*) –

Domestic Cat (*Felis silvestris catus*) Admixture », *Journal of Heredity*, 102, suppl. 1, 2011, p. 87-90.

p. 62. *Charles Darwin consacre à peine quelques pages* : Charles Darwin, *De la variation des animaux et des plantes à l'état domestique*, trad. Edmond Barbier (seconde édition anglaise), C. Reinwald, 1879-1880.

p. 62. *Les chats ont-ils achevé leur voyage vers la domestication* : Driscoll et al., « From wild animals to domestic pets, an evolutionary view of domestication », *op. cit.*

p. 62. *un héritage composé d'une pincée de divers types de félins différents* : Sur certaines de ces théories, voir Juliet Clutton-Brock, *A Natural History of Domesticated Mammals*, Cambridge, Cambridge University Press, 1999, p. 136-137.

p. 63. *Ce projet lui a pris presque dix ans* : Carlos A. Driscoll, Marilyn Menotti-Raymond, Alfred L. Roca et al., « The Near Eastern Origin of Cat Domestication », *Science*, 317, juillet 2007, p. 519-523.

p. 64. *les chats sont de très mauvais candidats pour la domestication* : *ibid.*

p. 65. *les chats domestiques australiens consomment* : Chee Chee Leung, « Cats eating into world fish stocks », *Sydney Morning Herald*, 26 août 2008.

p. 66. *Se sentir un minimum à l'aise avec les humains* : Zeder, « Pathways to Animal Domestication », *op. cit.*, p. 232.

p. 66. *« Beelzebina, Princesse des Démons »* : in John Bradshaw, *La Vie secrète des chats*, ADA éditions, 2014.

p. 67. *Les études menées récemment sur des spécimens sauvages de* Felis silvestris lybica : David Macdonald, Orin Courtenay, Scott Forbes, Paul Honess, « African Wildcats in Saudi Arabia », in *The Wild CRU Review : The Tenth Anniversary Report of the Wildlife Conservation Research Unit at Oxford University*, sous la direction de David Macdonald et Françoise Tattersall, Oxford, université d'Oxford, Département de zoologie, 1996.

p. 71. *Il y a plus de cinquante ans* : Evan Ratliff, « Taming the Wild », *National Geographic*, mars 2011 ; Lyudmila N. Trut, « Early Canid

Domestication : The Farm-Fox Experiment », *American Scientist*, mars-avril 1999.

p. 73. *Quand des chercheurs de l'université de Washington* : Montague et al., « Comparative analysis of the domestic cat genome », *op. cit.*

p. 73. *Darwin, qui a été le premier à décrire* : Adam S. Wilkins, Richard W. Wrangham, W. Tecumseh Fitch, « The "Domestication Syndrome" in Mammals : A Unified Explanation Based on Neural Crest Cell Behavior and Genetics », *Genetics*, 197, juillet 2014, p. 795-808.

p. 74. *la robe des chats domestiques n'a commencé à se diversifier* : Carlos A. Driscoll, Juliet Clutton-Brock, Andrew C. Kitchener, Stephen J. O'Brien, « The Taming of the Cat », *Scientific American*, juin 2009 ; James A. Serpell, « Domestication and History of the Cat », in *The Domestic Cat : The Biology of Its Behaviour*, 2e édit., sous la direction de Dennis C. Turner et Patrick Bateson, Cambridge : Cambridge University Press, 2000, p. 186.

p. 75. *des cycles reproductifs plus fréquents* : Perry T. Cupps, *Reproduction in Domestic Animals*, New York, Elsevier, 1991, p. 542-544.

p. 75. *Ils présentent aussi le signe le plus vital* : Zeder, « Pathways to Animal Domestication », *op. cit.*, p. 232-236.

p. 76. *parce que les êtres humains n'avaient* : Helmut Hemmer, *Domestication : The Decline of Environmental Appreciation*, Cambridge, Cambridge University Press, 1990, p. 108.

p. 76. *Les scientifiques pensent désormais* : Wilkins et al., « The "Domestication Syndrome" in Mammals », *op. cit.*

p. 76. *Quand les généticiens de l'université de Washington* : Montague et al., « Comparative analysis of the domestic cat genome », *op. cit.*

p. 77. *Les pattes de nos petits compagnons* : Bradshaw, *La Vie secrète des chats*, Ada, 2014.

p. 77. *Leur miaulement est un peu plus doux* : Nicholas Nicastro, « Perceptual and Acoustic Evidence for Species-Level Differences in Meow Vocalizations by Domestic Cats (*Felis catus*) and African Wild

Cats (*Felis silvestris lybica*) », *Journal of Comparative Psychology*, 118, 2004, p. 287-296.

p. 77. *Ils ont adapté leur comportement social* : Sunquist, *Wild Cats of the World, op. cit.*, p. 106.

p. 77. *les chats domestiques ont aussi rallongé leurs intestins* : Darwin, *De la variation des animaux et des plantes, op. cit.*

3. Où est le piège ?

p. 81. *près de 12 millions de plus de chats* : Le nombre de chats atteignait en 2012 aux États-Unis les 95,6 millions, celui des chiens était de 83,3 millions d'après le rapport de l'APPA.

p. 81. *ils aboyaient des avertissements* : Grimm, *Citizen Canine, op. cit.*, p. 29-30.

p. 82. *ont joué le jeu à fond* : Clutton-Brock, *A Natural History of Domesticated Mammals, op. cit.*, p. 59.

p. 82. *des races de chiens de chasse de type lévrier* : « A Brief History of the Greyhound », Grey2K USA, www.grey2kusaedu.org/pdf/history.pdf.

p. 82. *les Romains employaient des chiens guides* : Grimm, *Citizen Canine, op. cit.*, p. 220.

p. 82. *des chiens de berger* : Clutton-Brock, *A Natural History of Domesticated Mammals, op. cit.*, p. 511-554.

p. 82. *des chiens de guerre du genre dogues* : www.mastiffweb.com/history.htm.

p. 82. *de petits toutous de compagnie* : Bud Boccone, « The Maltese, Toy Dog of Myth and Legend », American Kennel Club, akc.org/akc-dog-lovers/maltese-toy-dog-myth-legend/.

p. 82. *Une liste ancienne de noms de races de chiens datant des Tudor* : Ritvo, *The Animal Estate, op. cit.*, p. 93-94.

p. 82. *nous les avons équipés de vestes en kevlar* : Grimm, *Citizen Canine, op. cit.*, p. 209-212.

p. 82. *Les chiens réconfortent les victimes de fusillades* : Taylor

Temby, « Therapy dogs brought to Aurora Theater Trial », 9news.com, 14 juin 2015.

p. 82. *aident à capturer Oussama Ben Laden* : Grimm, *Citizen Canine*, *op. cit.*, p. 212.

p. 82. *localisent les excréments d'animaux rares* : Sarah Yang, « Wildlife biologists put dogs' scat-sniffing talents to good use », *Berkeley News*, 11 janvier 2011.

p. 82. *retrouvent les sépultures* : Cat Warren, *What the Dog Knows : The Science and Wonder of Working Dogs*, New York, Simon & Schuster, 2013, p. 235.

p. 82. *« Les chiens sont capables de détecter un début de tumeur »* : Grimm, *Citizen Canine*, *op. cit.*, p. 224.

p. 83. *« Le ronronnement des chats [...] pourrait renforcer la densité osseuse »* : *ibid.*

p. 83. *les Indonésiens promenaient des matous* : Sunquist, *Wild Cats of the World, op. cit.*, p. 102.

p. 83. *Les musiciens japonais du* XVII*e siècle* : Muriel Beadle, *The Cat : A Complete Authoritative Compdenium of Information About Domestic Cats*, New York, Simon & Schuster, 1977, p. 89.

p. 83. *Les Chinois observaient les pupilles dilatées des chats* : Serpell, « Domestication and History of the Cat », *op. cit.*, p. 184.

p. 83. *Les chats jouaient également un rôle central* : Beadle, *The Cat*, *op. cit.*, p. 83.

p. 84. *À l'ère des hautes technologies, les poils de chats* : Marilyn A. Menotti-Raymond, Victor A. Davids, Stephen J. O'Brien, « Pet cat hair implicates murder suspect », *Nature*, 386, avril 1997, p. 774.

p. 84. *certains prisonniers ont utilisé des chats comme mules* : « Cat caught carrying marijuana into Moldovan prison », Associated Press, 18 octobre 2013.

p. 84. *les chats servent aussi d'indicateurs clés* : Beadle, *The Cat*, *op. cit.*, p. 90.

p. 84. *La viande de chat est elle-même encore consommée* : Dans le monde, quelque 4 millions de chats (à comparer aux 13 à 16 millions de chiens) sont consommés chaque année, d'après Anthony L.

Podberscek, « Good to Pet and Eat : The Keeping and Consuming of Dogs and Cats in South Korea », *Journal of Social Issues*, 65, juillet 2009, p. 615-632.

p. 84. *Les gens portent rarement des peaux de chats* : Steve Friess, « A Push to Stop Swiss Cats from Being Turned into Coats and Hats », *New York Times*, 1er avril 2008.

p. 84. *même si un récent phénomène de mode* : Jun Hongo, « Cat Hair Is Festive for Japanese Craft Aficionados », *Wall Street Journal*, 18 avril 2014.

p. 84. *un manuel d'artillerie allemand du XVIe siècle* : Brad Scriber, « Why Do 16th-Century Manuscripts Show Cats With Flaming Backpacks ? », *National Geographic*, 11 mars 2014, http ://news.nationalgeographic.com/news/2014/03/140310-rocket-cats-animals-manuscript-artillery-history/.

p. 84. *Dans les années 1960, la CIA tenta…* : Emily Anthes, *Frankenstein's Cat : Cuddling up to Biotech's Brave New Beasts*, New York, Scientific American/Farrar, Straus and Giroux, 2013, p. 143-144.

p. 85. *« En silence, secrètement »* : Donald W. Engels, *Classical Cats : The Rise and Fall of the Sacred Cat*, Londres, Routledge, 1999, p. 1.

p. 86. *J'ai entendu parler pour la première fois* : Abigail Tucker, « Crawling Around with Baltimore Street Rats », Smithsonian.com, 18 novembre 2009.

p. 87. *Il l'ouvre en grand, sur une série de photographies* : Certaines de ces photos ont été publiées in James E. Childs, « Size-Dependent Predation on Rats (*Rattus norvegicus*) by House Cats (*Felis catus*) in an Urban Setting », *Journal of Mammalogy*, 67, février 1986, p. 196-199. Quelques-uns des résultats de l'étude ont été republiés vingt ans plus tard in Gregory E. Glass, Lynne C. Gardner-Santana, Robert D. Holt, Jessica Chen et al., « Trophic Garnishes : Cat-Rat Interactions in an Urban Environment », *PLOS ONE*, juin 2009.

p. 88. *Les renards, leurs sosies préhistoriques* : Gilad Bino, Amit Dolev, Dotan Yosha et al., « Abrupt spatial and numerical responses of overabundant foxes to a reduction in anthropogenic resources », *Journal of Applied Ecology*, 47, décembre 2010, p. 1262-1271.

p. 89. *Des analyses isotopiques sur les restes d'un chat de Chine* : Yaowu Hu, Songmei Hu, Weilin Wang et al., « Earliest evidence for commensal processes of cat domestication », *Proceedings of the National Academy of Sciences*, 111, janvier 2014, p. 116-120.

p. 89. *Jusqu'au récent XXe siècle, des exterminateurs louaient des chats* : Katherine C. Grier, *Pets in America : A History*, 2006 ; repr., Orlando, Harcourt, 2006, p. 45.

p. 89. *seules quelques rares autres études* : Beadle, *The Cat*, *op. cit.*, p. 95-96.

p. 90. *une étude récemment menée en Californie* : Cole C. Hawkins, William E. Grant, Michael T. Longnecker, « Effect of house cats, being fed in parks, on California birds and rodents », *Proceedings 4th International Urban Wildlife Symposium*, sous la direction de W. W. Shaw, L. K. Harris et L. VanDruff, 2004, p. 164-170.

p. 90. *adaptation commensale à la vie en ville* : Pour en savoir plus sur les rats de Norvège, voir Robert Sullivan, *Rats : Observations on the History & Habitat of the City's Most Unwanted Inhabitants*, New York, Bloomsbury, 2004.

p. 91. *Il existe même une théorie selon laquelle l'Église catholique* : Engels, *Classical Cats*, *op. cit.*, p. 156-162.

p. 92. *chats qui auraient été balancés du haut des clochers* : Une tradition maintenue (symboliquement) à Ypres, Belgique, lors du Kattenstoet (Cortège des chats), http://www.kattenstoet.be/en/page/499/welcome.html.

p. 92. *les chercheurs soupçonnent maintenant que ce ne sont peut-être pas les puces des rats* : Selon Kenneth Gage, les puces humaines pourraient en être partiellement responsables. Pour une autre théorie, voir « Rats and fleas off the hook : humans actually passed Black Death to each other », *The Week*, 30 mars 2014, http ://www.theweek.co.uk/health-science/57918/rats-and-fleas-hook-humanspassed-black-death-each-other.

p. 93. *les chats domestiques eux-mêmes peuvent être des hôtes privilégiés pour la maladie* : Kenneth L. Gage, David T. Dennis, Kathy A. Orioski et al., « Cases of Cat-Associated Human Plague in the Western US, 1977-1998 », *Clinical Infectious Diseases*, 30, 2000, p. 893-900.

p. 93. *ce sont effectivement les chats qu'on accusait le plus souvent d'être des « démons »* : Serpell, « Domestication and History of the Cat », *op. cit.*, p. 188.

p. 94. *Les réactions respiratoires aux squames des chats* : Voir « Cat Allergy », sur le site de l'American College of Allergies, Asthma and Immunology, www.acaai.org.

p. 94. *« fièvre et consomption »* : Serpell, « Domestication and History of the Cat », *op. cit.*, p. 188.

p. 94. *« l'impact des chats sur les populations commensales de rongeurs »* : Baker et al., « Domestic Cat... », *op. cit.*, p. 168.

p. 96. *le dernier ancêtre commun aux chats et aux humains* : Montague et al., « Comparative analysis of the domestic cat genome », *op. cit.*

p. 96. *Comme nos propres nouveau-nés sans défense* : Herzog, *Some We Love*, *op. cit.*, p. 39-41 ; John Archer, « Pet Keeping : A Case Study in Maladaptive Behavior », in *The Oxford Handbook of Evolutionary Family Psychology*, sous la direction de Catherine A. Salmon et Todd K. Shackelford, Oxford, Oxford University Press, 2011, p. 287-288.

p. 97. *une meilleure coordination de la motricité fine* : Bradshaw, *Cat Sense*, *op. cit.*, p. 188-189.

p. 97. *« un déclenchement erroné de nos instincts parentaux »* : Herzog, *Some We Love*, *op. cit.*, p. 92.

p. 97. *« trompés par une réponse évolutive »* : *ibid.*, p. 40-41.

p. 97. *Cela vient en partie de leur taille* : Thomas, *The Tribe of Tiger*, *op. cit.*, p. 104.

p. 97. *Cela vient aussi des sons* : Karen McComb, Anna M. Taylor, Christian Wilson, Benjamin D. Charlton, « The cry embedded within the purr », *Current Biology*, 19, n° 13, 2009, p. 507-508.

p. 98. *Avec leurs pupilles en fente* : Turner, *The Big Cats*, *op. cit.*, p. 96-98.

p. 98. *les yeux d'un chat adulte sont presque aussi gros que ceux d'un être humain* : Bradshaw, *Cat Sense*, *op. cit.*, p. 103.

p. 98. *les mirettes en forme de soucoupes de notre propre progéniture* : Abigail Tucker, « The Science Behind Why Pandas Are So Damn Cute », *Smithsonian*, novembre 2013.

p. 99. *ont donc développé la meilleure vision binoculaire* : Sunquist, *Wild Cats of the World, op. cit.*, p. 9.

p. 99. *Les primates ne sont pas des prédateurs embusqués* : Entretien avec Adam Wilkins de l'université Humboldt à Berlin.

p. 100. *vient de se lancer dans la puériculture* : Jennifer A. Kingson « Cool for Cats », *New York Times*, 18 décembre 2013.

p. 100. *Certains spécialistes suggèrent que les humains pourraient tirer avantage* : James A. Serpell, Elizabeth S. Paul, « Pets in the Family : An Evolutionary Perspective », in *The Oxford Handbook of Evolutionary Family Psychology*, p. 303-305.

p. 100. *le chat est plus proche du « parasite social »* : Archer, « Pet Keeping : A Case Study in Maladaptive Behavior », *op. cit.*, p. 293.

4. L'air satisfait du chat qui vient de croquer le canari

p. 105. *Autrefois répandu dans tout Key Largo, le néotome* : Pour une synthèse de l'état de conservation, voir U.S. Fish et Wildlife Service, Southeast Region, South Florida Ecological Services Office, « South Florida Multi-Species Recovery Plan, Recovery for the Key Largo Woodrat », 14 août 2009.

p. 108. *un chiffre qui aurait triplé* : voir Christopher A. Lepczyk, Nico Dauphine, David M. Bird et al., « What Conservation Biologists Can Do to Counter Trap-Neuter-Return : Response to Longcore et al. », *Conservation Biology*, 24, n° 2, 2010, p. 627-629.

p. 108. *probablement autant de chats errants* : Ils seraient entre 60 et 100 millions, selon David A. Jessup, « The welfare of feral cats and wildlife », *Journal of the American Veterinary Medical Association*, 225, novembre 2004, p. 1377-1383. L'American Society for the Prevention of Cruelty to Animals évalue leur nombre à 70 millions, www.aspca.org/animal-homelessness/shelter-intake-and-surrender/pet-statistics.

p. 108. *Les chats domestiques ont peuplé tous les habitats possibles et imaginables* : Pour un échantillon, voir le tableau 1 *in* S. Pearre et R. Maass, « Trends in the prey size-based trophic niches of feral and House Cats *Felis catus L.* », *Mammal Review*, 28, n° 3, 1998, p. 125-139.

p. 108. *Dans toutes ces niches, ils mangent à peu près tout ce qui vit* : Pour un échantillon, voir Frank B. McMurry, Charles C. Sperry, « Food of Feral House Cats in Oklahoma, a Progress Report », *Journal of Mammalogy*, 22, n° 2, 1941, p. 185-190.

p. 109. *« Bifteck et cafards »* : Carl Van Vechten, *The Tiger in the House : A Cultural History of the Cat*, 1920 ; repr. New York, New York Review of Books, 2007, p. 11.

p. 109. *on ait pu voir des chats domestiques chasser une espèce de primates* : Diane K. Brockman, Laurie R. Godfrey, Luke J. Dollar, Joelisoa Ratsirarson, « Evidence of Invasive *Felis silvestris* Predation on *Propithecus verreauxi* at Beza Mahafaly Special Reserve, Madagascar », *International Journal of Primatology*, 29 février 2008, p. 135-152.

p. 109. *Les chats peuvent provoquer des extinctions, en particulier sur les îles* : Félix M. Medina, Elsa Bonnaud, Eric Vidal et al., « A global review of the impacts of invasive cats on island endangered vertebrates », *Global Change Biology*, 17, n° 11, 2011, p. 3503-3510.

p. 109. *En revanche, des chiens domestiques* : Austin Ramzy, « Australia Deploys Sheepdogs to Save a Penguin Colony », *New York Times*, 3 novembre 2015.

p. 110. *« Si nous n'avions qu'un vœu à formuler »* : « Historic Analysis Confirms Ongoing Mammal Extinction Crisis », *Wildlife Matters*, hiver 2014, p. 4-9.

p. 110. *Le ministre de l'Environnement australien* : « Australian official calls cats "tsunamis of violence and death », *Atlanta Journal-Constitution*, 1er août 2015.

p. 110. *En 2013, des chercheurs du gouvernement fédéral ont publié un rapport* : Scott R. Loss, Tom Will, Peter P. Marra, « The impact of free-ranging domestic cats on wildlife of the United States », *Nature*

Communications, décembre 2013, http://www.nature.com/ncomms/journal/v4/n1/full/ncomms2380.html.

p. 110. *Une étude du gouvernement canadien* : Anna M. Calvert, Christine A. Bishop, Richard D. Elliot et. al, « A Synthesis of Human-related Avian Mortality in Canada », *Avian Conservation & Ecology*, 8, nº 2, article 11, 2013.

p. 110. *un centre californien rapporte avoir constaté des blessures* : Jessup, « The welfare of feral cats and wildlife, *op. cit.*

p. 110. *« estropiés, mutilés, démembrés »* : *ibid.*

p. 111. *étude « Kittycam »* : Kerrie Anne T. Loyd, Sonia M. Hernandex, John P. Carroll, Lyler J. Abernathy, Greg J. Marshall, « Quantifying free-roaming domestic cat predation using animal-borne video cameras », *Biological Conservation*, 160, avril 2013, p. 183-189.

p. 111. *Des chercheurs australiens ont capturé* : www.youtube.com/watch ?v=iwAmesMywFo.

p. 111. *un chercheur hawaïen* : Seth Judge, Jill S. Lippert, Kathleen Misajon, Darcy Hu, Steven C. Hess, « Videographic evidence of endangered species depredation by feral cat », *Pacific Conservation Biology*, 18, nº 4, 2012, p. 293-296.

p. 112. *En 2005, craignant que le nombre de rats néotomes* : Pour en savoir plus sur le programme Disney, voir l'Association of Zoos & Aquariums, 2009, Edward H. Bean Award application, www.aza.org/uploadedFiles/Membership/Honors_and_Awards/bean09-disney.pdf.

p. 116. *un voyageur du XVIIIe siècle exprimait ses regrets* : Voir le journal du capitaine Cook, www.captaincooksociety.com/home/detail/225-years-ago-april-june-1777.

p. 116. *Certains chats profitaient aussi de rations de cambuse* : Val Lewis, *Ships' Cats in War and Peace*, Shepperton-on-Thames (UK), Nauticalia, 2001, p. 106.

p. 116. *En dehors de leurs prouesses à la chasse* : Bradshaw, *Cat Sense*, *op. cit.*, p. 72.

p. 117. *Les marins leur inventaient des jouets* : Lewis, *Ships' Cats…*, *op. cit.*, p. 103.

p. 117. *hamacs miniatures* : Engels, *Classical Cats*, *op. cit.*, p. 13.

p. 117. *les Égyptiens ont probablement dû ralentir* : Driscoll et al., « The Taming of the Cat », *op. cit.*

p. 118. *Les Grecs de l'Antiquité ont également fourni leurs colonies* : Pour un résumé détaillé de la dispersion du chat après la période égyptienne, voir Engels, *Classical Cats*, *op. cit.*, p. 48-138.

p. 118. *ils avaient déjà fait leur trou dans les oppidums de l'âge de fer* : Bradshaw, *Cat Sense*, *op. cit.*, p. 51-52.

p. 118. *de nombreux moines et nonnes* : Kathleen Walker-Meikle, *Medieval Cats*, Londres, The British Library Publishing, 2011, p. 34-36.

p. 119. *un riche sultan du Caire* : Bradshaw, *Cat Sense*, *op. cit.*, p. 55.

p. 119. *Les chats étaient également adorés des Vikings* : Neil B. Todd, « Cats and Commerce », *Scientific American*, novembre 1977.

p. 119. *L'explorateur Ernest Shackleton* : Engels, *Classical Cats*, *op. cit.*, p. 166.

p. 120. *Les pionniers affamés de Jamestown mangèrent les leurs* : Joseph Stromberg, « Starving Settlers in Jamestown Colony Resorted to Cannibalism », smithsonian.com, 30 avril 2013.

p. 120. *Les mineurs leur servirent de chauffeurs jusqu'en Californie et en Alaska* : Reginald Bretnar, « Bring Cats ! A Feline History of the West », *The American West*, novembre-décembre 1978, p. 32-35, 60.

p. 120. *étaient « de vraies loques »* : *ibid.*

p. 120. *« il ne serait pas logique de supposer que les chats étaient surveillés »* : in Ian Abbott, « Origin and spread of the cat, *Felis catus*, on mainland Australia, with a discussion of the magnitude of its early impact on native fauna », *Wildlife Research*, 29, n° 1, 2002, p. 51-74.

p. 120. *une statue en bronze de Trim* : Lewis, *Ships' Cats…*, *op. cit.*, p. 111.

p. 121. *« Nombreuses et curieuses sont les observations »* : in Lewis, *Ships' Cats…*, *op. cit.*, p. 107.

p. 121. *les Britanniques, prévoyants, abandonnèrent des chats* : David Cameron Duffy, Paula Capece, « Biology and Impacts of Pacific Island Invasive Species. 7. The Domestic Cat (*Felis catus*) », *Pacific Science*, 66, n° 2, 2012, p. 173-212.

p. 121. *certains chats parvinrent à barboter jusqu'au rivage* : Abbott, « Origin and spread of the cat... », *op. cit.*

p. 121. *« Nos chats [...] ont suscité chez eux une stupéfaction toute particulière »* : *ibid.*

p. 122. *Chez les Samoans « naquit une passion pour les chats »*: Duffy et Capece, « Biology and Impacts of Pacific Island Invasive Species », *op. cit.*

p. 122. *Aux îles Ha'apai, des autochtones volèrent deux des chats* : Journal du capitaine Cook, http://www.captaincooksociety.com/home/detail/225-years-ago-april-june-1777.

p. 122. *À Erromango, les indigènes échangèrent du bois de santal* : Duffy et Capece, « Biology and Impacts of Pacific Island Invasive Species », *op. cit.*

p. 122. *adorables animaux de compagnie* : Abbott, « Origin and spread of the cat... », *op. cit.*

p. 122. *Dans les années 1840, on décrivit des natifs australiens* : Ian Abbott, « The spread of the cat, *Felis catus*, in Australia : re-examination of the current conceptual model with additional information », *Conservation Science Western Australia*, 7, n° 2, 2008, p. 1-17.

p. 122. *en 2006, par exemple, on pense que douze chiens sauvages* : Megan Gannon, « Don't Just Blame Cats : Dogs Disrupt Wildlife, Too », live-science.com, 21 février 2013.

p. 122. *Mais il s'avère que les chiens* : Zeder, « Pathways to Animal Domestication », *op. cit.*, p. 238-239.

p. 123. *des géniteurs hors pair* : Cupps, *Reproduction in Domestic Animals*, *op. cit.*, p. 542-544.

p. 123. *un couple de chats pourrait produire 354 294 descendants* : Engels, *Classical Cats*, *op. cit.*, p. 8.

p. 123. *Dans la vraie vie, cinq chats...* : R. J. Van Aarde, « Distribution and density of the feral house cat *Felis catus* on Marion Island », *South African Journal of Antarctic Research*, 9, 1979, p. 14-19.

p. 124. *Les mères chattes enseignent* : Bradshaw, *Cat Sense*, *op. cit.*, p. 86-88.

p. 124. *« Le comportement des chatons en train de jouer »* : Thomas, *The Tribe of Tiger*, *op. cit.*, p. 7.

p. 124. *chassent plus de 1 000 espèces différentes* : Entretien avec Christopher Lepczyk sur des recherches en cours.

p. 124. *Ils peuvent régner sur un territoire de plusieurs kilomètres carrés* : Jeff A. Horn, Nohra Mateus-Pinilla, Richard E. Warner, Edward J. Heske, « Home range, habitat use, and activity patterns of free-roaming domestic cats », *Journal of Wildlife Management,* 75, nº 5, 2011, p. 1177-1185.

p. 125. *peuvent partir en chasse le jour* : « Stopping the slaughter : fighting back against feral cats », *Wildlife Matters*, été 2012-2013, p. 4-8.

p. 126. *À Bristol, en Angleterre* : Philip J. Baker, Susie E. Molony, Emma Stone, Innes C. Cuthill, Stephen Harris, « Cats about town : is predation by free-ranging pet cats *Felis catus* likely to affect urban bird populations ? », *Ibis*, 150, suppl. sl, août 2008, p. 86-99.

p. 126. *Dans des villes comme Rome* : Olof Liberg, Mikael Sandell, Dominique Pontier, Eugenia Natoli, « Density, spatial organization and reproductive tactics in the domestic cat and other felids », in *The Domestic Cat*, *op. cit.*, p. 121-124.

p. 126. *Dans certains endroits, il y a même plus de chats que d'oiseaux adultes* : Victoria Sims, Karl Evans, Stuart E. Newson, Jamie A. Tratalos, Kevin J. Gaston, « Avian assemblage structure and domestic cat densities in urban environments », *Diversity and Distributions*, 14, mars 2008, p. 387-399.

p. 127. *On appelle ce phénomène l'hyperprédation* : Frank Courchamp, Michel Langlais, and George Sugihara, « Rabbits killing birds : modelling the hyperpredation process », *Journal of Animal Ecology*, 69, 2000, p. 154-164.

p. 128. *un oiseau « mystérieux, incapable de voler »* : « Guam Rail », U.S. Fish and Wildlife Service, Pacific Islands Fish and Wildlife Office, www.fws.gov/pacificislands/fauna/guamrail.html.

p. 128. *L'île subantarctique de Kerguelen* : Leon van Eck, « The Kerguelen Cabbage », *Genetic Jungle*, 25 mai 2009, www.geneticjungle.com/2009/05/kerguelen-cabbage.html.

p. 128. *« un drôle de goût »* : *ibid.*

p. 129. *Leur population explosa et, en 1951* : Dominique Pontier, Ludovic Say, François Debis et al., « The diet of feral cats (*Felis catus L.*) at five sites on the Grande Terre, Kerguelen archipelago », *Polar Biology*, 25, 2002, p. 833-837.

p. 129. *En 1866, Mark Twain, un amoureux des chats* : Mark Twain, *Mark Twain's Letters from Hawaii*, sous la direction d'A. Grove Day, Honolulu, Univerisity of Hawaii Press, 1975, p. 30-31.

p. 129. *On trouve même des chats qui vivent à trois mille mètres d'altitude* : Seth Judge, « Crouching Kittens, Hidden Petrels », pacificislandparks.com., 23 octobre 2010, http://pacificislandparks.com/2010/10/23/crouching-kitten-hidden-petrels/.

p. 129. *Le puffin fouquet par exemple ne pond pas d'œufs...* : Ted Williams, « Felines Fatales », *Audubon Magazine*, septembre-octobre 2009.

p. 130. *la dernière population de kakapos* : Elizabeth Kolbert, « The Big Kill », *New Yorker*, 22 décembre 2014.

p. 131. *« l'axe du mal écologique »* : Atticus Fleming, « Chief executive's letter », *Wildlife Matters,* été 2012-2013, p. 2.

p. 131. *Dans une entreprise d'érudition assez héroïque* : Abbott, « Origin and spread of the cat... », *op. cit.*

p. 133. *Dans certains endroits, on bâtit de petites maisons* : Elizabeth A. Denny, Christopher R. Dickman, *Review of cat ecology and management strategies in Australia : A report for the Invasive Animals Cooperative Research Centre*, Sydney, Université de Sydney, 2010, http ://www.pestsmart.org.au/wp-content/uploads/2010/03/CatReport_web.pdf.

p. 133. *« Les lapins ont aidé »* : « The Feral Cat (*Felis catus*) », Australian Government, Department of Sustainability, Environment, Water, Population and Communities, www.environment.gov.au/system/files/resources/34ae02f7-9571-4223-beb0-13547688b07b/files/cat.pdf.

p. 133. *un « fléau » des chats* : in Denny, *Review of cat ecology...*, *op. cit.*

p. 133. *ces renégats de chats conspirent* : « Stopping the slaughter... », *op. cit.*

p. 133. *le carnage se poursuit* : Pour en savoir plus, voir John C. Z. Woinarski, Andrew A. Burbidge, Peter L. Harrison, *The Action Plan for Australian Mammals 2012*, Collingwood, Victoria (Australie) CSIRO Publishing, 2014.

p. 133. *Le* Leporillus conditor *ou rat architecte* : D'après un échange d'e-mails avec John Woinarski.

p. 134. *« à tolérer les chocs électriques »* : Duffy et Capece, « Biology and Impacts of Pacific Island Invasive Species », *op. cit.*

p. 134. *Dans certains endroits comme la Réserve de faune sauvage de Wongalara* : « Restoring mammal populations in northern Australia : confronting the feral cat challenge, *Wildlife Matters*, hiver 2014, p. 10-11.

p. 135. *pour que les Australiens fêtent Pâques avec des bilbys en chocolat* : « Easter Bilby », en.wikipedia.org/wiki/Easter_Bilby.

p. 135. *protégé quelques centaines de mètres carrés de leur habitat* : Brian Williams, « Feral cats wreak havoc in raid on "enclosed" refuge for endangered bilbies », *Courier-Mail*, 19 juillet 2012 ; John R. Platt, « 3,000 Feral Cats Killed to Protect Rare Australian Bilbies », scientificamerican.com, 28 mars 2013.

p. 136. *De nombreuses études suggèrent…* : Par exemple, Colin Bonnington, Kevin J. Gaston, Karl L. Evans, « Fearing the feline : domestic cats reduce avian fecundity through trait-mediated indirect effects that increase nest predation by other species », *Journal of Applied Ecology*, 50, février 2013, p. 15-24.

p. 136. *Dans les îles Phœnix, les courlis d'Alaska* : Felix M. Medina, Elsa Bonnaud, Eric Fidal, Manuel Nogales, « Underlying impacts of invasive cats on islands : not only a question of predation », *Biodiversity and Conservation*, 23, février 2014, p. 327-342.

p. 136. *Selon une étude menée dans le Maryland* : Nico Dauphiné, Robert J. Cooper, « Impacts of Free-ranging Domestic Cats (*Felis catus*) on Birds in the United States : A Review of Recent Research with Conservation and Management Recommendations », *Proceedings of the Fourth International Partners in Flight Conference : Tundra to Tropics*, 2009, p. 205-219.

p. 136. *Les chats sont vraisemblablement en train de répandre la leucémie féline* : R. Scott Nolen, « Feline leukemia virus threatens endangered panthers », *JAVMA News*, 15 mai 2004.

p. 136. *Dans les îles Baléares* : Medina et al., « Underling impacts... », *op. cit.*

p. 137. *À Hawaï, les fientes* : Williams, « Feral cats wreak havoc ».

p. 137. *« des marges d'erreur et incertitudes conséquentes »* : Natalie Angier, « That Cuddly Kitty is Deadlier Than You Think », *New York Times*, 29 janvier 2013.

p. 137. *Dans le même temps, les leçons de l'écologie* : Entretien avec Michael Hutchins.

p. 138. *le développement d'une saucisse toxique à base de kangourou* : D. Algar, N. Hamilton, M. Onus, S. Hilmer et al., « Field trial to compare baiting efficacy of Eradicat and Curiosity baits », (2011), Austrialian Government, Department of the Environment, www.environment.gov.au/system/files/resources/d242c6f1-d2ab-43de-a552-61aaaf79c92c/files/cat-bait-wa.pdf.

p. 138. *Les Australiens ont également testé le « Cat Assassin »* : Government of South Australia, Kangaroo Island Natural Resources Management Board, « Case Study : Feral cat spray tunnels trials on Kangaroo Island », www.pestsmart.org.au/wp-content/uploads/2013/11/FCCS2_cat-tunnel-trials.pdf.

p. 139. *envisagé de lâcher des diables de Tasmanie* : Ginny Stein, « Tasmanian farmers and environmentalists team up to eradicate feral cat threat », abc.net.au, 2 novembre 2014.

p. 139. *ça peut coûter jusqu'à 40 000 dollars par kilomètre carré* : Manuel Nogales, Eric Vidal, Félix M. Medina, Elas Bonnaud et al., « Feral Cats and Biodiversity Conservation : The Urgent Prioritization of Island Management », *BioScience*, 63, n° 10, 2013, p. 804-810.

p. 139. *Voici un aperçu de la marche à suivre* : John P. Parkes, Penny Mary Fisher, Sue Robinson, and Alfonso Aguirre-Muñoz, « Eradication of feral cats from large islands : an assessment of the effort required for success », *New Zealand Journal of Ecology*, 38, n° 2, 2014, p. 307-314.

p. 139. *la bataille gagnée de haute lutte contre les chats de la petite île de San Nicolas* : Steve Chawkins, « Complex effort to rid San Nicolas Island of cats declared a success », *Los Angeles Times*, 26 février 2012.

p. 140. *« exploit colossal »* : *ibid.*

p. 140. *Près de cent îles ont ainsi été nettoyées* : Nogales et al., « Feral Cats and Biodiversity Conservation… », *op. cit.*

p. 141. *ces derniers ont dévoré quarante pour cent* : Dana M. Bergstrom, Arko Lucieer, Kate Kiefer, Jane Wasley et al., « Indirect effects of invasive species removal devastate World Heritage Island », *Journal of Applied Ecology*, 46, 2009, p. 73-81.

p. 141. *Les dégâts sont tels qu'on peut les voir depuis l'espace* : Elizabeth Svoboda, « The unintended consequences of changing nature's balance », *New York Times*, 7 novembre 2009.

p. 141. *que les chercheurs ont baptisée « acceptabilité sociale »* : Steffen Oppel, Brent M. Beaven, Mark Bolton, Juliet Vickery, Thomas W. Bodey, « Eradication of Invasive Mammals on Islands Inhabited by Humans and Domestic Animals », *Conservation Biology*, 25, nº 2, 2011, p. 232-240.

5. Le lobby des chats

p. 149. *Les chiens errants ont pour la plupart été éliminés* : Voir en particulier la comparaison avec l'Inde, in Brian Palmer, « Are No-Kill Shelters Good for Cats and Dogs ? », slate.com, 19 mai 2014.

p. 150. *presque la moitié de l'ensemble des chats domestiques qui arrivent dans les refuges* : ASPCA, « Shelter Intake and Surrender : Pet Statistics », www.aspca.org/animal-homelessness/shelter-intake-and-surrender/pet-statistics.

p. 150. *près de cent pour cent des chats* : « Cat Fatalities and Secrecy in U.S. Pounds and Shelters », *Alley Cat Allies*, http://www.alleycat.org/page.aspx?pid=396.

p. 151. *« partie intégrante du paysage naturel »* : « Save The Birds », Alley Cat Allies, http://www.alleycat.org/page.aspx-?pid=1595.

p. 151. *Cette méthode consistant à stériliser puis remettre en liberté* : Elizabeth Hotlz, « Trap-Neuter-Return Ordinances and Policies in the United States : The Future of Animal Control », Law & Policy Brief, Bethesda, MD, Alley Cat Allies, 2004.

p. 151. *quelque 600 organisations à but non lucratif* : « A Quarter Century of Cat Advocacy », *Alley Cat Action*, 25, nº 2, hiver 2015.

p. 151. *À l'étranger, des pays entiers (comme l'Italie)* : D'après un échange de mails avec Eugenia Natoli, spécialiste italienne des chats.

p. 152. *Le mouvement moderne pour le bien-être animal* : Grier, *Pets in America*, *op. cit.*, p. 160-233.

p. 152. *« l'Éden domestique »* : *ibid.*, p. 197.

p. 153. *« torturer de gentils animaux domestiques »* : *ibid.*, p. 184.

p. 153. *une famille du* XVIII*e* *siècle à Philadelphie* : *ibid.*, p. 30.

p. 153. *Les chats étaient souvent exclus* : *ibid.*, p. 45.

p. 154. *Ils étaient également sous-représentés* : *ibid.*, p. 335-336.

p. 154. *Les gens avaient tendance à utiliser des noms génériques pour désigner leurs chats* : *ibid.*, p. 87.

p. 154. *l'animal familier le plus populaire en Amérique* : Vers 1930, l'Amérique importait plus de 800 000 oiseaux par an (*ibid.*, p. 318, 334). Voir aussi l'interview de Grier sur NRP : Vikki Valentine, « From Canaries to Rocks : A Hardy Pet Is a Good Pet », NPR.org, 16 mai 2007, http://www.npr.org/templates/story/story.php?storyId=10216089.

p. 154. *la plupart des municipalités se contentèrent d'ignorer les populations de chats errants* : Grier, *Pets in America*, *op. cit.*, p. 279.

p. 155. *Les gens qualifiaient les chats errants de « clochards »* : *ibid.*, p. 277.

p. 155. *Les chats furent accusés à tort* : *ibid.*, p. 380.

p. 155. *un exemple de « véritable courage humain »* : *ibid.*, p. 133.

p. 155. *Dans les années 1930, des bandes de dames bien intentionnées* : *ibid.*, p. 282.

p. 155. *En 1948, Robert Kendell* : Katherine T. Kinkead, « A Cat in Every Home », in *The Big New Yorker Book of Cats*, New York, Random House, 2013, p. 91.

p. 156. *certaines des premières colonies de chats de Londres* : Ellen

Perry Berkeley, *Maverick Cats : Encounters with Feral Cats*, Shelburne, VT, New England Press, 2001, p. 16-17.

p. 156. *en 1947, l'invention de la litière pour chats* : Paul Ford, « The Birth of Kitty Litter », bloomberg.com, 4 décembre 2014.

p. 156. *Mais des changements sociaux plus profonds impulsèrent également cette tendance* : Entretiens avec Paula Flores, directrice générale de la recherche sur les chiens de compagnie à Euromonitor International.

p. 157. *quelque chose comme 85 pour cent des chats appartenant à quelqu'un sont stérilisés ou castrés* : « Outdoor Cats : Frequently Asked Questions : Why Do People Consider Outdoor Cats a Problem ?" Humane Society of the United States, http ://www.humanesociety.org/issues/feral_cats/qa/feral_cat_FAQs.html.

p. 157. *seuls deux pour cent des chats en liberté le sont* : *ibid.*

p. 157. *la seule Californie tue environ 250 000 chats par an* : Wayne Pacelle, « A Blueprint for Ending Euthanasia of Healthy Companion Animals », Humane Society of the United States, http ://blog.humanesociety.org/wayne/2013/09/ending-euthanasia-healthy-pets-california.html.

p. 157. *Les refuges de grande capacité* : Grier, *Pets in America*, *op. cit.*, p. 277-279.

p. 158. *« Permettre à un chat ou à tout être vivant d'exister »* : Kate Hurley, « Making the Case for a Paradigm Shift in Community Cat Management, Part One », Maddie's Fund, www.maddiesfund.org/makingthe-case-for-community-cats-part-one.htm.

p. 159. *À Washington, il y a des centaines de colonies contrôlées* : Lisa Grace Lednicer, « Is it more humane to kill stray cats, or let them fend alone ? », *Washington Post Magazine*, 6 février 2014.

p. 159. *À Oakland, en Californie* : Nancy Barber, « Calif. Woman Fixes and Feeds 24 Cat Colonies », pawnation.com, 22 janvier 2014.

p. 159. *En plus de la nourriture* : Voir un exemple dans « Coyotes, Pets, and Community Cats : Protecting feral cat colonies », Humane Society of the United States, http ://www.humanesociety.org/animals/coyotes/tips/coyotes_pets.html.

p. 160. *abriter leurs chats en cas de risques de submersion* : « Be Prepared for Disasters », Alley Cat Allies, http://www.alleycat.org/disastertips.

p. 161. *les deux camps se prennent le bec au moins depuis 1870* : Grier, *Pets in America*, *op. cit.*, p. 294-295.

p. 161. *les observer dans la nature est un passe-temps de plus en plus populaire* : Melissa Milgrom, « The Birding Effect », *Nature Conservancy*, mai-juin 2013.

p. 162. *« Le monde de l'autre côté de votre porte d'entrée peut être brutal »* : American Bird Conservancy, « Cats, Birds and You », https://abcbirds.org/program/cats-indoors/.

p. 162. *L'argumentaire de l'autre tract pour « Cats Indoors » est loin d'être aussi tendre* : American Bird Conservancy, « Trap, Neuter, Release (TNR) : Bad for Birds, Bad for Cats ».

p. 163. *un chercheur du Centre des oiseaux migratoires du Smithsonian* : Benjamin R. Freed, « Nico Dauphine Sentenced for Attempting to Kill Feral Cats », dcist.com, 15 décembre 2011 ; Bruce Barcott, « Kill the Cat That Kills the Bird ? », *New York Times Magazine*, 2 décembre 2007.

p. 163. *Un journaliste du magazine Audubon* : Christine Haughney, « Writer, and Bird Lover, at Center of a Dispute About Cats Is Reinstated », *New York Times*, 26 mars 2013.

p. 163. *« syndrome de Noé, sans les murs »*: Lepczyk et al., « What Conservation Biologists… », *op. cit.*

p. 164. *on estime qu'il faudrait capturer et opérer 71 à 94 pour cent* : Travis Longcore, Catherine Rich, Lauren M. Sullivan , « Critical Assessment of Claims Regarding Management of Feral Cats by Trap-Neuter-Return », *Conservation Biology*, 23, n° 4, 2009, p. 887-894.

p. 165. *Les sceptiques soutiennent également* : Robert J. McCarthy, Stephen H. Levine, J. Michael Reed, « Estimation of effectiveness of three methods of feral cat population control by use of a simulation model », *Journal of the American Veterinary Medical Association*, 243, n° 4, 2013, p. 502-511.

p. 169. *Selon un sondage de l'Associated Press en 2011* : Sue Manning, « AP-Petside.com Poll : 7 in 10 pet owners : Shelters should kill only animals too sick or aggressive for adoption », *Associated Press*, 5 janvier 2012.

p. 170. *Plus de 40 millions de ménages américains possèdent des chats* : *American Pet Products Association 2013-2014 Survey*, p. 6.

p. 171. *Le* Washington Post *fut appelé sur place* : Annie Gowen, « Wild Cats at Chantilly Trailer Park To Be Trapped, Probably Killed », Breaking News (blog), *Washington Post*, 12 mars 2008.

p. 171. *après trois jours de mauvaise « publicité locale et nationale »* : Annie Gowen, « Deal Reached to Keep Feral Cats », Breaking News (blog), *Washington Post*, 15 mars 2008.

p. 172. *le site internet propose un kit d'outils développés à cette fin* : Alley Cat Allies, Advocacy Toolkit, http://www.alleycat.org/sslpage.aspx-?pid=1552.

p. 172. *« Madame Harper, sensibiliser au bien-être des chats sert l'image de votre mari »* : « Laureen Harper interrupted by Toronto activist at cat video festival », CBC News, 18 avril 2004, http://www.cbc.ca/news/canada/toronto/laureen-harper-interrupted-by-toronto-activist-at-cat-video-festival-1.2614936.

p. 174. *Un accrochage sur Twitter s'ensuivit* : On peut en lire des extraits sur Christie Keith, « Michigan Mayor Taunts Cat Lovers on Twitter », petconnection.com, 14 février 2014.

p. 178. *une image qui va me hanter pendant des jours* : Hurley, « Making the Case for a Paradigm Shift », *op. cit.*

p. 178. *La principale menace* : Philip H. Kass, « Cat Overpopulation in the United States », in *The Welfare of Cats*, sous la direction d'Irene Rochlitz, Dordrecht, Springer, 2007, p. 119.

p. 179. *Un modèle montre que l'abattage* : McCarthy et al., « Estimation of effectiveness of three methods of feral cat population control », *op. cit.*

p. 180. *vient de proposer un Plan d'action pour la faune sauvage* : Andrew Giambrone, « District May Target Feral Cats as Part of Wildlife Action Plan », *Washington City Paper*, 1er septembre 2015.

p. 180. *Une des solutions proposées* : McCarthy et al., « Estimation of effectiveness of three methods of feral cat population control », *op. cit.*

6. Le chat passe au scanner

p. 185. *d'une personne sur trois* : Jaroslav Flegr, Joseph Prandota, Michaela Sovi*f*çková, Zafar H. Isarili, « Toxoplasmosis—A Global Threat. Correlation of Latent Toxoplasmosis with Specific Disease Burden in a Set of 88 Countries », *PLOS ONE*, mars 2014.

p. 185. *parmi lesquelles 60 millions d'Américains* : Centers for Disease Control and Prevention, « Parasites-Toxoplasmosis (*Toxoplasma infection*) », www.cdc.gov/parasites/toxoplasmosis/.

p. 186. *le parasite le plus prospère que le monde ait jamais connu* : Carl Zimmer, *Parasite Rex : Inside the Bizarre World of Nature's Most Dangerous Creatures*, New York : Atria, 2000, p. 195.

p. 189. *Les parasites qui nichent dans le cerveau sèment pratiquement toujours la dévastation* : Holly Yan, « Brain-eating amoeba kills 14-year-old star athlete », CNN.com, 31 août 2015.

p. 190. *Le taux d'infection américain se situe quelque part entre* : Dolores E. Hill, J.P. Dubey, Rachel C. Abbott, Charles van Riper III, Elizabeth A. Enright, *Toxoplasmosis*, Circular 1389, Reston, U.S. Geological Survey, 2014, p. 10.

p. 190. *la Corée du Sud est sans doute le pays où la toxoplasmose est la moins présente* : João M. Furtado, Justine R. Smith, Rebens Belfort, Jr., and Kevin L. Winthrop, « Toxoplasmosis : A Global Threat », *Journal of Global Infectious Diseases*, 3, n° 3, 2011, p. 281-284.

p. 191. *En 1938, des pathologistes de l'Hôpital des bébés de New York* : J.P. Dubey, « History of the discovery of the life cycle of *Toxoplasma gondii* », *International Journal for Parasitology*, 39, n° 8, 2009, p. 877-882 ; J.P. Dubey, « Transmission of *Toxoplasma gondii* — From land to sea, a personal perspective », in *A Century of Parasitology : Discoveries, Ideas and Lessons Learned by Scientists Who Published in The Journal of Parasitology, 1914-2014*, John Janovy, Jr. et Gerald W. Esch, Chichester (UK), Wiley-Blackwell, 2016, p. 148.

p. 193. *on ne constate même pas de taux d'infection inhabituels chez la plupart des propriétaires de chat* : Marion Vittecoq, Kevin D. Lafferty,

Eric Elguero et al., « Cat ownership is neither a strong predictor of Toxoplasma gondii infection, nor a risk factor for brain cancer », *Biology Letters*, 8, n° 6, 2012, p. 1042.

p. 193. *Ce sont les chats vivant en extérieur* : Hill et al., *Toxoplasmosis*, *op. cit.*, p. 56.

p. 193. *les chercheurs estiment que un pour cent des chats et chatons* : Dubey, « Transmission of *Toxoplasma gondii* », à paraître.

p. 194. *environ quatre-vingts pour cent des ours noirs de Pennsylvanie* : Nancy Briscoe, J. G. Humphreys, J.P. Dubey, « Prevalence of *Toxoplasma gondii* Infections in Pennsylvania Black Bears, *Ursus americanus* », *Journal of Wildlife Diseases*, 29, n° 4, 1993, p. 599-601.

p. 194. *près de la moitié des cervidés d'Ohio* : S. C. Crist, R. L. Stewart, J. P. Rinehart, G. R. Needham, « Surveillance for *Toxoplasma gondii* in the white-tailed deer (*Odocoileus virginianus*) in Ohio », *Ohio Journal of Science*, 99, n° 3, 1999, p. 34-37.

p. 195. *Une étude indienne a montré* : Dubey, « History of the Discovery… », *op. cit.*

p. 195. *Une épidémie bien connue a éclaté* : Judith Isaac-Renton, William R. Bowie, Arlene King et al., « Detection of *Toxoplasma gondii* Oocysts in Drinking Water », *Applied and Environmental Microbiology*, 64, n° 6,1998, p. 2278-2280.

p. 195. *Une autre épidémie de toxoplasmose abondamment étudiée* : J.P. Dubey, J. L. Jones, « *Toxoplasma gondii* infection in humans and animals in the United States », *International Journal for Parasitology*, 38, n° 11, 2008, p. 1257-1278.

p. 196. *On retrouve aujourd'hui ce parasite jusqu'au nord du cercle arctique* : Ian Sample, « Public health warning as cat parasite spreads to Arctic beluga whales », *Guardian*, 14 février 2014.

p. 196. *Les colons européens qui faisaient voile vers le Brésil* : Tovi Lehmann, Paula L. Marcet, Doug H. Graham, Erica R. Dahl, J.P. Dubey, « Globalization and the population structure of *Toxoplasma gondii* », *Proceedings of the National Academy of Sciences* 103, n° 30, 2006, p. 11423-11428.

p. 198. *comme le chat domestique lui-même* : Je suis redevable ici à Vern

Carruthers de l'université du Michigan de m'avoir expliqué les activités de *Toxoplasma* dans le corps humain, ainsi qu'à Mikhail Pletnikov de l'université Johns-Hopkins et à Wendy Ingram de l'université de Californie, à Berkeley.

p. 199. *Voilà l'idée qui a servi de point de départ à une série d'expériences sensationnelles* : M. Berdoy, J. P. Webster, D. W. Macdonald, « Fatal Attraction in rats infected with *Toxoplasma gondii* », *Proceedings of the Royal Society*, B 267, n° 1452, 2000, p. 1591-1594 ; Zimmer, *Parasite Rex*, *op. cit.*, p. 92-94.

p. 201. *les chimpanzés infectés par la toxoplasmose* : Clémence Poirotte, Peter M. Kappeler, Barthelemy Ngoubangoye, Stéphanie Bourgeois, Maick Moussodji, Marie J. E. Charpentier, « Morbid attraction to leopard urine in Toxoplasma-infected chimpanzees », *Current Biology*, 26, n° 3, 2016, R98-R99.

p. 202. *les personnes atteintes de toxoplasmose ont un taux de suicide plus élevé* : Vinita J. Ling, David Lester, Preben Bo Mortensen et al., « *Toxoplasma gondii* Seropositivity and Suicide rates in Women », *The Journal of Nervous and Mental Disease*, 199, n° 7, 2011, p. 440-444.

p. 202. *des taux [...] d'homicide plus importants* : David Lester, « *Toxoplasma gondii* and Homicide », *Psychological Reports*, 111, n° 1, 2012, p. 196-197.

p. 202. *Le même pic apparaît dans les statistiques d'accidents de voiture* : Jaroslav Flegr, « Effects of *Toxoplasma* on Human Behavior », *Schizophrenia Bulletin*, 33, n° 3, 2007, p. 757-760.

p. 202. « *Si vous prenez un humain infecté par la toxoplasmose* » : « Toxo : A Conversation with Robert Sapolsky », *Edge*, 2 décembre 2009, edge.org/conversation/robert_sapolsky-toxo.

p. 203. *les loutres de mer positives à la toxoplasmose* : C. Kreuder, M. A. Miller, D. A. Jessup et al., « Patterns of Mortality in Southern Sea Otters (*Enhydra lutris nereis*) from 1998-2001 », *Journal of Wildlife Diseases*, 39, n° 3, 2003, p. 495-509.

p. 204. *Jusqu'à trente pour cent des malades du sida* : Hill et al., *Toxoplasmosis*, *op. cit.*, p. 23.

p. 204. *des recherches encore plus édifiantes* : Kathleen McAuliffe, « How Your Cat is Making You Crazy », *Atlantic*, mars 2012.

p. 205. *Il était sans doute inévitable* : Jaroslav Flegr, Pavlina Lenochová, Zdenek Hodný, Marta Vondrová, « Fatal Attraction Phenomenon in Humans-Cat Odour Attractiveness Increased for *Toxplasma*-Infected Men While Decreased for Infected Women », *PLOS Neglected Tropical Diseases*, novembre 2011.

p. 205. *pourrait expliquer notre goût pour le sauvignon blanc* : Patrick House, « The Scent of a Cat Woman », slate.com, 3 juillet 2012.

p. 205. *le pays du monde qui présente le plus fort pourcentage de gens possédant des chats* : Karla Adam, « Cat wars break out in New Zealand », *Guardian*, 21 mai 2013.

p. 205. *le taux de toxoplasmose au niveau national atteint les quarante pour cent* : Matthew Theunissen, « Disease carried by cats not so "trivial'-researchers », New Zealand Herald, Jan. 29, 2013.

p. 207. *« De telles quantités de chats sont sans précédent dans l'histoire »* : E. Fuller Torrey, Robert H. Yolken, « *Toxoplasma* oocysts as a public health problem », *Trends in Parasitology*, 29, n° 8, 2013, p. 380-384.

p. 207. *« l'ascension du chat comme animal de compagnie »* : E. Fuller Torrey, Judy Miller, *The Invisible Plague : The Rise of Mental Illness from 1750 to the Present*, New Brunswick, NJ, Rutgers University Press, 2007, p. 332-333.

p. 207. *Yolken et Torrey introduisirent cette idée* : E. Fuller Torrey, Robert H. Yolken, « Could Schizophrenia Be a Viral Zoonosis Transmitted From House Cats ? », *Schizophrenia Bulletin*, 21, n° 2, 1995, p. 167-171.

p. 208. *Plus tard, les chercheurs ont reproduit cette étude* : R. H. Yolken, F. B. Dickerson, E. Fuller Torrey, « Toxoplasma and schizophrenia », *Parasite Immunology*, 31, n° 11, 2009, p. 706-715.

p. 209. *qui affecte environ un pour cent de la population américaine* : « Schizophrenia-Fact Sheet », Treatment Advocacy Center, « Eliminating Barriers to the Treatment of Mental Illness », www.treatmentadvocacycenter.org/problem/consequences-of-non-treatment/schizophrenia.

p. 209. *Mais Yolken et Torrey pensent* : pour une excellente documentation, voir « Toxoplasma-Schizophrenia Research », Stanley Medical Research Institute, www.stanleyresearch.org/patient-and-provider-resources/toxoplasmosis-schizophrenia-research/.

p. 213. *certains pays, comme le Brésil* : Kevin D. Lafferty, « Look what the cat dragged in : do parasites contribute to human cultural diversity ? », *Behavioural Processes*, 68, 2005, p. 279-282 ; Patrick House, « Landon Donovan Needs a Cat », slate.com, 1er juillet 2010.

p. 213. *Toxoplasma est un problème majeur dans l'Égypte contemporaine* : Y. M. Al-Kappany, C. Rajendran, L. R. Ferreira et al., « High Prevalence of Toxoplasmosis in Cats from Egypt : Isolation of Viable *Toxoplasma gondii*, Tissue Distribution, and Isolate Designation », *Journal of Parasitology*, 96, n° 6, 2010, p. 1115-1118.

p. 214. *Avant de découvrir qu'une autre équipe de chercheurs* : Rabat Khairat, Markus Ball, Chun-Chi Hsieh Chang et al., « First insights into the metagenome of Egyptian mummies using next-generation sequencing », *Journal of Applied Genetics*, 54, n° 3, 2013, p. 309-325.

7. La litière de Pandore

p. 217. *la plus grande qui existe pour le marché des animaux de compagnie, qui pèse 58 milliards de dollars* : « Pet Industry Market Size & Ownership Statistics », American Pet Products Association, www.americanpetproducts.org/press_industrytrends.asp.

p. 217. *Il n'y a pas si longtemps, il n'existait pas vraiment de « produits » pour chats* : Grier, *Pets in America*, *op. cit.*, p. 22, 102, 122, 377.

p. 218. *Encore jusque dans les années 1960* : Kathleen Szasz, *Petishism ? Pets and their People in the Western World*, New York : Holt, Rhinehart and Winston, 1968, p. 193.

p. 218. *Les Américains dépensent aujourd'hui 6,6 milliards de dollars par an* : 2012 Euromonitor data.

p. 219. *« On a déjà vu des chats persans abandonner... »* : Van Vechten, *The Tiger in the House*, *op. cit.*, p. 14.

p. 219. *Mais de nos jours, plus de soixante pour cent* : Rapport de l'APPA, p. 174.

p. 220. *Et les études les plus récentes suggèrent* : Jennifer L. McDonald, Mairead Maclean, Matthew R. Evans, Dave J. Hodgson, « Reconciling actual and perceived rates of predation by domestic cats », *Ecology and Evolution*, 5, n° 14, juillet 2015, p. 2745-2753 ; Angier, « That Cuddly Kitty… », *op. cit.*

p. 223. *dans le cadre d'une étude récente, des chercheurs* : Manuela Wedl, Barbara Bauer, Dorothy Gracey, et al., « Factors influencing the temporal patterns of dyadic behaviours and interactions between domestic cats and their owners », Behavioural Processes 86, n° 1, 2011, p. 58-67.

p. 224. *L'étude révolutionnaire dans ce domaine* : Erika Friedmann, Aaron Honori Katcher, James L. Lynch, Sue Ann Thomas, « Animal Companions and One-Year Survival of Patients After Discharge From a Coronary Care Unit », *Public Health Reports*, 95, n° 4, 1980, p. 307-312.

p. 224. *« Un animal de compagnie peut constituer un médicament miracle »* : Marty Becker, *The Healing Power of Pets : Harnessing the Amazing Ability of Pets to Make and Keep People Happy and Healthy*, New York, Hyperion, 2002, p. 64.

p. 225. *Beaucoup de gens (presque vingt pour cent…* : Serpell, « Domestication and History of the Cat », *op. cit.* (En revanche, moins de trois pour cent n'aimaient pas les chiens.)

p. 226. *des études suggèrent que ces bestioles cherchent parfois* : Bradshaw, *Cat Sense*, *op. cit.*, p. 235.

p. 226. *Quand Erika Friedmann a reproduit* : Erika Friedmann, Sue A. Thomas, « Pet Ownership, Social Support, and One-Year Survival After Acute Myocardial Infarction in the Cardiac Arrhythmia Suppression Trial (CAST) », *American Journal of Cardiology*, 15, décembre 1995, p. 1213-1217. (Hal Herzog et Alan Beck, lors de nos entretiens, m'ont aimablement aiguillée vers cette fascinante étude.)

p. 226. *Une étude de suivi plus récente* : G. B. Parker, Aimee Gayed, C. A. Owen, Gabriella A. Heruc, « Survival following an acute coronary syndrome : A pet theory put to the test », Acta Psychiatrica Scandinavica 121, n° 1, 2010, p. 65-70.

p. 226. *Si une étude américaine des dossiers Medicaid* : Judith M. Siegel, « Stressful Life Events and Use of Physician Services among the Elderly : The Moderating Role of Pet Ownership », *Journal of Personality and Social Psychology*, 58, n° 6, 1990, p. 1081-1086.

p. 227. *une étude hollandaise a conclu* : Mieke Rijken, Sandra van Beek, « About Cats and Dogs . . . Reconsidering the Relationship Between Pet Ownership and Health Related Outcomes in Community-Dwelling Elderly », *Social Indicators Research*, 102, juillet 2011, p. 373-388.

p. 227. *Un autre groupe de scientifiques* : Erika Friedmann, Sue A. Thomas, Heesook Son, Deborah Chapa, Sandra McCune, « Pet's Presence and Owner's Blood Pressures during the Daily Lives of Pet Owners with Pre- to Mild Hypertension », *Anthrozoös*, 26, décembre 2013, p. 535-550.

p. 227. *Une étude norvégienne particulièrement accablante* : Ingela Enmarker, Ove Hellzén, Knut Ekker, Ann-Grethe Berg, « Health in older cat and dog owners : The Nord-Trondelag Health Study (HUNT)-3 study », *Scandinavian Journal of Public Health*, 40, décembre 2012, p. 718-724.

p. 229. *Une étude indique* : K. Robin Yabroff, Richard P. Troiano, David Berrigan, « Walking the Dog : Is Pet Ownership Associated with Physical Activity in California ? », *Journal of Physical Activity and Health*, 5, mars 2008, p. 216-228.

p. 229. *Une autre a montré que sur 210 minutes d'observation* : Penny L. Bernstein, Erika Friedmann, « Social behaviour of domestic cats in the human home », in *The Domestic Cat*, *op. cit.*, p. 73.

p. 229. *Une étude japonaise a démontré* : Atusko Saito, Kazutaka Shinozuka, « Vocal recognition of owners by domestic cats (*Felis catus*) », *Animal Cognition*, 16, n° 4, 2013, p. 685-690.

p. 231. *d'après les conclusions récentes de chercheurs japonais* : Jan Hoffman, « The Look of Love Is in the Dog's Eyes », *New York Times*, 16 avril 2015.

p. 232. *« Les chats semblent très peu, voire pas du tout capables d'apprécier instinctivement »* : Bradshaw, *Cat Sense*, *op. cit.*, p. 132.

p. 233. *« Malgré des années de recherche »* : *ibid.*, p. 199.

p. 233. *Une étude a montré que les propriétaires de chats n'étaient même pas capables…* : N. Courtney, Deborah Wells, « The discrimination of cat odours by humans », *Perception*, 31, 2002, p. 511-512.

p. 234. *« défaut de compétences sociales »* : Bradshaw, *Cat Sense*, *op. cit.*, p. XIV.

p. 234. *« Honeybun déborde tellement d'amour »* : in Janet Alger, Steven Alger, *Cat Culture : The Social World of a Cat Shelter*, Philadelphie, Temple University Press, 2002, p. 17.

p. 235. *« Le fait d'intégrer une plainte »* : in « Cats Do Control Humans, Study Finds », livescience.com, 13 juillet 2009.

p. 236. *Plutôt que d'« apprendre une règle commune »* : Sarah Ellis, « Human classification of context-related vocalisations emitted by known and unknown domestic cats (*Felis catus*) » (extrait de « The Arts & Sciences of Human-Animal Interaction Conference 2012 literature »).

p. 236. *Une enquête a même montré* : Bernstein, Friedmann, « Social behaviour of domestic cats…, *op. cit.*, p. 78.

p. 236. *Par exemple, les chats domestiques sont capables de renoncer* : Giupseppe Piccione, Simona Marafioti, Claudia Giannetto, Michele Panzera, Francesco Fazio, « Daily rhythm of total activity pattern in domestic cats (*Felis silvestris catus*) maintained in two different housing conditions », *Journal of Veterinary Behavior*, 8, n° 4, 2013, p. 189-194.

p. 237. *il existe également une étude qui fait froid dans le dos* : Melissa R. Shyan-Norwalt, « Caregivers' Perceptions of What Indoor Cats Do "For Fun" », *Journal of Applied Animal Welfare Science*, 8, n° 3, 2005, p. 199-209.

p. 238. *La plupart des foyers dotés de chats en possèdent plus d'un* : Rapport de l'APPA, p. 169. (Le nombre est 2,11.)

p. 238. *selon une étude, les chats d'une même maisonnée* : J. L. Stella,

C. A. T. Buffington, « Individual and environmental effects on health and welfare », in *The Domestic Cat*, *op. cit.*, p. 196.

p. 238. *d'autres sont littéralement allergiques à nous* : Maryann Mott, « Coughing Cats May Be Allergic to People, Vets Say », *National Geographic News*, 25 octobre 2005.

p. 239. *n'aiment pas non plus croiser celui des humains* : Stella, Buffington, « Individual and environmental effects... », *op. cit.*, p. 197.

p. 239. *En étudiant leur stress, grâce à des mesures du taux de cortisol* : « Stroking could stress out your cat », University of Lincoln, 7 octobre 2013, www.lincoln.ac.uk/news/2013/10/772.asp.

p. 239. *« Par exemple, quand deux chats d'une maisonnée »* : « Understanding Cat Aggression Toward People », SPCA of Texas, http :// www.spca.org/document.doc ?id=38.

p. 239. *Un enregistrement de l'appel* : Stuart Tomlinson, « Aggravated cat is subdued by Portland police after terrorizing family », *Oregonian*, 10 mars 2014.

p. 240. *En 2008, un article du New York Times* : James Vlahos, « Pill-Popping Pets », *New York Times Magazine*, 13 juillet 2008.

p. 240. *Selon une étude, presque la moitié* : D. Ramos, D. S. Mills, « Human directed aggression in Brazilian domestic cats : owner reported prevalence, contexts and risk factors », *Journal of Feline Medicine and Surgery*, 11, n° 10, 2009, p. 835-841.

p. 241. *figure le syndrome dit de Tom et Jerry* : Jasper Copping, « Cats suffering from "Tom and Jerry" syndrome », *Telegraph*, 1er décembre 2013.

p. 244. *« un confinement trop strict dans la maison »* : Stella, Buffington, « Individual and environmental effects... », *op. cit.*, p. 188.

p. 248. *« odeurs potentiellement désagréables »* : *ibid.*, p. 198.

p. 248. *les chats trouvent les travaux de décoration particulièrement stressants* : « New Furniture », Feliway, www.feliway.com/uk/What-causes-cat-stress-oranxiety/New-Furniture-and-redecorating.

p. 248. *un site internet consacré au bien-être animal suggère d'emprunter un véritable nourrisson* : « Preparing Your Pet For Baby's Arrival », www.ddfl.org/sites/default/files/ behaviorbabyprep.pdf.

p. 248. *« source de confusion et de crainte »* : « The Indoor Cat Initiative », www.vet.ohio-state.edu/assets/pdf/education/ courses/vm720/topic/indoorcatmanual.pdf.

p. 251. *« Ne pas vouloir de litière dans son salon »* : Jackson Galaxy, Kate Benjamin, *Catification : Designing a Happy and Stylish Home for Your Cat (and You !)*, New York, Jeremy P. Tarcher/Penguin, 2014, p. 2-3.

p. 251. *« Tous les parents ont des rêves »* : *ibid.*, p. 42.

p. 252. *« Beth et George »* : *ibid.*, p. 175.

p. 252. *« Quand vous réfléchissez à chatifier »* : *ibid.*, 171.

p. 253. *« Nous voulions conserver un décor »* : *ibid.*, p. 208-209.

p. 253. *Les bars à chats sont d'abord apparus à Taïwan* : Lorraine Plourde, « Cat Cafés, Affective Labor, and the Healing Boom in Japan », *Japanese Studies*, 34, n° 2, 2014, p. 115-133.

p. 254. *« Espaces foncièrement domestiques »* : *ibid.*

p. 255. *« un nœud ou intermédiaire »* : *ibid.*

p. 255. *« un protocole de soins exceptionnellement rigoureux »* : « The Sunshine Home Frequently Asked Questions », www.thesunshinehome.com/faq.html#question08.

8. Lions, tigres de poche et chats-garous

p. 264. *« Cette chose a essayé de s'en prendre à mon bébé, mec »* : Ryan Garza, « Big cat has northeast Detriot neighborhood on edge », Detroit Free Press video, www.youtube.com/watch ?v=ciY29m9ZaWw.

p. 265. *« le concept même »* : Grier, *Pets in America*, *op. cit.*, p. 33.

p. 266. *quand c'était le cas* : Ritvo, *The Animal Estate*, *op. cit.*, p. 116.

p. 266. *« habitudes vagabondes et nocturnes »* : Darwin, *De la variation des animaux et des plantes*, *op. cit.*, t. 1.

p. 267. *« De combien de railleries »* : Frances Simpson, *The Book of the Cat*, Londres, Cassell, 1903, p. viii ; online : archive.org/stream/bookofcatsimpson00simprich/bookofcatsimpson00simprich_djvu.txt.

p. 267. *« Je me sentais un peu nerveux et même plus encore »* : Harrison

Weir, *Our Cats and All About Them*, Turnbridge Wells, R. Clements, 1889, p. 3.

p. 267. *« d'un bout à l'autre »* : *ibid.*, p. 5.

p. 267. *dans des paniers à margarine* : Simpson, *The Book of the Cat*, *op. cit.*, p. 58.

p. 267. *certains précurseurs de l'élevage de chats de race aspergeaient* : Sarah Hartwell, « A History of Cat Shows in Britain », messybeast.com/showing.htm.

p. 268. *« La plupart des races de chats ont été des créations verbales plutôt que des constructions biologiques »* : Ritvo, *The Animal Estate*, *op. cit.*, p. 120.

p. 268. *La première exposition féline américaine* : Grier, *Pets in America*, *op. cit.*, p. 49.

p. 269. *toujours « un choix intentionnel, car quel que soit le manteau externe »* : John Jennings, *Domestic and Fancy Cats : A Practical Treatise on Their Varieties, Breeding, Management, and Disease*, Londres, L.U. Gill, 1901, p. 10.

p. 269. *Une des premières éleveuses de persans* : Simpson, *The Book of the Cat*, *op. cit.*, p. 98.

p. 269. *lémurien maki catta* : Hartwell, « A History of Cat Shows… » (3e partie).

p. 270. *Quelques races naturelles* : Driscoll et al., « The Taming of the Cat », *op. cit.*.

p. 272. *la proportion faramineuse de soixante pour cent* : Rapport de l'APPA, p. 62.

p. 272. *moins de deux pour cent de la population mondiale* : Baker et al., « Domestic Cat… », *op. cit.*, p. 158 ; J. D. Kurushima, M. J. Lipinski, B. Gandolfi et al., « Variation of cats under domestication : genetic assignment of domestic cats to breeds and worldwide random-bred populations », *Animal Genetics*, 44, n° 3, 2013, p. 311-324.

p. 276. *parmi lesquels le cornish rex* : Sarah Hartwell, « Breeds and Mutations Timeline », messybeast.com/breeddates. htm

p. 276. *« saucisses mutantes »* : « A Cat Fight Breaks Out Over a Breed », New York Times, July 23, 1995.

p. 286. *Mon diable de chat* : « Thrill-seeking Savannahs Threaten Owner's Skydiving Gear », AnimalPlanet. com, www.animalplanet.com/tv-shows/my-cat-from-hell/videos/thrill-seeking-savannahs-threaten-owners-skydiving-gear/.

p. 286. *Parmi les autres petits félins utilisés pour l'hybridation* : Sarah Hartwell, « Domestic X Wild Hybrids », messybeast.com.

p. 288. *Ils finissent parfois plutôt dans des réserves* : Joan Miller « Wild Cat-Domestic Cat Hybrids-Legislative and Ethical Issues » (un livre blanc), 24 janvier 2013, http://cfa.org/Portals/0/documents/minutes/20130628-transcript.pdf.

p. 288. *« tanière chauffée »* : « What Is a Hybird Cat : Domestic Bengal Policy », Wildcat Sanctuary , http://www.wildcatsanctuary.org/education/species/hybrid-domestic/what-is-a-hybrid-domestic/.232 Notes

p. 288. *installer une barricade sur mesure avec un angle de quarante-cinq degrés au sommet* : Ben Baugh, « Cat Sanctuary home to a variety of hybrids », *Aiken Standard*, 12 janvier 2014.

p. 288. *Un jour d'octobre un spécimen d'hybride tacheté* : Kelly Bayliss, « Boo is Back ! Missing African Savannah Cat Found Safe », NBCPhiladelphia.com, 30 octobre 2014.

p. 290. *De la même manière, il paraît que les chats roux dominent* : John C. Z. Woinarski, Andrew A. Burbidge, Peter L. Harrison, *The Action Plan for Australian Mammals 2012*, Collingwood, Victoria (Australie), CSIRO Publishing, 2014.

p. 291. *Pour confirmer qu'ils tuaient* : Diane K. Brockman, Laurie R. Godfrey, Luke J. Dollar, Joelisoa Ratsirarson, « Evidence of Invasive *Felis silvestris* Predation on *Propithecus verreauxi* at Beza Mahafaly Special Reserve, Madagascar », *International Journal of Primatology*, 29, février 2008.

p. 292. *où l'on trouve déjà trace de telles rumeurs* : Abbott, « Origin and spread of the cat… », *op. cit.*

p. 292. *Des animaux semblables aux chats ont développé ce genre de quenottes* : Brian Switek, « How evolution could bring back the sabercat », io9, 4 octobre 2013, http://io9.gizmodo.com/how-evolution-could-bring-back-the-sabercat-1441270558.

p. 294. *une étude consacrée aux chats errants en France* : Michael Mendl, Robert Harcourt, « Individuality in the domestic cat : origins, development and stability », in *The Domestic Cat*, *op. cit.*, p. 53.

p. 295. *Près de soixante pour cent des chats de compagnie américains sont en surpoids ou obèses* : « 2013 Pet Obesity Statistics », Association for Pet Obesity Prevention, www. petobesityprevention.org/2013-pet-obesity-statistics/.

p. 295. *même les rats des rues de Baltimore sont en moyenne quarante pour cent plus gros* : Alla Katsnelson, « Lab animals and pets face obesity epidemic », nature.com, 24 novembre 2010.

p. 296. *les propriétaires de chats s'obstinent à catégoriser à tort comme minces les matous les plus maousses* : Ellen Kienzle, Reinhold Bergler, « Human-Animal Relationship of Owners of Normal and Overweight Cats », *Journal of Nutrition*, 136, n° 7, 2006, p. 1947S-1950S.

p. 296. *comme le suggèrent des recherches, et comme tous ceux qui en ont le savent bien* : Dennis Turner, « The human-cat relationship », in *The Domestic Cat*, *op. cit.*, p. 196-197.

p. 296. *Selon une estimation assez vertigineuse* : Herzog, *Some We Love*, *op. cit.*, p. 6.

9. Neuf vies virtuelles

p. 300. *ces chats engrangeraient jusqu'à un million de dollars par an* : Katie Van Syckle, « Grumpy Cat », *New York*, 29 septembre 2013.

p. 302. *un taux de précision de 74,8 pour cent* : Liat Clark, « Google's Artificial Brain Learns to Find Cat Videos », WiredUK, wired.com, 26 juin 2012.

p. 302. *Une étude récente a montré* : Rhiannon Williams, « Cat photos more popular than the selfie », *Telegraph*, 19 février 2014.

p. 303. *« Déplace la mire et tire… »* : « Feral cat phone app launch », abc.net.au, 1er décembre 2013 ; « Feral Cat Hunter », download.com, http://download.cnet.com/Feral-Cat-Hunter /3000-20416_4-76034817. html.

p. 304. *il a répondu : « les chatons »* : Nidhi Subbaraman, « Inventor of World Wide Wide Web Surprised To Find Kittens Took It Over », nbcnews.com, 12 mars 2014.

p. 304. *« objets chats »* et *« études féministes sur les médias »* : Leah Shafer, « I Can Haz an Internet Aesthetic ?!? LOLCats and the Digital Marketplace », Northeast Popular Culture Association Conference, 2012.

p. 304. *« surveillance en entreprise »* : Radha O'Meara, « Do Cats Know They Rule YouTube ? Surveillance and the Pleasures of Cat Videos », *M/C Journal*, 17, nº 2, 2014.

p. 304. *« l'orthographe et la phonétique »* : Lauren Gawne, Jill Vaughan, « I Can Haz Language Play : The Construction of Language and Identity in LOLspeak », in *Proceedings of the 42nd Australian Linguistic Society Conference*, 2011.

p. 305. *« l'acte de création le plus stupide qui soit »* : Clay Shirky, « How cognitive surplus will change the world », Ted Talk transcript, juin 2010, www.ted.com/talks/clay_shirky_how_cognitive_surplus_-will_change_the_world/transcript ?language=en.

p. 305. *Selon des données récemment publiées par BuzzFeed* : Suzanne Choney, « Why are cats better than dogs (according to the Internet) ? », today.com, 28 avril 2012.

p. 306. *« blagues d'initiés, ou éléments de savoir branché et underground qui peuplent les réseaux sociaux »* : in Kate M. Miltner, « Srsly Phenomenal : An Investigation into the Appeal of LOLCats », London School of Economic masters dissertation, 2011 ; https://dl.dropboxusercontent.com/u/37681185/MILTNER%20DISSERTATION. pdf.

p. 306. *Et on les étudie d'ailleurs comme des organismes vivants* : Josh Constine, « Facebook Data Scientists Prove Memes Mutate and Adapt Like DNA », techcrunch.com, 8 janvier 2014.

p. 307. *Les spécificités de la politique* : Tom Chatfield, « Cute cats, memes and understanding the internet », BBC.com, 23 février 2012.

p. 307. *« un symbole de solidarité reconnu dans le monde entier »* :

Katie Rogers, « Twitter Cats to the Rescue in Brussels Lockdown », *New York Times*, 23 novembre 2015.

p. 310. *Ils sont d'abord apparus au milieu des années 2000* : « LOL-Cats », KnowYourMeme.com, knowyourmeme.com/memes/lolcats.

p. 310. *un hacker notoire a récemment vu ses plans déjoués* : Lily Hay Newman, « If You're a Wanted Cybercriminal, Maybe Don't Make Your Cat's Name Your Password », slate.com, 13 novembre 2014.

p. 310. *un troll démasqué sur Reddit* : Adrian Chen, « Unmasking Reddit's Violentacrez, The Biggest Troll on the Web », gawker.com, 12 octobre 2012.

p. 311. *« établir les limites et les règles d'un groupe d'appartenance »* : Kate M. Miltner, « "There's no place for lulz on LOLCats" : The role of genre, gender, and group identity in the interpretation and enjoyment of an Internet meme », *First Monday*, 19, n° 8, 2014.

p. 311. *En janvier 2007* : John Tozzi, « Bloggers Bring in the Big Bucks », bloomberg.com, 13 juillet 2007.

p. 311. *L'image de ce chat gris tournait* : « Happy Cat », Know Your Meme, knowyourmeme.com/memes/happy-cat.

p. 311. *« Le tout premier mème de chats appartient à 4chan »* : Barbara Herman, « Ben Huh Interview : Meet the Cat Philosopher Behind "I Can Has Cheezburger ?" », *International Business Times*, 3 novembre 2014.

p. 313. *Comme on pouvait s'y attendre, un dérivé panda de I Can Has Cheezburger* : Jenna Wortham, « Once Just a Site With Funny Cat Pictures, and Now a Web Empire », *New York Times*, 13 juin 2010.

p. 313. *Certains informaticiens pensent que la qualité d'un mème joue presque un rôle secondaire* : Lilian Weng, Filippo Menczer, Yong-Yeol Ahn, « Virality Prediction and Community Structure in Social Networks », *Nature Scientific Report*, août 2013.

p. 314. *« chevaux, cervidés, chèvres de compagnie »* : Arnold Arluke, Lauren Rolfe, *The Photographed Cat : Picturing Human-Feline Ties, 1890-1940*, Syracuse, Syracuse University, 2013, p. 2.

p. 315. *L'écrivain Daniel Engber souligne* : Daniel Engber, « The Curious Incidence of Dogs in Publishing », slate.com, 5 avril 2013.

p. 317. *Pourquoi avons-nous au contraire développé* : Will Oremus, « Finally, a Browser Extension That Turns Your Friends' Babies into Cats », Future Tense blog, slate.com, 3 août 2012.

p. 317. *« contrairement aux chiens, qui n'ont qu'une poignée d'expressions »* : Herman, « Ben Huh Interview... », *op. cit.*

p. 318. *« Les lapins sont les plus faciles à photographier »* : in Cyriaque Lamar, « Even in the 1870s, humans were obsessed with ridiculous photos of cats », io9.com, 9 avril 2012.

p. 319. *« nous avons constaté que les utilisateurs »* : Derek Foster, B. Kirman, C. Lineh et al., « "I Can Haz Emoshuns ?'–Understanding Anthropomorphosis of Cats Among Internet Users », *IEEE International Conference on Social Computing*, 2011, p. 712-715.

p. 319. *ont aussi proposé des dizaines de qualificatifs de leur invention* : d'après un échange d'e-mails avec Derek Foster.

p. 322. *On estime à 50 000 le nombre de produits de la marque déposée Hello Kitty* : Sameer Hosany, Girish Prayag, Drew Martin, Wai-Yee Lee, « Theory and strategies of anthropomorphic brand characters from Peter Rabbit, Mickey Mouse and Ronald McDonald, to Hello Kitty », *Journal of Marketing Management*, 29, n° 1-2, 2013, p. 48-68.

p. 322. *Environ quatre-vingt-dix pour cent des revenus du chat* : Audrey Akcasu, « Hello Kitty now makes 90 % of her money abroad », en.rocketnews24.com, 3 janvier 2014.

p. 322. *Comme le chat domestique lui-même* : Hosany et al., « Theory and strategies of anthropomorphic brand characters », *op. cit.*

p. 323. *« Kitty n'a pas de bouche »* : in Christine R. Yano, *Pink Globalization : Hello Kitty's Trek Across the Pacific*, Durham, Duke University Press, 2013, p. 79.

p. 323. *« difficile à interpréter »* : in Jessica Goldstein, « Why We Care So Much If Hello Kitty Is or Is Not a Cat », *Think Progress*, 31 août 2014, http://thinkprogress.org/culture/2014/08/31/3477683/hello-kitty-interview/.

p. 323. *un « sphinx » moderne* : Yano, Pink Globalization, 119.

p. 323. *le drôle de nom de sa création est tiré* : Peter Larsen, « Hello Kitty, You're 30 ! », *St. Petersburg Times*, 15 novembre 2004.

p. 324. *« Le chat est un voyageur dans le temps originaire de l'Égypte ancienne »* : Camille Paglia, *Sexual Personae : Art and Decadence from Nefertiti to Emily Dickinson*, 1990 ; repr. New York, Vintage Books, 1990, p. 66.

p. 325. *Les lions vivaient à la lisière du désert* : Jaromir Malek, *The Cat in Ancient Egypt*, Philadelphie, University of Pennsylvania Press, 1993, p. 22 [trad. fr. *Le Chat dans l'Égypte ancienne*, Paris, Les Belles Lettres, 2016].

p. 325. *C'est avec les lions que les pharaons choisirent de fusionner* : Patrick F. Houlihan, *The Animal World of the Pharaohs*, Londres, Thames & Hudson, 1996, p. 72-73 et 94.

p. 325. *Les premiers portraits domestiques* : J. Malek, *op. cit.*, p. 49-50.

p. 325. *« une bestiole disgracieuse »* : *ibid.*, p. 51.

p. 326. *« grassouillet et avec les yeux qui louchent »* : *ibid.*, p. 59.

p. 326. *« un pays où il n'y [avait] pas beaucoup d'animaux »* : Houlihan, The Animal World of the Pharaohs, 44-45.

p. 326. *la déesse féline Bastet s'est brutalement transformée* : J. Malek, *op. cit.*, p. 95-96.

p. 326. *pour devenir l'objet de dévotion qui était sûrement le plus populaire* : *ibid.*, p. 73.

p. 327. *La vente d'offices de prêtre était une source de revenus pratique* : *ibid.*, p. 98.

p. 327. *environ 700 000 personnes* : *ibid.*

p. 328. *« commentaires cinglants »* : Salima Ikram, « Divine Creatures : Animal Mummies », in *Divine Creatures : Animal Mummies in Ancient Egypt*, Salima Ikram éd., Le Caire, American University in Cairo Press, 2005, p. 8.

p. 329. *« étoiles impérissables »* : J. Malek, *op. cit.*, p. 124.

p. 330. *Quand les archéologues ont passé des momies antiques de chats aux rayons X* : Alain Zivie et Roger Lichtenberg, « The Cats of the Goddess Bastet », in *Divine Creatures*, *op. cit.*, p. 117-118.

p. 330. *Cette extermination à grande échelle correspondait peut-être aussi* : J. Malek, *op. cit.*, p. 133.

p. 332. « *Les hommes jouaient de flûtes de lotus* » : Hérodote, *Histoires*, II, 60.

p. 333. « *Contrairement à l'homme qui oublie ses formes antérieures* » : Van Vechten, *The Tiger in the House*, *op. cit.*, p. 363.

Index

Remerciements

L'épopée du petit chat domestique touche à des questions d'une ampleur surprenante, et je suis reconnaissante aux dizaines de scientifiques, activistes et passionnés – ceux qui sont cités nommément dans ces pages, et beaucoup d'autres – qui ont patiemment partagé leur travail et leur vision avec moi.

Merci à ma merveilleuse éditrice, Karyn Marcus, pour avoir su apprivoiser le manuscrit, et à Megan Hogan pour l'avoir ensuite toiletté avec soin. Merci à Scott Waxman, mon agent littéraire, pour sa confiance et son soutien.

Elizabeth Quill, E.A. Brunner, Stephen Kiehl, Michael Ollove, Patricia Snow, Maureen Tucker, Steven Dong, Judith Tucker et Charles Douthat ont tous formulé des suggestions précieuses, et Lyn Garrity m'a fait profiter de ses remarquables compétences en matière de recherches. Mark Strauss, tes paroles sages et tes citations malignes sur les chats sont arrivées pile au bon moment. Terence Monmaney, merci pour tes commentaires et tes encouragements sur ce travail, et pour ton accompagnement et tous tes conseils éditoriaux au fil des années.

Je dois beaucoup à Michael Caruso et à tous les rédacteurs du *Smithsonian* pour m'avoir offert tant d'opportunités, ainsi qu'à d'autres formidables rédacteurs et enseignants, notamment Carey

Winfrey, Laura Helmuth, Jean Marbella, la regrettée Mary Corey, Will Doolittle, Andrew Bostford, Marjorie Guerin, Robert Cox et Kathleen Wassall.

Et je suis plus que tout reconnaissante à ma famille, et en particulier à mon adorable et extraordinaire mari, Ross, et à nos trois enfants, Gwendolyn, Eleanor et, désormais, Nicolas. On se demande bien quel sera son premier mot !

Table

Composition : IGS-CP
Impression : CPI Bussière en février 2019
Éditions Albin Michel
22, rue Huyghens, 75014 Paris
www.albin-michel.fr
ISBN : 978-2-226-40252-3
N° d'édition : 22928/01 – N° d'impression : 2039217
Dépôt légal : mars 2019
Imprimé en France